"혁신과 팀워크를 위한 빌의 열정적 코칭은 애플과 세계에 축복이었다.
《빌 캠벨, 실리콘밸리의 위대한 코치》는 지칠 줄 모르는 빌의 정신을
잘 보여주었다. 미래 세대는 기술산업의 가장 위대한 리더 중 한 명인
그에게서 많은 것을 배울 것이다."

팀 쿡, 애플 CEO

"빌은 너그러운 마_____뒤주면서,
상대방을 가르___ __ 기음 외에는 아무것도 기대하지 않았다.
나는 지난 몇 년 동안 빌을 코치로서 곁에 두는 특권을 누렸다.
그를 만난 이후부터, 누군가가 나에게 조언을 구할 때면
나는 빌을 생각하며 그가 보여준 모습을 닮으려고 노력한다."

셰릴 샌드버그, 페이스북 최고운영책임자

"빌은 세계적인 수준의 경청자요, 명예의 전당에 들어갈 멘토이자
내가 만난 사람 중 가장 현명한 사람이었다. 야심차고, 자상하며, 책임감이 투철하고,
투명하면서도 성스럽기까지 한 그의 정신은
구글을 비롯한 많은 회사들의 성공을 가능케 한 문화가 되었다.
그런 빌에게 사랑은 가장 뚜렷한 특징이었다.
그는 사랑을 얻었고 가족도 얻었다. 보고 싶어요, 코치님."

존 도어, 클라이너 퍼킨스 회장

"진실함, 경쟁심, 유머감각은 빌을 표현하는 단어들이다.
'코치'와 함께 일을 한 사람이라면, 재능 있는 다양한 사람들로 이뤄져 있으며
개개인보다 팀을 우선으로 하는 조직이 일과 삶에서 승리하는 것을 경험했을 것이다.
'빌이라면 어떻게 했을까?'라는 질문은 빌과 함께 일한 많은 성공적인 리더들에게
유산으로 남아 있다. 이 책은 빌의 리더십 스타일이 어떻게 형성되었고,
왜 그토록 효과적이었는지를 독자들에게 알려준다."

메리 미커, 본드 대표파트너

"어려운 의사결정을 할 때면 생각한다. 빌이라면 어떻게 했을까?
나는 그에게 큰 빚을 졌다. 그는 다른 사람들이 잠재력을 최대로 발휘하고 조직이
하나 되어 일하도록 만드는 재능이 있었다. 《빌 캠벨, 실리콘밸리의 위대한 코치》는
빌이 어떻게 나를 포함해 많은 사람에게 이토록 특별한 사람이
되었는지를 보여준다."

수전 워치츠키, 유튜브 CEO

"빌을 볼 때 마다 나는 무엇이 정말로 중요한 것인지에 대한 관점을 배울 수 있었다.
결국 인생에서 가장 중요한 것은 주위 사람들이다. 그는 다양한 커뮤니티,
그리고 이런 커뮤니티 속에서 사람들을 결속하는 것에 대한 확고한 원칙이 있었다.
우리는 경영진이 계속해서 빌에게 배우도록 《빌 캠벨, 실리콘밸리의 위대한 코치》에
자세하게 설명된 빌의 원칙을 구글의 리더십 교육 프로그램으로 개발했다."

선다 피차이, 구글 회장

빌 캠벨, 실리콘밸리의 위대한 코치

TRILLION DOLLAR COACH
by Eric Schmidt, Jonathan Rosenberg and Alan Eagle

Copyright © 2019 by Alphabet, Inc.
Korean translation copyright © 2020 by Gimm-Young Publishers, Inc.
All rights reserved.

This Korean edition was published by arrangement with ESJRSCR, LLC c/o Levine
Greenberg Rostan Literary Agency through KCC(Korea Copyright Center Inc.),
Seoul.

빌 캠벨, 실리콘밸리의 위대한 코치

1판 1쇄 발행 2020. 7. 24.
1판 8쇄 발행 2022. 2. 10.

지은이 에릭 슈미트 · 조너선 로젠버그 · 앨런 이글
옮긴이 김민주 · 이엽

발행인 고세규
편집 권정민 | 디자인 정윤수
발행처 김영사
등록 1979년 5월 17일(제406−2003−036호)
주소 경기도 파주시 문발로 197(문발동) 우편번호 10881
전화 마케팅부 031)955−3100, 편집부 031)955−3200, 팩스 031)955−3111

값은 뒤표지에 있습니다.
ISBN 978-89-349-0333-8 03320

홈페이지 www.gimmyoung.com   블로그 blog.naver.com/gybook
인스타그램 instagram.com/gimmyoung   이메일 bestbook@gimmyoung.com

좋은 독자가 좋은 책을 만듭니다.
김영사는 독자 여러분의 의견에 항상 귀 기울이고 있습니다.

빌 캠벨
실리콘밸리의 위대한 코치

에릭 슈미트
조너선 로젠버그 · 앨런 이글 | 김민주 · 이엽 옮김

TRILLION DOLLAR COACH
ERIC SCHMIDT | JONATHAN ROSENBERG | AND ALAN EAGLE

김영사

빌에게 바칩니다

사람의 잠재력을 발현시키는 타인계발서

10여 년 전, 나는 〈포춘〉을 넘기다가 실리콘밸리에서 가장 잘 감추어진 비밀이야기를 읽게 되었다. 그 비밀은 하드웨어나 소프트웨어에 대한 게 아니었다. 심지어 제품도 아니었다. 바로 빌 캠벨이라는 한 남자였다. 그는 해커나 프로그래머가 아니라, 영업맨이 된 전직 풋볼 코치였다. 하지만 어쩐 일인지 그는 매주 일요일마다 스티브 잡스와 산책을 했고, 구글의 창업자들이 "빌 캠벨이 없었다면 이 정도로 성장할 수 없었을 것"이라고 말할 정도로 실리콘밸리에서 영향력이 굉장했다.

그의 이름이 낯설지는 않았지만 어디에서 그 이름을 들었는지 기억나지 않았다. 그러다 갑자기 생각이 났다. 경영학 수업에서 1980년대 중반 애플의 경영 딜레마에 대한 사례분석을 몇 번 가르쳤는데, 거기서 빌의 이름을 처음 보았던 것이다. 당시 당차고 똑똑한 젊은 관리자 도나 두빈스키가 스티브 잡스의 유통 계획에 의문을 제기했다. 당시 빌 캠벨은 도나의 상사의 상사였다. 그는 도나의 기획서를 손으로 찢고선 더 나은 기획서를 가져오라고 다그쳤지만, 공개석상에서는 그녀의 기획을 지지해줬다. 이 외에 내가 빌에 대해 들은 이야기는 없었다. 그리고 20여 년 동안 그의 커리어는 베일에 싸여 있었다.

왜 이토록 그의 커리어가 알려지지 않았는지, 이 기사가 그에 대한 단서를 주었다. 빌은 다른 사람들이 스포트라이트를 받게 해주는 대신 자신은 그늘에 있는 걸 선호했다. 당시에 나는 다른 이를 돕는 것이 자기 자신의 성공에 직결될 수 있다는 내용의 책을 집필하고 있었는데, 빌은 이 책의 주인공으로 삼기에 아주 매력적인 인물이었다. 그런데 대중의 관심에서 이렇게 멀리 떨어져 있는 사람의 커리어와 프로필을 어떻게 분석할 것인가?

우선 인터넷에서 찾을 수 있는 그에 대한 모든 정보를 수집한 다음 이야기를 꿰어맞추기 시작했다. 나는 빌이 운동선수 시절부터 넘치는 깡으로 신체적 능력의 한계를 보완했다는 것을 알게 되었다. 177센티미터에 75킬로그램, 그는 다른 선수들에 비해 상대적으로 작은 체구로 고등학교 풋볼팀 MVP상을 수상했다. 트랙 코치가 허들을 뛸 사람이 부족하다고 말하자 그는 허들 종목에 자원했다. 하지만 점프 능력이 부족해 허들을 뛰어넘을 수 없게 되자 그는 허들을 넘어뜨리면서 냅다 뛰었다. 온몸에 멍이 가득한 채로 주州 챔피언십 경기까지 출전했다. 그는 컬럼비아 대학교에서도 풋볼 선수로 뛰면서 주장으로 선임되었다. 졸업 후에는 코치로 활동했지만, 6년 연속 부진에 빠진 나머지 어려움을 겪었다. 그의 약점은? 선수들을 지나치게 아꼈다. 그는 최선을 다하는 선수를 벤치에 앉히기를 꺼려 했으며, 선수들에게 학업보다 운동을 우선시하라는 말을 잘 꺼내지 못했다. 그는 선수들이 그라운드에서보다도 인생에서 성공하는 것을 돕고 싶어 했다. 승리보다 선수들의 안녕에 더 관심을 가졌던 것이다.

빌이 풋볼계를 떠나 비즈니스로 커리어를 전환하기로 결정했을 때, 비즈니스 세계로의 문을 열어준 이들은 다름 아닌 풋볼 선수 시절 동료들이었다. 그들은 제로섬의 스포츠 세계에서는 약점이 되는 빌의 특성이, 비즈니스에서는 강점이 될 수 있다는 걸 알았다. 그리고 모두가 알듯이 빌은 애플에서 임원으로, 인투이트에서는 CEO로 성공적인 커리어를 쌓았다.

실리콘밸리에서 너그럽기로 유명한 사람들을 인터뷰할 때마다, 한결같이 그들의 입에서 빌 캠벨이 새로운 세계관을 열어주었다는 말이 나왔다. 나는 빌을 귀찮게 하고 싶지 않았기에 그의 멘티들에게 연락했다. 얼마 지나지 않아 빌의 제자들로부터 전화가 빗발치기 시작했다. 이들은 빌을 아버지와 같은 존재라고 말했고, 오프라 윈프리에 견주는 사람도 있었다. 이러한 전화 통화는 보통 빌 덕분에 인생이 바뀐 사람들의 이름을 십수 개씩 받아 적는 것으로 끝났다. 그중 한 명이 이 책의 공동저자인 조너선 로젠버그였다.

2012년 조너선과 연락을 주고받기 시작하면서, 그는 이메일에 공동참조로 빌을 포함하곤 했다. 하지만 빌은 나의 책에 자신에 대한 내용이 들어가지 않았으면 좋겠다고 했고, 그 책의 한 챕터는 그렇게 접혔다. 다른 사람을 위해 좋은 일을 하면서 스스로도 성공을 거둔 그의 방식을 찾고자 했던 내 계획 또한 멈추었다. 주로 '테이커taker'가 성공하기에 유리하다고 여겨지는 비즈니스 세계에서 '기버giver'인 빌 캠벨이 어떻게 성공을 이뤘는지, 그리고 빌이 우리에게 알려줄 수 있는 리더십과 경영관리는 무엇인지, 그 후로도 나는 죽 궁금해했다.

마침내 이 책 덕분에, 이 질문에 대한 답을 찾게 되었다.《빌 캠벨, 실리콘밸리의 위대한 코치》는 훌륭한 관리자가 되기 위해서는 좋은 코치가 되어야 한다는 것을 알려준다. 직급이 올라갈수록, 다른 사람이 더욱더 성공하도록 도와주는 것에 결국 당신의 성공이 달려 있다. 사전적 정의로 이게 바로 코치의 일이다.

지난 10년간 나는 와튼 경영대학원에서 핵심 팀워크와 리더십 수업을 가르치는 특권을 누렸다. 수업 내용은 엄격한 연구를 토대로 고안된 것인데, 충격적이게도 빌의 코칭 원칙은 그간의 연구 성과를 예측이나 한 듯 맞아떨어졌다. 1980년대부터 전문가들이 수십 년이 지나도록 검증하기는커녕 개발조차 하지 않은 분야의 이론을, 그는 이미 실천하고 있었다. 사람 관리에 대한 빌의 통찰력 가운데 많은 부분이 아직까지도 체계적 연구대상이라는 것은 그저 놀라울 뿐이다.

빌은 분명 시대를 앞선 사람이었다. 다양한 경험에서 비롯한 그의 가르침은 더욱 시의적절하다. 우리는 주변 사람과 형성하는 관계의 질이 개인의 커리어와 회사의 미래를 결정하는 협업의 세상에서 살기 때문이다. 나는 시간이 지나도 그의 가르침이 유효할 것이라고 생각한다. 빌의 코칭 원칙은 어느 시대에나 적용된다.

이제 많은 분야에서 코칭이 유행한다. 과거에는 운동선수나 엔터테이너에게만 코치가 있었지만, 이제는 경영진을 위한 총괄 코치로 활동하는 리더도 있고, 일반 직원을 위한 스피킹 코치도 많다. 하지만 실질적으로 공식적인 코치의 피드백과 가이드에서 얻을 수 있는 혜택은 매우 제한적이다. 그러니 우리의 직원, 동료, 심지어 상사를 코칭하는 것은 우리의 몫이어야 한다.

나는 경력이나 팀에 관해서 멘토링보다 코칭이 더 필수적이라고 믿게 되었다. 멘토는 지혜를 전수해주지만 코치는 자신의 소매를 걷어붙이고 손에 직접 흙을 묻힌다. 그들은 우리의 잠재력을 믿는 것에서 그치지 않고, 경기장에 직접 뛰어들어 우리가 그것을 실현해내도록 돕는다. 또한 우리가 스스로 보지 못하는 부분을 볼 수 있도록 거울을 들어주고, 어려움을 혼자서 헤쳐 나갈 수 있게 우리를 붙잡아준다. 코치는 우리를 더 나은 사람으로 성장시키는 데 책임감을 느끼지만 우리의 업적에 대해서 공로를 취하지는 않는다. 코치로서 빌 캠벨보다 더 훌륭한 롤 모델을 나는 상상할 수 없다.

가볍게 하는 말이 아니다. 지난 몇 년 동안, 나는 최고의 코치들과 함께 일하면서 배울 기회가 많았다. 내 전공 분야인 비즈니스뿐 아니라 스포츠에서도 말이다. 스프링보드 다이버로서 나는 올림픽 출전 경험이 있는 코치들에게 훈련을 받았고, 조직심리학자로서 최근에는 보스턴 셀틱스의 브래드 스티븐스 같은 훌륭한 코치들과 일했다. 빌 캠벨은 그저 이들 같은 세계적 수준의 엘리트 코치가 아니다. 그는 자신이 경험해보지도 못한 분야의 사람을 코칭하는 능력을 길렀다. 그럼으로써 그는 하나의 독자적인 브랜드가 되었다.

빌에 관한 내용을 책으로 쓰려는 마음을 접었던 2012년 무렵, 구글이 주최한 글로벌 행사에 강연자로서 초대받았다. 조직심리학자의 시각으로 보는 조직 운영방식이 주제였다. 지난 몇 년간 구글의 선구적인 인사팀과 일한 덕분에, 나에게는 회사에서 일어나는 거의 모든 훌륭한 일은 팀 단위로 성취된다는 확신이 생겼다. 나는 개인이 아니라 팀을 회사의 근본적인 구성요소로 다뤄야 한다고 주장했다. 나의 구글 동료들은 여기서 한걸음 더 나아갔다. 그들은 회사에서 가장 성공적인 팀의 독특한 특성을 찾아내고자 연구했고, 여기에 '아리스토텔레스 프로젝트'라는 이름을 붙였다.

이 프로젝트에서 도출된 다섯 가지의 성공 요인은 빌 캠벨의 '매뉴얼'을 보고 쓴 것 같았다. 구글에서 잘나가는 팀들은 심리적으로 안전감이 있다. 팀원들은 만약 위험을 무릅쓰더라도 리더가 뒤를 받쳐줄 것이라고 믿었다. 이런 팀에는 명확한 목표가 있고, 각각 의미 있는 역할을 하며, 팀원들은 팀의 목표와 업무가 차이를 만들어낼 것이라는 자신감과 신뢰에 차 있었다. 빌은 자신이 코칭한 팀에 심리적 안전감, 목표의 명확성, 업무의 의미, 멤버들 간의 의존성 그리고 영향력을 구축하기 위해 각고의 노력을 기울였다. 여러분은 그가 이런 배경조건을 확립하는 데 전문가였다는 것을 깨닫게 될 것이다.

셰릴 샌드버그와 나는 서점에 자기계발서는 있지만 타인계발서 help-others 코너는 없다는 사실을 안타까워하곤 했다. 《빌 캠벨, 실리콘밸리의 위대한 코치》는 타인계발서 코너에 어울리는 책이다. 이 책은 사람들을 도와주는 동시에 도전하고, 립 서비스 식의 응원이 아니라 진정으로 그들을 우선시하면서 그들의 잠재력을 발현시키는 지침서로 활용될 것이다.

빌의 이야기에서 가장 흥미로운 대목은, 그의 이야기를 읽으면 읽을수록 그와 닮아갈 수 있는 기회를 매일 발견하게 된다는 점이다. 모든 사람을 존중과 품위로 대하는 것과 같은 작은 선택, 팀원의 삶에 진정 어린 관심을 기울이려면 시간을 들이는 크나큰 헌신도 필요하다는 것 등을 배우게 될 것이다.

빌 캠벨은 책의 주인공이 되는 것도, 자신의 경력과 성공이 유명하게 알려지는 것도 바라지 않았다. 빌에 대한 최고의 헌사는, 아낌없이 자기 지식을 널리 나눠주며 살았던 그의 비법을 이 책에 담아 많은 이들이 배울 수 있게끔 된 것이 아닐까?

애덤 그랜트

와튼 경영대학원 교수

TRILLION
DOLLAR COACH

차례

CHAPTER 1

캐디와 CEO의 포옹

새로운 상황에 맞닥뜨릴 때마다 우리는 "빌이라면 무엇을 했을까?"라고 스스로 물어보곤 했다.

2016년 4월의 어느 따스한 날, 많은 사람이 캘리포니아주 아서톤 중심부에 있는 새크리드 하트 스쿨 풋볼 경기장에 모여들었다. 얼마 전 75세의 나이에 암으로 세상을 떠난 윌리엄 빈센트 캠벨 주니어William Vincent Campbell, Jr.를 추모하기 위해서였다.

빌은 1983년 서부에 온 이후 미국 기술산업에서 범접할 수 없는 초인이 되었다. 그는 애플, 구글, 인투이트를 포함해 많은 기업이 성공하는 데 결정적인 역할을 했다. 빌이 사람들에게 엄청나게 존경받았다는 표현만으로는 부족하리라. 오히려 사랑을 받았다고 말하는 것이 좀 더 적절하겠다.

이날 모인 사람 중에서는 래리 페이지, 세르게이 브린, 마크 저커버그, 셰릴 샌드버그, 팀 쿡, 제프 베조스, 메리 미커, 존 도어, 루스 포랫, 스콧 쿡, 브래드 스미스, 벤 호로위츠 그리고 마크 앤드리슨을 비롯하여 미국의 기술산업을 이끄는 리더들도 있었다. 이렇게 많은 산업의 선구자들과 리더들이 한자리에 모이는 광경을 보기란 그리 쉽지 않다. 최소한 실리콘밸리에서는 그렇다.

우리(조녀선 로젠버그와 에릭 슈미트)는 이들 사이에 앉아 조용하게 대화를 하고 있었다. 침울했던 우리의 분위기와는 대조적으로 햇빛은 밝았다. 우리가 구글에 합류한 뒤 약 15년 동안(에릭 슈미트는 2001년 구글에 CEO로 합류했고 로젠버그는 2002년 제품담당 총괄임원으로 합류했다.) 빌과 우리는 매우 가까운 거리에서 함께 일했다. 우리는 구글이 성장하는 과정에서 불거지는 다양한 문제들에 대해 매주 빌과 만나 이야기를 나눴다. 아무리 바빠도 2주에 한 번씩은 만났다. 이렇듯 빌은 우리의 코치였다고 해도 무방하다.

그는 우리를 팀 동료처럼 대하면서, 구글이 괴짜 스타트업에서 시작해 세계에서 가장 가치가 있는 기업과 브랜드로 성장하는 대부분의 기간 동안 스포트라이트를 받는 자리를 피해 무대 뒤에서 우리를 이끌었다. 빌이 없었다면 이 모든 것들은 이루어지지 않았으리라. 우리는 그를 '코치님'이라고 불렀으나 그는 친구였다. 나중에 들은 이야기지만, 빌의 장례식에 참석한 천 명이 넘는 사람들 모두 빌을 베스트 프렌드라고 여겼다. 그렇다면 천 명이 넘는 베스트 프렌드 중에서, 코치님의 추모사를 읊을 영예는 누구에게로 돌아갈 것인가? 어떤 하이테크 권위자가 연단에 설까?

홈스테드 출신의 챔피언

빌은 40세가 넘어서야 캘리포니아주에 왔는데, 그가 비즈니스의 세계로 뛰어든 것은 캘리포니아주로 옮기기 불과 몇 년 전이었다. 하지만 실리콘밸리에서 그가 써내려간 성공 스토리는, 그가 75년 인생 전체에 걸쳐 추구한 가치가 집약된 것이다. 펜실베이니아주 서부에 위치한 철강도시인 홈스테드에서 태어나고 자란 그는 어려서부터 경쟁의식이 있었고 똑똑했다. 빌의 아버지는 동네 고등학교에서 체육교사로 일하면서 제분소에서 부업을 했다. 빌은 열심히 공부를 했고 영리하기까지 했다. 1955년 학교 신문에 쓴 사설에서 그는 "인생의 훗날을 위해 성적보다 더 중요한 건 없다"라고 친구들에게 말했다. 또 "학교에서 빈둥거리면 성공은 물 건너간 것일 수 있다"라고도 했다. 당시 그는 9학년(고등학교가 4년제인 미국에서는 고등학교 신입생이고 한국의 중학교 3학년 또래)이었다.

홈스테드 고등학교의 풋볼 스타였던 빌은 1958년 고등학교를 졸업한 뒤 뉴욕 맨해튼의 컬럼비아 대학교로 진학했다. 오늘날보다 풋볼 선수들의 체격이 작았던 당시의 기준으로 보더라도, 빌은 전혀 풋볼 선수 같은 체구가 아니었다. 빌은 기껏해야 177센티미터에 75킬로그램(당시 선수 프로필에는 82킬로그램으로 등록되었다.)에 불과했다. 하지만 그는 필드에서 혼신의 힘을 다하는 경기 운영방식과 시합의 흐름을 읽을 수 있는 영리함으로 빠르게 코치와 동료 선수들의 인정을 얻었다.

1961년 가을, 4학년이 되었을 때, 빌은 팀의 주장으로서 수비 포지션인 라인배커와 공격 포지션인 라인맨으로 한시도 쉬지 않고 필드를 뛰어다녔다. 그는 아이비리그 대학들로 구성된 풋볼리그에서 우수선수상을 받았고 팀을 아이비리그 챔피언십 우승으로 이끌었다. 이때의 챔피언십 우승은 현재까지도 컬럼비아 대학교의 유일한 우승으로 남아 있다. 당시 컬럼비아 풋볼팀의 감독이었던 버프 도넬리는 빌이 우승을 하는 데 "엄청난 영향력을 발휘했다"며 이렇게 말했다.

"만약 그가 187센티미터에 100킬로그램의 거구였다면, 분명 프로로 진학해 프로리그 역대 최고의 라인맨이 되었을 겁니다. 엄청난 행동파 대장이 되었겠죠. 하지만 빌은 75킬로그램밖에 나가지 않는 작은 녀석이었어요. 심지어 대학 리그에서도 그보다 작은 선수는 찾기 힘들죠. 작은 체구로는 풋볼을 하기 어렵습니다. 태도만 가지고는 충분치 않거든요. 코치에겐 태도와 선수가 모두 필요합니다."[1]

풋볼 선수로서 빌에게는 팀이 최우선순위였다. 팀이 성공할 수 있었던 이유에 대해 그는 "모든 선수가 함께 움직였고 노련한 리더십이 있었기 때문"이라고 말했다.[2]

지나친 연민

빌의 가정 형편은 넉넉하지 않았다. 컬럼비아 대학교에 다닐 때에는 택시 운전을 해서 등록금을 벌어야 했다. 택시 운전을 하면서 빌은 뉴욕시의 구석구석을 알게 되었는데, 훗날 그의 오래된 운전기사이자 친구인 스코티 크래머와 뉴욕시의 지리를 두고 토론을 벌이기도 했다. 빌이 뉴욕시의 지리를 얼마나 잘 알던지, 스코티는 뉴욕시의 지리에 대해서는 빌과 언쟁할 생각도 하지 말라고 했을 정도였다. 그는 1962년 컬럼비아 대학교에서 경제학 학사학위를 받았고, 1964년에는 교육학 석사를 받은 뒤 보스턴으로 자리를 옮겨 보스턴 칼리지 풋볼팀의 보조코치가 되었다.

빌은 뛰어난 코치였다. 빠른 속도로 동료 코치들과 많은 선수들의 존경을 얻기 시작했다. 1974년 모교 컬럼비아 대학교로부터 감독이

빌(67번)이 이끈 컬럼비아 대학교는 1961년 10월 21일 하버드 대학교와의 경기에서 26 대 4로 승리했다.[3]

1961년 11월 18일, 펜실베이니아 대학교와의 경기에서 37 대 6으로 대승을 거둔 후 빌의 팀 동료들이 그를 목말 태우고 있다. 이 승리로 인해 컬럼비아 대학교는 첫 번째 아이비리그 챔피언십을 거머쥐었다.[4]

되어달라는 제안이 오자 그는 바로 승낙했다. 컬럼비아 대학교의 풋볼팀은 형편없는 실력으로 유명했지만 빌은 모교에 대한 충성심으로 다시 맨해튼으로 향했다.

빌의 동료 코치였던 짐 러저스는 빌이 "마음이 가는 대로" 움직여 컬럼비아의 제안을 승낙하기 전부터 이미 미국에서 가장 실력 있는 보조코치 중 한 명이었고, 펜스테이트 대학교의 조 파터노 감독으로부터 코치 제안도 받았다고 했다. 당시 조 파터노 감독은 대학 풋볼리그에서 가장 유능한 코치 중 한 명이었다. 만약 빌이 조 파터노 감독의 제안을 받아들여 펜스테이트 풋볼팀에 합류했다면 코치로서의 커리어도 승승장구했을 것이다. 그랬을 경우 이 책은 어쩌면 실리콘밸리의 전설이 아니라 대학 풋볼의 전설 빌 캠벨에 대한 책이 되었을 것이다.

코치로서 출중한 능력에도 불구하고, 빌은 컬럼비아 대학교 풋볼팀에서 큰 성공을 거두지는 못했다. 컬럼비아 대학교 풋볼팀의 낙후된 시설은 캠퍼스에서 차를 타고 30분이나 떨어진 곳에 위치해 있었고, 대학 당국은 풋볼팀의 성공에는 크게 관심이 없었으며, 심지어 당시 뉴욕시는 쇠퇴기를 걷고 있었다. 이런 상황에서 빌이 컬럼비아 대학교 풋볼팀 코치를 역임할 동안 라이언스(컬럼비아 대학교의 마스코트)는 12승 41패를 기록했다. 가장 희망적인 시즌은 1978년 시즌이었는데, 그때 컬럼비아는 3승 1무 1패로 시즌을 시작했으나, 자이언츠 스타디움에서 '(선수들 신체적으로나 수적으로나) 더 큰' 럿거스 대학교에 69대 0으로 대패를 당했다. 1979년 시즌 도중 빌은 사임하기로 결정했고, 시즌이 끝난 후 공식 사임했다.

컬럼비아 풋볼팀 코치로 일할 때 빌은 자신의 모든 것을 쏟아부었다. 극도의 피로감을 이기지 못해 병원에 입원해 휴식을 취한 적도 있었다. 특히 선수 수급 문제는 그에게 위기의 연속이었다. 훗날 빌은 100명의 유망주를 직접 방문하면 그중에 고작 25명만이 자신의 방문에 반응을 보였다고 말했다.

"팀 훈련이 4시 30분에 끝나면 올버니로 갔다가 밤에 다시 돌아오곤 했지. 어떤 날은 스크랜턴까지 갔다가 늦은 밤 돌아오기도 했고. 다음 날 다시 사무실로 돌아왔어야 했기 때문에 어쩔 수 없었어."[5]

빌이 실패한 이유는 선수들이 부족해서가 아니었다. 빌에 의하면, 연민이 너무 많아서였다. (풋볼 코치로서)

"필수적인 덕목에는 냉철한 강단이라는 것이 있는데, 나는 그게 없는 것 같았어. 이게 뭐냐면, 감정에 휘둘려서는 안 된다는 거야. 코치는 모든 선수들을 더 세게 밀어붙여야 해. 그러면서도 감정에는 거의 무심해져야 하지. 한 선수를 다른 선수로 교체한다든가, 더 어린 선수에게 기회를 주기 위해 베테랑 선수를 뺀다든가 하는 식으로 말이야. 이게 바로 풋볼이라는 스포츠의 본질이야. 적자생존. 가장 뛰어난 선수들만 뛸 수 있어. 하지만 내 경우, 연민이 너무 많았어. 나는 우리의 결정을 모든 아이들에게 이해시키고자 했어. 나는 그렇게까지 냉철하지는 못했다고 생각해."[6]

풋볼 코치로서 성공하기 위해 '냉철함'이 필요하다고 믿은 빌이 옳았을 수는 있다. 하지만 비즈니스의 세계에서는 공감이 성공의 중요한 열쇠라는 근거가 점점 증가하고 있다.*[7] 그리고 이제 모두가 알듯이, 연민이 깊은 빌의 성격은 풋볼 경기장보다는 비즈니스 세계에서 더 유용하게 쓰였다.

"젠장, 그냥 하자"

그의 풋볼 커리어는 이제 끝났다. 그리고 39세의 빌은 월터 톰슨이라

---

*2006년 피터 프로스트, 제인 더튼, 샐리 마이틀리스, 제이코바 릴리우스, 제이슨 카노브 그리고 모니카 월라인은 지난 1세기 동안 직장과 조직에서 연민의 가치를 확인하는 여러 논문을 종합적으로 고찰해 공동으로 연구 발표했다.

는 광고대행사에 입사하면서 비즈니스 세계에 첫발을 내디뎠다. 시카고의 크래프트에서 시작한 빌은 몇 개월 후 뉴욕주로 옮겨 코닥의 광고대행을 맡았다. 그는 풋볼 경기장에서 보여주었던 열정을 새로운 직장에 그대로 쏟았다. 그의 열정은 코닥의 임직원들을 감동시키기에 충분했다. 그들은 빌의 지식과 통찰력에 감탄했고, 그를 채용하기에 이르렀다. 코닥에서 빠르게 인정받은 빌은 1983년 런던에 위치한 코닥 유럽 본사의 제품담당 임원이 되었다. 빌이 컬럼비아 풋볼팀에서 나와 새로운 직장을 알아보던 1979년, 컬럼비아에서 풋볼을 같이 하던 친구 중 한 명이 그를 펩시콜라의 고위 임원이었던 존 스컬리에게 소개해준 적이 있었다. 당시 존은 빌에게 펩시에서 같이 일할 것을 제안했는데 빌은 그 제안을 거절했다. 하지만 1983년 존이 애플의 CEO가 되어 실리콘밸리로 간 뒤 다시 빌에게 전화를 걸었다. "빌, 코닥을 떠나 가족들과 함께(빌은 1976년 컬럼비아 대학교 기숙사 생활관 부관장이었던 로버타 스패뇰라와 결혼했다.) 서부로 이사해 애플에 합류하지 않겠나?"

빌은 나중에 "머저리 같은 풋볼 코치로 보낸 시간이 너무 길어서 내 커리어는 꼬였어"라고 말했다. "내 배경 때문에 동료들보다 항상 뒤처져서 그들을 따라잡기 바쁠 것이라고 생각했지. 그런데 성과주의 문화가 훨씬 강했던 거친 서부로 가면서, 나는 오히려 빨리 승진해 임원진에 합류할 수 있었어."[8]

그는 정말로 빨리 승진했다. 애플에 합류한 지 9개월 만에 빌은 영업 마케팅 담당 임원으로 승진해 당시 애플의 대표 제품이었던 애플 Ⅱ를 대체할 것으로 큰 기대를 받은 매킨토시의 출시를 총괄했다.

매킨토시를 출시하기 위해 애플은 통 크게 움직였다. 1984년 1월 22일 플로리다주의 탬퍼에서 개최 예정인 슈퍼볼(프로풋볼리그 챔피언십 시리즈) 방송 중간에 텔레비전 광고를 내보내기로 한 것이다. 빌과 그의 팀은 이때 내보낼 광고 영상을 만들어 애플의 공동창업자인 스티브 잡스에게 보여주었다. 조지 오웰의 소설 〈1984〉를 패러디한 광고였다. 이 광고의 스토리는 이렇다. 한 여성이 어두운 통로에서 경비 요원들을 따돌리면서 달려가다가 큰 회의실에 들어간다. 이 회의실에는 칙칙한 회색 옷을 입고 머리를 민 수백 명의 사람들이 좀비처럼 앉아 있는데, 이들은 앞에 설치된 대형 스크린에 '빅 브라더'로 보이는 사람이 하는 말에 귀를 기울인다. 여성은 소리를 지르면서 달려가다 망치를 던져 스크린을 깨뜨린다. 그러고 나서 애플의 매킨토시가 "1984년은 〈1984년〉 같지 않을 것"이라고 약속하면서 광고는 끝이 난다.*

스티브는 이 광고와 사랑에 빠졌다. 당시 빌의 상사였던 플로이드 크배미도 이 광고를 굉장히 좋아했다. 빌은 말할 것도 없었다. 슈퍼볼이 열리기 열흘 전 이 광고를 이사회에 공개했다.

하지만 이사회에서는 이 광고를 무척이나 싫어했다. "형편없다", "위험부담이 너무 크다", "너무 논쟁적이다"라는 게 이사회의 공통적인 의견이었다. 심지어 이미 산 광고 시간을 다른 광고주에게 팔 수

---

* '애플 1984 광고'를 검색해보라.

있는지 알고 싶어 했다. 너무 늦은 걸까? 며칠 후 애플의 영업 부문 임원 한 명이 빌과 플로이드에게 광고 시간을 살 광고주를 찾았다고 했다.

"어떻게 해야 할까?" 플로이드가 빌에게 물었다.

"젠장! 그냥 하자Let's run it."

이 둘은 광고 시간을 구입할 잠재적 광고주를 찾았다는 것을 이사회 구성원이나 최고 경영진에게는 비밀에 부쳤다. 그리고 광고를 방송에 내보냈다. 그리고 이 광고는 슈퍼볼 게임에서 가장 유명한 광고가 되었다. 아니, 역사상 가장 유명한 광고가 되어 슈퍼볼 광고 자체가 슈퍼볼 경기만큼이나 주목받는 계기가 되었다. 2017년 〈LA 타임스〉는 사설에서 이 광고를 "역대 슈퍼볼에서 단 하나뿐인 위대한 광고"라고 일컬었다."⁹ 마지막 시즌에서 5년이 채 지나지 않은 '머저리 같은 풋볼 코치'치고는 나쁘지 않은 성과였다.

1987년 애플은 클라리스라는 소프트웨어 회사를 분사하기로 결정하면서 빌에게 CEO직을 제안했다. 그는 이 기회를 놓치지 않았다. 클라리스의 성과는 괜찮았지만, 1990년이 되자 애플은 클라리스를 기존의 계획대로 애플과 별개 법인으로 키우는 대신 자회사로 다시 편입했다. 이런 움직임으로 인해 빌을 포함해 몇 명의 클라리스 임원들은 회사를 떠났다. 감정적인 결정이었다. 빌이 회사를 떠났을 때 몇몇 클라리스 직원들은 〈산호세 머큐리 뉴스〉의 한 지면을 통째로 빌려 빌에게 감사의 뜻을 전하는 광고를 실었다. 헤드라인에는 "코치님, 잘 가세요"라고 적혀 있었다. "빌, 우리는 당신의 리더십, 당신의

So long, Coach.

Claris has just lost one of our hardest-working employees.

Bill Campbell is on his way to lead another bunch of impossible dreamers over at GO Corporation, those guys with the pen-based notebook computing system.

And the bunch he left behind would like to publicly tender him the biggest compliment we can conjure:

Bill, we'll miss your leadership, your vision, your wisdom, your friendship and your spirit.

But–thanks to all of the above–we're going to be fine without you.

In 1987, when Apple decided to get out of the software business, you volunteered to start a spin-off company.

You began with a handful of nearly-free Apple software products, a few rebels, a name, "Claris," and built us into the world's leading Mac software company.

We just finished our best quarter ever in sales, profits, market share and growth.

You taught us how to stand on our own.

You built us to last.

And even though you're no longer coaching our team, we're going to do our best to keep making you proud.

CLARIS

클라리스 직원들이 빌을 떠나보내며 실은 광고. ⓒChris Grade

비전과 지혜, 우정과 정신을 그리워할 거예요"라고도 적혀 있었다. "당신은 우리 스스로 서는 법을 알려주었습니다. 당신 덕에 우리는 여기까지 올 수 있었습니다. 당신이 더 이상 우리의 팀을 코치할 수 없을지언정, 우리는 당신이 우리를 자랑스러워할 수 있게 최선을 다할 겁니다." 클라리스는 1998년까지 애플의 자회사로 남았다.

빌은 고 코퍼레이션이라는 스타트업의 CEO가 되었다. 고 코퍼레이션은 세계 최초의 펜 기반 휴대용 컴퓨터, 즉 오늘날 스마트폰과 팜파일럿의 전신을 만들고자 했다. 고 코퍼레이션의 비전은 분명 높았지만 시대를 너무 앞서갔다. 결국 1994년 회사는 문을 닫았다. 빌은 나중에 "고는 '고'하지 못했다Go didn't go"고 말했다.

바로 이때 인투이트의 공동창업자이자 CEO인 스콧 쿡은 이사회 멤버들과 함께 자신을 대체할 CEO를 찾고 있었다. 클라이너 퍼킨스의 벤처 투자자 존 도어*가 스콧에게 빌을 소개했다. 처음 만났을 때 스콧은 코치에게 별 감흥을 받지 못했다. 하지만 몇 개월이 지나도록 새로운 CEO를 찾지 못하자 스콧은 다시 빌을 만나기로 했다. 그들은 캘리포니아주 팰로앨토의 한 동네에서 만나 산책을 했다. 이번에는 서로 통했다.

"처음 만났을 때, 우리는 사업과 전략에 대해서 이야기를 나눴죠"라고 스콧은 말했다.

---

*실리콘밸리에서 가장 성공한 벤처 투자자 중 한 명이다. 클라이너 퍼킨스를 이끌면서 구글, 아마존, 넷스케이프, 선, 인투이트 그리고 컴팩과 같은 회사들에 투자했다.

"그러다 다시 만났을 때, 우리는 전략이 아니라 리더십과 사람에 대해서 말하기 시작했어요. 당시 내가 면접을 봤던 다른 사람들은 사람들의 능력을 이끌어내는 데 천편일률적인 방식을 고집했죠. 말로는 무지개색이 되라고 하면서 속내는 검은색만 고집한 사람들이었어요. 하지만 빌은 총천연색 무지개 같았어요. 그는 사람들이 각기 다른 스토리와 다른 배경을 가지고 있다는 사실을 즐겼죠. 그는 기업을 성장시키는 문제와 사람을 이끄는 리더십 문제를 미묘하지만 서로 다르게 접근했어요. 나는 내가 할 수 없는 방식으로 내 직원들을 성장시킬 수 있는 사람을 찾고 있었어요. 이런 방면에서 빌은 최선의 인재였죠."

1994년, 빌은 인투이트의 CEO가 되었다. 2000년 CEO의 자리에서 내려올 때까지 그는 회사를 성장과 성공으로 이끌었다.* 당시에는 몰랐지만 그는 자신의 커리어에서 세 번째 장을 시작하기 직전이었다. 다시 풀타임 코치로 돌아간 것이다. 하지만 풋볼 코치는 아니었다.

스티브 잡스가 1985년 애플에서 쫓겨났을 때 빌 캠벨은 당시의 인사 조치에 반발한 몇 안 되는 임원 중 하나였다. 당시 빌과 함께 애플에서 근무했던 데이브 킨저에 따르면 빌은 "우리는 스티브를 회사에서 보낼 수 없어. 그렇게 떠나보내기에 그는 재능이 너무 많아!"라고

---

* 빌은 1998년 7월 인투이트의 CEO 자리에서 내려왔지만, 1년 후인 1999년 9월 다시 복귀했다. 빌의 후임자였던 빌 해리스가 사임했기 때문이다. 그리고 2000년 초반까지 CEO를 역임했다.

했다. 스티브는 빌의 충성심에 고마움을 느꼈다. 그래서 1997년 애플 CEO로 다시 복귀하고 대부분의 애플 이사회 멤버들이 사퇴했을 때, 스티브는 빌을 이사회의 새로운 멤버로 선임했다. 빌은 2014년까지 애플의 이사회에서 활동했다.*

스티브와 빌은 친한 친구가 되었다. 그들은 매주 일요일 오후만 되면 팰로앨토 동네를 걸어 다니면서 다양한 주제에 대해 이야기를 나눴다. 빌과 스티브는 이런저런 주제로 생각을 나눌 수 있는 동료이자 코치, 그리고 멘토이자 친구가 되었다. 하지만 스티브는 빌의 유일한 '제자'가 아니었다. 1979년 풋볼 필드를 떠났지만, 그 이후로도 '코치the Coach'는 결코 코칭을 멈춘 적이 없었다. 항상 친구, 이웃, 동료, 자녀 학교의 부모들과 언제든 이야기를 나눌 준비가 되어 있었다. 그는 이들을 힘껏 안아주고, 그들의 이야기를 들어주고, 새로운 관점과 통찰력을 얻거나 의사결정을 하는 데 도움이 되는 이야기를 들려주기도 했다.

다시 본론으로 돌아가자. 2000년 빌이 인투이트의 CEO 자리에서 내려와 (하지만 그는 2016년까지 이사회의 이사장으로 남았다.) 새로운 일을 찾고 있었을 때, 존 도어는 그 유명한 벤처 투자사인 클라이너 퍼킨스로 초대해 포트폴리오 회사들의 코치가 되어달라고 요청했다. 벤처 기업들에는 종종 '사내 기업가entrepreneurs in residence'라는 직책이

---

*엄밀히 말하자면 스티브는 1997년부터 2000년까지 '임시 CEO'였다. 2000년 1월이 되어서야 그의 직급 앞에 '임시'라는 말이 사라졌다.

있는데, 보통 똑똑하고 젊은 기술자들이 직책을 맡는다. 이들은 다음 사업을 구상할 때까지 해당 기업에서 상주하며 벤처 기업들을 도와준다. 그렇다면 기업 운영과 전략에 경험이 많은 대기업 임원 출신을 상주시켜 아직은 불안정한 벤처 회사들이 성장하는 과정에서 겪는 우여곡절을 도와주면 어떨까? 존 도어는 자신의 생각을 빌에게 말했고, 이렇게 해서 빌은 팰로앨토의 샌드 힐 로드에서 새로운 삶을 시작하게 되었다.

구글의 코치

2001년 어느 날, 스탠퍼드 대학교 출신의 자신만만한 아이들이 운영하는 스타트업에서 전문경영인을 영입하기로 결심했다. 그들이 생각한 전문경영인은 에릭 슈미트였다. 에릭은 썬 마이크로시스템즈에서 소프트웨어 사업을 총괄했고 노벨의 CEO와 회장을 역임했다. 그런 에릭에게 존 도어는 빌 캠벨을 코치로서 옆에 두라고 조언했다. 썬 마이크로시스템즈의 CEO였던 스콧 맥닐리가 빌을 채용하려고 할 때 에릭은 빌을 만난 적이 있었다. 당시 에릭은 빌의 성과와 에너지에 깊은 감명을 받았다. 하루는 빌이 썬 마이크로시스템즈 사무실에 회의를 하려고 방문한 적이 있는데, "지금 막 당일치기로 일본에 다녀오는 길이에요"고 말했다! 에릭은 이날 신선한 충격을 받았다고 고백했다.

그럼에도 에릭은 스스로에 대한 자부심이 큰 사람이었고 도어의 조언이 달갑지 않았다. 이미 그는 거물이기 때문이었다. 그는 노벨의 CEO이자 썬 마이크로시스템즈의 전前 최고기술경영자CTO였고, 프린스턴 대학교에서 컴퓨터과학으로 학사를 받고 캘리포니아 공과대학교에서 석사와 박사학위를 받았다. 이것만으로 그의 이력서는 더할 나위 없이 훌륭했다. 도대체 펜실베이니아주 출신의 걸걸한 이 사람이 자신에게 무엇을 가르친단 말인가? 심지어 그는 전직 풋볼 코치가 아니었던가?

뚜껑을 열어보니 에릭은 빌에게 배울 것이 많다는 것을 알았다. 빌과 함께 일한 지 1년이 채 지나지 않아 에릭은 "빌 캠벨은 우리 모두를 코칭하는 데 매우 큰 도움이 되었다"고 썼다. "지금 생각해보니 처음부터 우리는 그가 필요했어요. 이런 구조는 더 빨리, 이상적으로는 구글이 시작한 순간부터 완성되었어야 했던 것 같아요."

그 후 15년 동안, 빌은 에릭을 매주 만났다. 에릭만 만난 게 아니다. 빌은 조너선 로젠버그, 래리 페이지 그리고 그 외에 여러 구글 리더들의 코치가 되었다. 빌은 에릭이 매주 주최하는 임원단 회의에도 참석했고, 구글 본사가 위치한 캘리포니아주 마운틴뷰의 캠퍼스에도 종종 모습을 드러냈다.(참고로 마운틴뷰의 구글 본사는 빌이 이사장직을 맡은 인투이트 본사와 돌을 던지면 닿을 만한 가까운 거리에 있었다.)

그 15년간 빌의 의견은 지대한 영향을 미쳤지만, 그 영향은 직접 어떻게 하라고 지시를 내리는 것과는 아주 거리가 멀었다. 빌은 만약 제품이나 전략에 대해 의견이 있다 하더라도 대개는 입밖으로 꺼내지 않았다. 그는 담당 팀들이 서로 소통할 수 있도록 도왔다. 대신 긴장감과 의견 충돌이 표면상으로 드러나 자유롭게 토론할 수 있도록 도왔다. 그래서 큰 의사결정이 만들어질 때에는 모든 사람들이 그 결정에 동의를 하든 안 하든 모든 이들의 생각이 반영되었다. 의심할 여지 없이 빌 캠벨은 구글의 성공에 가장 핵심적인 인물이었다고 자랑스레 말할 수 있다. 그가 없었다면 구글은 오늘날의 구글이 안 되었을 것이다.

누군가에게는 이것만으로도 충분했을 것이다. 하지만 빌은 아니었다. 그는 구글의 고위 임원진, 그리고 애플의 스티브 잡스와 함께 일하면서 이 외에도 많은 사람들을 도와주었다. 그는 인투이트의 전 CEO인 브래드 스미스를 코치했다. 이베이의 전 CEO인 존 도나호도 코치했다. 미국의 전 부통령인 앨 고어, 트위터의 전 CEO인 딕 코스톨로, 플립보드의 전 CEO인 마이크 매큐, 누멘타의 CEO인 도나 두빈스키, 넥스트도어의 CEO인 니라브 톨리아를 코치했다. 그뿐인가. 컬럼비아 대학교의 총장 리 볼린저, 메트릭스트림의 전 CEO인 셜리 아르샹보, 벤처 투자사인 안드레센 호로위츠의 파트너 벤 호로위츠와 새크리드 하트 중학교의 풋볼팀을 코치했다. 또 있다. 벤처 투자사인 벤치마크의 대표이사 빌 걸리, 미국 프로풋볼리그NFL의 명예의 전당 입상자인 로니 로트, 핸들 파이낸셜의 CEO인 대니 셰이더, 구글의 CEO인 선다 피차이를 코치했다.

빌은 체그의 CEO인 댄 로젠스웨이그, 홈스테드 출신으로 피츠버그 스틸러스에서 쿼터백으로 활약했던 찰리 배치를 코치했다. 또한

앨터몬트 캐피털 파트너스의 대표인 제시 로저스를 비롯해 전 스탠
퍼드 대학교의 총장인 존 헤네시, 페이스북의 COO인 셰릴 샌드버그
등을 코치했다.

볼지와 브루노

빌의 추모식 날, 앞서 언급된 사람들 가운데 누구도 먼저 선뜻 연단
위로 올라가지 않았다. 그날 연단 위로 올라가 가장 먼저 마이크를
잡은 사람은 빌의 대학 풋볼팀 동료였던 리 블랙이었다. 그는 친구
볼지Ballsy에 대해 이야기하기 시작했다. 우리 모두는 볼지가 빌이라
는 것을 바로 알아챘다.

컬럼비아 대학교에 입학했을 때, 빌은 풋볼팀에서 가장 작은 선수
였다. 하지만 그 누구보다 호전적이었고 태클과 블로킹을 두려워하
지 않았다. 넘어지고 쓰러지기 일쑤였지만 바로 일어나 다시 덤벼
들었다. 어느 날, 연습장에 가기 위해 버스에 올라탄 빌에게 리 블랙
은 "너는 놋쇠원숭이brass monkey보다도 더 깡balls이 있더라"고 말했
다.(놋쇠원숭이는 '극한'을 뜻하는 영어식 표현이며, 'ball'은 깡의 속어다. 놋쇠원숭이보다
깡이 세다는 말은 극단적으로 깡이 있다는 의미다.) 그때부터 "볼지"는 빌의 별명
이 되었다. 빌이 4학년 때 팀의 주장이 되었을 때도 주장으로 불리지
않았다. 그때도 그는 '볼지'였다. 실제로 근력강화실과 체력관리실,
교내 스포츠팀을 위한 회의실과 학교 스포츠팀 사무실 등이 위치한

컬럼비아 대학교의 캠벨 스포츠 센터(빌 캠벨의 이름을 따서 지었다.)는 학교의 풋볼인들 사이에서 종종 '볼스 홀 Balls Hall'이라고 불린다.

그날, 우리는 빌에 대해 많은 것을 알게 되었다. 하지만 이 위대한 비즈니스 리더이자 훌륭한 CEO, 그리고 스티브 잡스의 심복이면서도 아이비리그 풋볼 챔피언, 컬럼비아 대학교 풋볼팀 코치, 컬럼비아 대학교 이사장, 두 아이의 아버지이자 세 아이의 의붓아버지*인 빌 캠벨이 컬럼비아 풋볼 스타디움에서 공격적인 플레이로 볼지라는 멋진 별명을 얻었다는 것은 깜짝 놀랄 만했다. 컬럼비아 대학교 시절의 팀 동료들 말고는 그 누구도 빌의 이 별명을 알지 못했으나 이 별명은 빌에게 꼭 맞는 별명이었다.

그날 추모식에는 다양한 사람들이 모였다. 오랜 시간 동안 빌의 운전기사 역할을 하면서 친구이기도 했던 스코티 크래머는 추모식에 참석하기 위해 뉴욕시에서 캘리포니아주까지 왔다. 그리고 빌이 가장 좋아했던 스미스 & 월런스키 레스토랑의 책임 웨이터인 대니 콜린스도 뉴욕시에서 왔다. 은퇴한 대학 풋볼 코치이자 컬럼비아에서 빌과 함께 코치 시절을 보냈고, 자신의 결혼식에 들러리까지 서준 짐 러저스는 빌의 추모식을 도저히 놓칠 수 없다면서 로드아일랜드에서 캘리포니아주까지 직접 운전해서 왔다. 물론 빌과 함께 컬럼비아 대학교에서 풋볼을 한 동료와 그가 가르친 선수들도 참석했다. 여름에 잠깐 빌의 집에서 살았던 스탠퍼드 풋볼 선수들도 왔다. 빌이 공동

---

*빌과 로버타는 2009년 헤어졌으며, 그 뒤 에일린 보치와 2015년 재혼했다.

소유주로서 자주 방문했던 팰로앨토의 스포츠 바인 올드프로Old Pro의 직원들도 참석했다. 빌과 함께 슈퍼볼을 보러 간 친구들, 매년 휴양차 방문하는 카보 산 루카스Cabo San Lucas(멕시코의 휴양지)에 함께 간 친구들, 그리고 피츠버그에 같이 야구를 보러 가거나 동부여행을 함께한 친구들까지 빠지지 않고 모두 자리를 지켰다. 이 자리는 빌에게 존경과 감사를 전하면서 네트워크를 형성하는 전문가와 비즈니스맨을 위한 자리가 아니었다. 빌을 사랑하는 모든 사람들의 자리였다.

참석자들 가운데는 브루노 포르토조라는 사람도 있었다. 그는 빌의 별장이 위치한 카보 산 루카스의 엘도라도 골프장에서 빌의 전속 캐디로 근무했다. 빌은 브루노는 물론이고 브루노의 가족들과도 함께 농담을 하고 인근 식당에서 함께 저녁식사도 하는 친구가 되었다. 브루노는 말했다. "우리 캐디들은 손님들과 적정선을 지킵니다. 그런데 빌은 언제나 행복해했어요. 그는 모든 사람에게 친절했습니다."

몇 해 전, 브루노의 가족이 미국으로 휴가를 왔을 때 빌은 브루노의 가족을 팰로앨토와 몬태나에 있는 자신의 집으로 초대했다. 이렇게 친절을 베푼 빌의 추모식에 브루노는 참석하지 않을 수 없었다. 추모식 당일 브루노는 새크리드 하트에 도착하자마자 빌의 가족이 있는 앞줄로 달려갔다. 브루노는 이렇게 회상했다. "저는 애플의 팀 쿡과 에디 큐 뒤에 앉았어요. 그리고 이름은 까먹었지만 내 옆에는 구글 사장도 있었어요."

빌은 많은 것들로 유명했다. 그중에서도 가장 눈에 띄는 것은 그 유명한 포옹이었다. 그는 모든 사람을 안아주었다. 1994년 10월 공개

행사에서 마이크로소프트가 인투이트를 인수하겠다고 제안했을 때, 빌은 무대 위로 뛰어가 빌 게이츠를 꽉 안았다. 빌 게이츠는 포옹과는 어울리지 않는 사람이다.(결국 이 제안은 결렬되었는데, 포옹과의 인과관계는 입증된 바 없다.) 빌 캠벨의 포옹은 '딱히 하고 싶은 것은 아니지만 보는 눈이 있으니 가볍게 몸을 기울이는 것으로 끝내자'는 식의 형식적인 포옹이 아니었다. 포옹을 하는 빌은 한 마리의 곰 같았다. 그는 포옹을 할 때 진심을 다했다. 추모사가 끝날 무렵 리 블레이크는 참관객들을 바라보다 "빌이 자랑스러워할 수 있도록 주변 사람들을 꽉 안아주자"고 제안했다.

그렇게 구글의 공동창업자이자 알파벳(구글의 모회사)의 CEO인 래리 페이지가 카보 산 루카스의 캐디인 브루노 포르토조를 포옹하게 된 것이다. 브루노는 "캠벨은 모든 사람을 같은 방식으로 대했죠"라고 말했다. "여기 있는 사람들이 누구인지 다는 알지 못했지만 빌의 친구들이었다는 점은 확실합니다." 빌을 추모하는 데 이런 포옹은 그 어떤 추모사보다도 훌륭했다.

리 블레이크의 추모사가 끝난 뒤에는 팻 갤러거가 연단에 섰다. 팻은 샌프란시스코 자이언츠 프로야구팀에서 오랜 기간 동안 고위 임원을 지냈으며, 미국에서 가장 존경받는 스포츠 비즈니스 리더로 손꼽히는 인물이다. 그는 2009년 33년의 경력을 마무리했는데, 자신의 은퇴로 자이언츠가 2010년, 2012년 그리고 2014년 월드시리즈 챔피언이 될 수 있었다고 농담하곤 했다. 팻이 빌의 추모사를 읽을 영광을 얻은 이유는 그의 이력이나 인맥 때문이 아니었다. 빌과 진정한 우정을 나눴기 때문이다. 그와 빌은 팰로앨토에서 함께 산 이웃으로, 빌과 로버타가 1980년대 중반 서부로 옮기고 얼마 지나지 않아 알게 되었다. 그들은 어린이 스포츠팀에서 함께 코치로 활동했고, 경기가 끝난 후에는 선수 부모님들과 저녁식사를 하면서 맥주와 햄버거를 함께 즐겼으며, 공원에서 아이들과 함께 어울리고 동네를 산책하면서 마음이 동할 때마다 같이 저녁을 먹곤 했다. 빌과 팻은 많은 즐거움과 어려움을 함께한 진정한 친구였다.

그날 팻은 이렇게 말했다. "우리는 인생을 살면서 이런저런 친구와 지인들을 많이 사귀게 됩니다. 그러나 우리가 가까운 친구와 가족이라고 말하는 사람은 그중에서도 일부에 지나지 않습니다. 이 가운데서도 진정한 친구들은 한두 명에 불과합니다. 진정한 친구에게는 나에 대한 것이라면 무엇이든 얘기할 수 있습니다. 그러면서도 전혀 거리낌이 없는 사이이지요. 그리고 진정한 친구는 언제나 내 뒤에 있을 거라는 확신이 있습니다. 저에게 빌 캠벨은 그런 친구였습니다. 빌을 진정한 친구로 생각한 사람은 저 말고도 대략 2천 명쯤은 더 되는 것으로 아는데요, 저는 전혀 섭섭하다고 생각한 적이 없습니다. 빌은 우리 모두를 위해 기꺼이 시간을 내주었으니까요. 빌 역시 하루에 24시간밖에 없었지만, 그는 어떻게든 모든 사람을 위해서 시간을 내주었습니다. 당신이 빌과 얼마만큼 친했는지는 상관없습니다. 그는 어떤 일이 있어도 항상 우리 뒤에 있었으니까요."

추모식이 끝나고 사람들이 옹기종기 모여 대화를 하고 있을 때, 필립 신들러가 에릭 슈미트에게 다가왔다. 필립은 구글의 사업 부문을 이끌고 있었고 지난 몇 년 동안 빌에게 큰 영향을 받은 많은 사람 중 한 명이었다. 바로 몇 주 전, 필립은 구글의 직원교육 세미나에 참석했다. 이 세미나의 강사가 빌이었는데, 그는 구글의 임원들을 대상으로 자신의 경영 원칙을 가르쳤다. 일종의 후배 양성 프로그램이었다. 이제 빌이 없는 상태에서 필립은 그의 경영 원칙을 구글 직원뿐 아니라 모든 사람에게 전달하고 싶어 했다. 필립이 에릭에게 물었다. "빌이 우리에게 가르친 훌륭한 지혜를 전 세계 사람들과 공유하면 어떨까?" 우리는 경영의 전설과 함께 일할 수 있는 엄청난 특권을 누렸다. 이제 무언가를 하지 않으면 모든 것들이 사라져버리는 건 아닐까?

1조 달러 코치

빌 캠벨은 1조 달러 코치다. 아니, 1조 달러는 그의 가치를 평가절하한 것이다. 빌은 스티브 잡스와 함께 일하면서 파산 위기에 몰린 애플을 시가총액으로 몇천억 달러 규모의 기업으로 키워냈다. 빌은 래리 페이지, 세르게이 브린 그리고 에릭 슈미트와 함께 일하면서 작은 스타트업에 불과했던 구글(현재 알파벳)을 시가총액에서 애플과 같은 몇천억 달러의 공룡으로 키워냈다. 빌이 코칭하고 키워낸 다른 수많은 기업들은 차치하고, 이 두 기업만 하더라도 빌이 만들어낸 가치는 일단 1조가 넘었다. 이것만 보더라도 빌은 역사상 가장 위대한 총괄 코치executive coach라고 할 수 있다. 게다가 빌은 자신의 성과를 극대화하기 원하는 개인을 코칭하는 것이 아니라 팀을 코칭했다.

빌이 우리 곁을 떠나간 뒤 구글은 젊은 임원들에게 사내교육 형식으로 빌의 철학을 가르치기 시작했다. 그래서 필립이 제안한 대로 빌에 대한 책을 쓰기로 결심했을 때, 우리는 하기오그래피hagiography* 만은 쓰지 말자는 데 의견을 모았다. 만약 생전의 빌이 자신의 전기를 쓴다는 말을 들었다면 펜실베이니아주 홈스테드 출신의 멍청한 노인네에 대한 책을 누가 읽겠냐고 했을 것이다. 빌에 대한 책을 누가 읽게 될지는 모르겠지만, 한 가지 확실한 것은 빌의 코칭 방식과 철학은 독특하며 굉장히 훌륭하다는 사실이다. 그의 코칭은 1조 달러 코칭 아니던가? 빌의 코칭은 새롭고 혁신적인 기능, 제품 그리고 서비스를 빠르고 꾸준하게 만들어내는 것에 성공이 달려 있는 오늘날 비즈니스 세계에서도 필요한 것이다.

우리는 전작《구글은 어떻게 일하는가》에서 전문성과 창의력을 겸비한 새로운 유형의 직원들이야말로 속도전과 혁신을 달성하는 핵심이라고 주장했다. 전문성과 창의력을 모두 갖춘 사람들은 기술에 대한 전문지식을 갖추면서도 비즈니스에도 능통하고, 창의력도 갖춘 사람이다. 이런 사람들은 과거에도 존재했지만, 인터넷과 스마트폰, 그리고 클라우드 컴퓨팅과 이런 기술들에서 파생되는 혁신이 등장하

---

*하기오그래피란 대상자를 우상화하는 목적으로 내용을 왜곡하고 과장하는 전기다. 에릭이 하기오그래피라는 단어를 말했을 때, 조너선과 앨런은 이 말이 무엇을 의미하는지 사전을 찾아야 했다.

면서 과거보다 훨씬 큰 영향력을 가지게 되었다. 기업이 성공하기 위해서는 계속해서 훌륭한 제품을 생산해야만 한다. 그리고 훌륭한 제품을 생산하기 위해서는 똑똑하고 창의적인 직원들을 채용해야 하며, 이들이 크게 성공할 수 있는 환경을 구축해야 한다.

하지만 이것이 다가 아니다. 이 책을 쓰기 위해 여러 자료를 검색하고 빌이 코칭한 여러 사람과 대화를 나누면서 우리가 놓친 것이 있다는 것을 깨달았다. 기업의 성공을 결정하는 또 다른 중요한 요소가 있다. **공동체**Community로서의 팀이다. 빌이 말한 **공동체**로서의 팀은 팀원들의 관심사를 한데 묶고 차이점을 제쳐두는 팀, 개인적으로나 집단적으로나 회사의 이익에 몰입할 수 있는 팀이다. 연구결과에 의하면, 직장에서 지지받는 공동체의 일원이라고 느끼는 직원들은 업무에 더 집중하게 되며 생산성이 올라간다. 반대로 이런 공동체 의식의 부재는 일터에서의 번아웃을 야기하는 요소로 꼽힌다.[10]

성과가 높은 팀에서 일한 경험이 있는 사람이라면 모두 알듯이, 직장에서의 팀은 항상 이런 식으로 움직이지 않는다. 그런 팀은 똑똑하고 공격적이면서, 동시에 야심만만하고 의지가 강하며 자기주장이 뚜렷한 사람들로 채워져 있다. 이런 사람들은 함께 일할 수도 있지만 때때로 승진의 라이벌이 되기도 한다. 이런 사람들이 임원이 된다면 더 큰 공을 세워 회사 내에서 더 높은 지위를 차지하기 위해 부서 간 경쟁구도를 만들기도 한다. 사람들은 항상 더 높은 위치로 올라가기를 바란다. 회사에서도 마찬가지여서, 자신의 목표를 팀의 목표보다 우선시하기 쉽다. 이런 식의 내부 경쟁은 어느 기업에서나 존재하며 때로는 업무 자체보다 중요해질 때가 있다. 연봉, 보너스, 인정 그리고 심지어 사무실 크기와 위치는 내부 경쟁에서 자신의 위치가 어디인지 알 수 있게끔 해주는 점수판이나 다름없다. 이런 지나친 내부 경쟁은 당연히 문제가 된다. 이런 환경에서 이기적인 직원들은 이타적인 직원들보다 더 인정받을 수 있다. 몇몇 연구(와 상식)에 의하면, 이런 종류의 내부 경쟁과 팀 내 갈등은 성과에 부정적인 영향을 끼친다.[11]

팀의 성과를 위해 개인의 성과를 양보할 수 있는 사람들로 이뤄진 팀은 그렇지 않은 팀보다 일반적으로 더 좋은 성과를 낼 것이다. 그러면 이런 팀을 만드는 비결은 무엇일까? 이런 '라이벌로 구성된 팀'을 하나의 공동체로 묶어 공동의 목표를 주고 함께 일할 수 있도록 재정비하는 것이다. 2013년에 나온 한 논문에서 이를 위한 설계원리design principles를 제시했다. 이중 하나는 의사결정을 내리고 분쟁을 해결하는 강력한 메커니즘을 개발하는 것이다.[12]

하지만 이런 원칙을 따르는 것 자체가 매우 어려운 일이다. 특히 빠르게 움직일수록, 비즈니스 모델이 복잡할수록, 기술에 의한 변화가 심할수록, 경쟁사가 똑똑할수록, 소비자 기대치가 높을수록, 글로벌 기업일수록, 직원들의 요구가 높을수록 더더욱 어려워진다. 다시 말해서, 오늘날의 모든 비즈니스 세계에서는 이런 원칙을 지키기가 어렵다. 구글의 전 CFO인 패트릭 피체트가 말한 것처럼 이런 요소들을 모두 갖춘 상황에서 야망 있고 자기주장이 강하며 경쟁을 즐기는 똑똑한 사람들로 구성된 팀에는 엄청난 긴장감이 돈다. 이런 긴장감은 좋은 긴장감이다. 이런 긴장감이 없다면 팀의 존재감이 희미해진다. 하지만 긴장감은 공동체 형성을 어렵게 만든다. 성공하기 위해서는 공동체가 필수다.

적당한 수준의 긴장감을 유지하고 팀을 공동체로 발전시키기 위해서는 개개인만을 위한 코치가 아니라 팀 전체를 이끌어주는 코치가 필요하다. 이런 코치는 계속되는 긴장감을 완화하고 공동체를 지속적으로 키우면서 모두가 공통된 비전과 목표를 위해 함께 일할 수 있는 환경을 조성해준다. 종종 이런 코치는 팀의 리더급, 또는 임원들하고만 일하기도 한다. 하지만 가장 효율적인 코치는 팀 전체와 함께 일하는 코치다.

빌이 바로 이런 코치였다. 구글에서 빌은 에릭만 만나는 것이 아니었다. 빌은 조너선을 비롯해서 다른 사람들하고도 함께 일했으며, 주기적으로 에릭이 주최하는 임원 회의에도 참석했다. 임원급 직원에게는 받아들이기 힘들 수 있었다. 임원 회의 때 '코치'가 참석한다는 것은 임원들에 대한 신뢰가 없는 것으로 보일 수 있기 때문이다. 2014년 발간된 어느 보고서에 의하면 자신의 능력에 신뢰감이 떨어지는 관리자들은 다른 이들의 의견(혹은 코칭)에도 위협감을 느낀다. 따라서 반대로 생각하면 코치의 존재를 공개적으로 수용하는 것은 스스로에게나, 그리고 동료들에게 신뢰가 굳건하다는 신호라고 할 수 있다.[13] 그리고 2010년에 발표된 한 기사에 의하면 '그룹 코칭'은 팀의 성과를 향상하는 데 효과적이지만 일반적으로 덜 이용되는 방법이다.[14]

구글에서 빌은 건물을 돌아다니며 사람들과 친해졌다. 그는 에릭이나 소수의 임원의 성과에만 관심을 갖지 않았다. 그의 관심사항은 언제나 팀이었다. 그는 모든 팀의 성과 향상에만 관심이 있었다. 빌이 이뤄낸 업적을 고려한다면, 비즈니스 세계에서 두각을 나타낸 전직 스포츠 코치들이 더 없는지 그저 놀랍기만 하다. 스포츠 코치들이 자신만의 철학에 대해 쓴 책은 시중에 넘친다. 하지만 성공한 스포츠 코치 중 비즈니스의 세계에서도 성공을 거둔 사람은 많지 않다. 빌 캠벨이 자신의 커리어 초반을 궁극적인 팀 스포츠인 풋볼 코치로서 보냈다는 것은 우연이 아닐 것이다. 풋볼에서는 유기적으로 움직이지 않는다면 경기에서 패할 뿐만 아니라 다칠 수도 있다. 풋볼 선수와 코치로 활동하면서 빌은 위대한 팀에는 협력하는 문화가 정착되어 있다는 것을 배웠다. 그리고 협력의 문화를 어떻게 이끌어내는지도 배웠다. 비단 경기장에서만이 아니라 사무실, 복도, 회의실에서도 그렇다. 그는 사람들 사이에서의 긴장감을 찾아내고 해소하는 데 탁월한 전문가였다.

모든 스포츠 팀에는 코치가 있다. 가장 유능한 코치는 좋은 팀을 위대한 팀으로 만든다. 비즈니스도 마찬가지다. 기술이 모든 산업과 소비생활에 스며들고 속도와 혁신이 그 무엇보다도 중요한 이 시기에, 성공하고자 하는 모든 기업은 조직문화의 한 부분으로 반드시 코칭을 갖춰야 한다. 코칭은 뛰어난 사람들을 강력한 팀으로 묶어내는 데 가장 좋은 방식이다.

문제는, 회사 내 모든 팀에 한 명의 코치를 두는 것은 가능하지도 않을뿐더러 유용하지도 않다는 것이다. 임원진만을 위한 코치를 두는 것도 마찬가지다. 코치를 채용하는 것과 관련해 여러 문제가 발생한다. 어디서 코치를 찾을 수 있을까? 비용은 얼마나 들까? 하지만 가장 중요한 것은 코치는 별 효용이 없다는 일반적인 반응일 것이다. 빌과 함께 일한 많은 사람과 이야기를 나누면서, 우리는 새롭고 놀랄 만한 무언가가 등장하고 있다는 것을 느꼈다. 그렇다. 삶과 사업에서 수많은 상황과 어려움을 맞이하는 자세에 대해 우리를 코칭했듯이 빌은 직원 모두를 코칭했다. 빌은 코칭만 해준 것이 아니다. 빌은 우리와 모든 사람에게 코칭을 해주면서, '제자'들에게 다른 사람들과 팀을 코칭하는 방법을 보여주었고, 이를 통해 이들은 더 훌륭한 리더가 되었다. 그 후 몇 번이고 새로운 상황에 맞닥뜨릴 때마다 우리는 "빌이라면 무엇을 했을까?"라고 스스로 물어보곤 했다. 코치는 이 상황에 어떻게 대처할까?

앞에서 말했듯이 회사의 모든 팀에 코치를 두는 것은 현실적이지도 않고 효과적이지도 않다. 그리고 정답도 아니다. 각 팀의 최고의 코치는 그 팀을 이끄는 관리자이기 때문이다. 좋은 코치가 되는 것은 좋은 관리자와 리더가 되기 위한 필수 덕목이다. 코칭은 더 이상 전문분야라고 할 수 없다. 좋은 코치가 아닌 자는 좋은 관리자가 될 수 없다. 1994년 발간된 한 보고서에서는 "전통적으로 관리자에게 요구되는 덕목인 통제, 감독, 평가 그리고 당근과 채찍을 뛰어넘어 소통과 상호존중, 피드백과 신뢰의 환경을 만들어야 한다"고 주장했다. 그것도 코칭으로 말이다.[15]

관리자의 많은 덕목은 위임될 수 있지만 코칭만은 그렇지 못하다.

바로 이것이 빌이 우리에게 궁극적으로 가르친 것이다. 빠르게 움직이고 매우 경쟁적이며 기술 중심의 산업에서 성공하는 방법은 생산성이 좋은 팀을 꾸리고 그 팀이 큰일을 할 수 있도록 자원을 투자하고 자유를 주는 것이다. 그리고 생산성이 높은 팀에 반드시 필요한 것은 요령 있는 관리자와 자상한 코치다. 빌은 바로 이 점에서 그 누구보다도 뛰어났다.

이 책에서 우리는 빌이 무엇을 코치했는지, 즉 빌이 사람들에게 무엇을 하도록 만들었으며 어떻게 코치했는지를 살펴볼 것이다. 우리는 그러한 '무엇what'과 '어떻게how'를 네 개의 부분으로 나눴다. 빌이 일대일 회의와 임직원 회의를 운영하는 방식과 직원들의 어려움을 관리하는 방법까지, 그리고 경영관리에 있어 작은 디테일을 어떻게 다루었는지, 그뿐만 아니라 함께 일하는 사람들의 신뢰를 어떻게 얻었는지와 팀을 어떻게 만들고 운영했는지, 그리고 마지막으로 어떻게 일터에서 사랑의 화합을 이루었는지 말이다.

그렇다. 제대로 읽었다. 사랑이다. 우리는 빌의 기술과 능력을 보다 상세하게 보여주기 위해서 많은 연구결과와 기사, 그리고 글을 인용할 것이다. 처음에는 '무엇'과 '어떻게'는 너무 단순해 보여 실제로는 경구aphorism처럼 들릴 수 있다. 하지만 경험 많은 리더들은 알듯이, 이런 개념은 단순해 보이기는 하지만 실제로 행동으로 옮기기에는 어렵다.*16

---

*호주 퍼스의 커틴 공과대학에서 2010년 출간된 연구에 의하면, 시간을 충분하게 투자하지

이게 얼마나 어렵냐면, 이 책을 쓰면서 빌이 했던 것처럼 '무엇'과 '어떻게'를 하나로 결합하는 것은 오직 그만이 할 수 있는 특별한 일이 아니었을까 하는 생각이 들 정도였다. 그처럼 빌은 이 방면에서는 매우 특별한 사람이었다. 우리는 관리자들이 더 훌륭한 코치가 될 수 있도록 '하우투How To' 매뉴얼을 만들고 있었는데, 혹시 전 세계에서 단 한 사람(불행히도 이제 그는 우리 곁에는 없지만)만이 효과적으로 할 수 있는 것은 아닐까?

우리의 결론은 '아니오'다. 우리가 만나 친구가 되었던 매우 특별한 사람, 빌 캠벨은 전 세계에 단 한 명밖에 없다. 하지만 그가 남긴 코칭의 진수는 다른 사람들도 체득할 수 있다고 우리는 생각한다. 만약 당신이 매니저나 임원, 그 외 어떤 형식으로든 한 팀을 이끄는 리더라면, 소속된 기업이나 조직이 어떤 곳이든 상관없이 코치가 되어 팀의 성과를 효과적으로 높일 수 있다. 그렇게 함으로써 당신과 당신의 동료들은 더 행복해질 수 있다. 빌의 가르침은 많은 사람을 도와주었다. 당신도 충분히 도움을 받을 것이다.

코치 빌은 단 한 명뿐이었다. 하지만 이 책을 통해 현재와 미래의 리더들이 빌의 통찰력을 얻어갔으면 하는 것이 우리의 희망이다. 우리가 그랬던 것처럼 독자들도 빌의 지혜와 인간애humanity로부터 무언가를 얻었으면 한다.

않는다든가, 사람들의 능력은 계발될 수 있다고 생각하지 않는다든가, 또는 코칭은 실질적인 수익으로 연결되지 않는다고 생각하는 등의 요인으로 많은 관리자가 훌륭한 코치가 되는 데에 실패한다고 분석했다.

벤 호로위츠는 말했다. "빌을 너무 많이 생각할 필요는 없습니다. 그 누구도 빌이 될 수 없거든요. 하지만 저는 더 나은 사람이 되는 법을 빌에게 배웠습니다. 그리고 더 높은 수준의 정직성과 사람, 그리고 관리를 더 잘 알게 되었어요."

망치지 마라

이 책을 쓰면서 우리는 이런저런 방식으로 빌의 삶으로부터 크게 영향을 받은 수십 명의 사람을 만나 이야기를 나눴다. 어린 시절의 친구들, 컬럼비아 대학교 팀 동료들, 풋볼 코치로서 보스턴 칼리지와 컬럼비아 대학교에서 그가 가르친 선수들, 동료 코치들, 코닥·애플·클라리스·고 코퍼레이션 그리고 인투이트에서의 동료들, 그가 코치한 기업 임원들, 팰로앨토의 집에 정기적으로 들이닥친 스탠퍼드 대학교 풋볼 선수들, 가족과 친구들, 심지어 그가 새크리드 하트에서 가르친 중학교 풋볼팀 선수들까지 만나서 대화를 나눴다. 이들 대부분이 인터뷰 도중 울먹거렸다. 빌은 자신이 만난 사람들에게 그 정도의 사랑과 헌신을 베푼 것이다. 우리는 빌의 유산을 물려받았다는 책임감을 느끼면서, 빌을 사랑했던 모든 사람에게 이 책이 중요하다는 것을 깨닫게 되었다.

그는 유쾌하면서도 입은 거칠었다. 그는 거친 욕설을 자주 하곤 했는데, 그의 욕설은 동사도, 부사도, 형용사도, 대명사나 명사도 아닌 것처럼 들렸다. 그의 욕은 그 자체로 하나의 카테고리화할 수 있을 정도였다. 어느 날 조녀선이 직장에서 욕하는 게 사기를 진작시킬 수도 있다는 내용의 연구논문을 빌에게 보냈다. 빌은 그답지 않게 절제된 표현으로 이렇게 말했다고 한다. "듣던 중 반가운 소리네!"*

팻 갤러거는 추모사에서 이런 말을 했다. "왜인지는 모르겠는데 빌이 하는 욕은 욕처럼 들리지 않았습니다." 그리고 이어서 이렇게 말했다. "빌이 천국에 간 지 이제 일주일 정도 되었는데 하느님이 어떻게 생각할지는 모르겠습니다."

세상을 떠나기 얼마 전 빌은 팻에게 자신의 장례식에서 추모사를 읊어달라고 요청했는데, 죽음을 앞둔 빌은 언제나처럼 거친 입담을 자랑했다.

"젠장, 망치지 마. 알겠지?"

자신의 이야기를 책으로 엮는 걸 빌이 좋아할지 아닐지는 잘 모르겠다. 그는 무대 뒤에 있기를 더 좋아했고, 그에게 스포트라이트를 비추려 하면 그것을 피해 다녔다. 그의 인생을 책으로 쓰자는 출판사의 제안도 몇 번이나 거절했다. 하지만 노년에 들어 그의 생각은 조금씩 바뀐 것으로 보였다. 자서전까지는 모르겠지만, 애플, 인투이트, 구글 그리고 다른 몇몇 기업에서 했던 비즈니스 코칭을 글로 써 자신

---

*직장에서의 욕설은 긍정적인 효과를 낼 수 있다고 주장하는 논문들도 있다. 무엇보다 욕설은 스트레스를 풀고 직원들끼리 솔직한 대화를 하거나, 진정성 있는 대화를 하거나 창의력을 고취시키는 데 좋다는 것이다. 그렇다고 마음 놓고 욕하기 전에, 욕을 쉽게 내뱉는 사람들은 일반적으로 신뢰할 수 없고 지적 능력이 떨어져 보인다는 것을 보여준 많은 논문도 있음을 상기하라.

의 철학이 후배들에게 전달되면 그들에게도 도움이 될지도 모를 일이었다. 지금 다시 생각해보니 썩 나쁜 생각은 아닌 것 같다. 우리는 상상한다. 천국에서 빌이 의자에 기대어 비스듬히 앉아 우리의 생각에 고개를 끄덕이는 장면을. 그러고는 앞으로 몸을 기울이고 얼굴에 큰 미소를 띠면서, 특유의 거친 목소리로 말하는 것을.

"젠장, 망치지 마."

최선을 다할게요, 코치.

CHAPTER 2

직책은 관리자를 만들고
사람들이 리더를 만든다

당신이 위대한 관리자라면, 부하 직원들이 당신을 리더로 만들 것입니다. 그들이 당신을 리더로 만드는 것이지, 당신 스스로 리더가 되는 것이 아닙니다.

2001년 7월, 세 번째 생일을 앞두고 구글은 셀프 광고 서비스인 애드워즈를 출시했다. 애드워즈의 출시와 함께 구글은 성층권으로 날아오르는 듯했다. 당시 구글에는 수백 명의 직원이 있었고, 그중 상당수가 소프트웨어 엔지니어였다. 엔지니어 부서를 총괄한 사람은 애플과 썬 마이크로시스템즈에서 임원을 역임했던 웨인 로싱이었다. 당시 구글에 입사한 지 6개월이 된 웨인은 자신이 이끌던 엔지니어링 부서 관리자들의 역량에 만족하지 못했다. 이들은 훌륭한 엔지니어였지만 훌륭한 관리자는 아니었다.

웨인은 래리와 세르게이와 함께 이 문제에 대해 의논했고, 결국 이 세 명은 급진적인 아이디어를 떠올려 에릭에게 보고했다. 그들의 아이디어는 무엇이었을까? 엔지니어링 부문에서 관리 직책을 모두 없애는 것이었다. 모든 소프트웨어 엔지니어들이 담당 최고임원인 웨인에게 직접 보고하는 이런 체계를 웨인과 에릭은 '디스오그disorg'

라고 불렀다.

래리와 세르게이는 이 아이디어를 굉장히 좋아했다. 이들은 구글을 세우기 전까지 회사에 취직한 경험이 없었다. 이런 배경 때문이었는지, 이들은 프로젝트가 생기면 학생들이 함께 일하는 대학교 연구실과 같은 자유로운 환경을 좋아했다. 학생들은 어드바이저의 도움을 받기는 했지만 '관리'는 받지 않는다. 이런 학구적인 환경에서 지내온 래리와 세르게이는 '관리자'의 역할에 항상 의구심을 품었다. 관리자는 왜 필요할까? 뛰어난 엔지니어들을 프로젝트에 뛰어들어 마음껏 일할 수 있게 하고, 프로젝트가 끝나면 다른 프로젝트에 투입하면 안 될까? 회사의 임원들이 프로젝트가 어떻게 진행되고 싶은지를 알고 싶다면 실무자와 이야기를 하면 되지 왜 관리자와 얘기해야 하나? 실무자와 직접 소통하면 안 될까? 인류 역사상 첫 회사가 생긴 직후 세계 최초의 관리자가 생겼다는 말은 집어치우자.* 이렇듯 기존의 관습이 살아남지 못하는 이곳은 바로 구글이다.

이렇게 관리자 없이 빠르게 움직이는 엔지니어링 부서를 운영하는 구글의 실험이 시작되었다. 이 실험이 시작했을 때는 빌이 구글에 합류한 지 얼마 안 되었을 때였다. 래리와 세르게이는 에릭과 함께 일하는 데 많이 익숙해진 상태였는데, 빌의 합류로 다시 새로운 사람이 주변에 서성거리게 된 것이다. 빌은 주로 시간적 여유가 더 있는 저

---

*어쩌면 처음에 회사가 만들어지기도 전에 관리자는 존재했을지도 모르겠다. 피터 드러커가 예리하게 지적했듯이, 세계 역사상 가장 위대한 관리자는 아마도 '약 4,500년 전 이집트에서 첫 번째 피라미드의 건축을 관리했던 사람'이었을 것이다.

녁에 이들을 방문하면서 에릭, 래리, 세르게이를 비롯한 구글의 임원들을 시간을 두고 천천히 알아갔다. 빌은 구글 직원들과 함께 일과 회사의 비전에 대해 이야기를 나누면서 구글이라는 회사와 그곳의 문화를 배웠다.

하루는 빌과 래리가 대화를 나누다가 빌이 "관리자를 두는 것이 좋겠어"라고 했다. 래리는 이 말에 굉장히 난처해했다. 어쨌든 래리는 얼마 전에 관리자를 없앤 조치에 매우 만족했기 때문이다. 수백 명의 직원을 거느린 회사에, 수십억 달러의 매출을 만들 제품을 전 세계 소비자들에게 전달할 이 회사에 관리자가 왜 필요하다는 것일까? 관리자 없는 지금 관리자가 있었을 때보다 더 잘하고 있지 않은가? 한동안 두 사람 사이에서 논쟁이 오갔다. 두 사람 모두 확신에 차 있었다. 마침내 빌은 래리에게 직접 엔지니어들에게 물어보자고 제안했다. 그와 래리 그리고 세르게이는 복도를 걸어 다니다 소프트웨어 엔지니어 두 명을 발견했다. 빌은 그들에게 관리자가 필요하냐고 물었다.

"네, 필요합니다."

"왜?"

"보고 배울 수 있는 사람이나 어색한 사이를 좁혀줄 수 있는 사람이 필요해요."

그들은 그날 밤 몇 명의 소프트웨어 엔지니어들과 더 대화를 했는데 들려오는 답변은 대부분 비슷했다. 보고 배울 수 있고 의사결정을 잘하는 관리자라면, 엔지니어들은 그러한 사람과 함께 일하기를 원했다. 빌이 옳았다! 그럼에도 창업자들을 설득하는 데에는 더 많은 시간이 필요했다. 구글의 엔지니어 부서는 1년이 넘도록 디스오그 실험을 계속했다. 그러다가 마침내 2002년 말, 실험은 공식적으로 종료되었고 다시 관리자들이 투입되었다.

연구에 따르면 실제로 두 방식 모두 장점이 있다. 1991년 한 논문은 혁신기업의 경우(검색엔진과 애드워즈를 개발하던 당시의 구글과 같은 기업들), 자원을 조정하고 갈등을 해결할 관리자들이 필요하다고 주장했다. 하지만 2005년에 출간된 한 논문에 의하면 창의성은 위계적인 구조보다는 수평적인 환경에서 꽃을 피운다. 대표적인 예가 브로드웨이 공연이다. 즉, 창의성이냐 효율성이냐가 관건이다.[17]

빌에게 있어 성공한 회사의 임원이 맡은 역할은 관리, 즉 '탁월한 경영관리 operational excellence'로 회사를 이끄는 것이다. 관리자와 CEO로서 빌은 확실한 성과를 올리는 데 능했다. 그는 사람들을 모아 훌륭한 팀 문화를 만들었지만, 성과도 중요하다는 사실을 절대로 간과하지 않았다. 그리고 팀 문화와 성과는 훌륭한 관리의 직접적인 결과라고 생각했다. 그는 구글러들을 대상으로 한 경영관리 세미나에서 "회의를 어떻게 진행할지에 대해서 항상 생각해야 한다"고 말했다.

"여기 있는 분들은 진행점검 회의를 어떻게 진행할 것인지에 대해서 생각해야 합니다. 그리고 사람들을 일대일로 만나 그들의 업무를 옆에서 지도해가며 도와줄 수도 있어야 합니다. 성공한 사람들은 회사운영에도 탁월하죠. 그들은 좋은 절차를 만들고, 직원들이 책임감을 갖도록 하며, 훌륭한 사람을 채용하는 법도 알아요. 그리고 직원들을 평가하고 피드백을 주는 방법도 압니다. 그리고 돈도 많이 주고요."

실리콘밸리의 사람들은 회사의 성장이라는 목표 말고 다른 목표를 추구하면서 종종 궤도에서 이탈하기도 한다. 빌은 경영이란 결과 지향적이라는 것을 확실하게 주지시켰다. 회사는 건전한 사내문화를 만들어야 하지만, 이것의 목표는 결과물을 만들어내는 것이다.

많은 연구결과가 빌의 주장을 뒷받침한다. 미국 공장들의 성과를 포괄적으로 연구한 2017년의 한 논문에 의하면, 모니터링 monitoring, 타게팅 targeting, 인센티브 incentive 제도와 같은 성과 위주의 경영기법을 도입한 공장들은 그렇지 않은 공장들보다 훨씬 우수한 성과를 거두는 것으로 나타났다.[18] 훌륭한 관리기법은 연구개발과 IT 투자 그리고 직원들의 숙련도만큼이나 중요하다는 의미다. 좋은 관리는 크리에이티브 산업에서도 중요하다. 2012년에 진행된 한 연구에 따르면, 비디오게임 산업에서 강력한 중간관리는 전체 매출 변동폭의 22퍼센트를 차지한 반면, 게임 크리에이티브 디자인은 7퍼센트만 차지했다.[19]

빌은 리더십이란 탁월한 경영관리의 진화물이라고 생각했다. "당신이 성공하려면 어떻게 사람들을 불러 모아 도움을 받을 수 있을까요? 독재자가 되어서는 할 수 없습니다. 그렇다고 그들에게 무엇을 해야 하는지 하나씩 알려줄 수도 없는 노릇이죠. 바로 당신과 함께 한배에 탔다는 느낌, 그럼으로써 자신의 가치가 제대로 평가받고 있음을 확인시켜주세요. 잘 듣고, 집중하세요. 이것이 바로 위대한 관리자가 하는 일입니다."

경영관리, 특히 초임 관리자들을 전문적으로 연구하는 하버드 경영대학원의 린다 힐 교수 역시 독재자가 되는 건 좋은 생각이 아니라고 지적한다. 그녀는 2007년 이렇게 썼다. "그들은 무엇을 할지를 직접적으로 알려주는 보고서에 바로 움직이지 않는다. 실제로 부하 직원들이 재능이 뛰어날수록 지시에 따를 가능성은 적다는 것을 초임 관리자들은 곧 배우게 될 것이다." 린다 힐 교수는 관리자의 권위는 "관리자가 부하 직원, 동료들 그리고 자신의 상사들과 신뢰를 쌓을수록 생긴다"고 결론을 내린다.[20] 또 다른 연구결과에 의하면 권위주의적 관리방식에 직원들은 화를 내는 정도가 아니라 아예 팀을 떠날 가능성이 높다고 한다.[21]

빌은 종종 이렇게 말하곤 했다. "당신이 위대한 관리자라면, 부하 직원들이 당신을 리더로 만들 것입니다. 그들이 당신을 리더로 만드는 것이지, 당신 스스로 리더가 되는 것이 아닙니다."

빌은 이런 자신만의 신념mantra을 도나 두빈스키에게서 배웠다고 말했다. 배경은 이렇다. 도나는 애플과 클라리스에서 빌과 함께 일했다. 빌은 영업 마케팅 부문 부사장이자 코닥에서 괄목할 성과를 낸 거물이었다. 두 회사에서 빌은 굉장히 디테일에 강한 관리자였다. 종종 팀원들의 사소한 일들까지 마이크로매니징micromanaging할 정도였다.

빌의 이런 관리방식은 성과를 잘 내는 듯 보였다. 그래서 빌이 클라리스의 CEO가 되었을 때, 그는 모든 사람에게 무엇을 할지를 직접 지시하는 것이 CEO가 할 일이라고 생각했다. 그리고 그는 실제로 그렇게 했다. 그러다 어느 날 오후 늦게 빌의 사무실을 방문한 도나가 만약 빌이 "계속해서 모든 사람에게 무엇을 할지를 시시콜콜하게 지시한다면 모두 회사를 그만두고 다시 애플로 돌아갈 것"이라고 말했다. 독재자 밑에서 일하고 싶은 사람은 어디에도 없다고도 덧붙였다. 그리고 초임 CEO에게 한 가지 지혜를 주었다.

"사장이라는 직책으로 당신은 관리자가 되었지만, 당신을 리더로 만드는 것은 사람들입니다."*

빌은 진심으로 그녀의 조언을 받아들였다. 한번은 어려움을 겪고 있던 관리자들에게 이렇게 충고한 적이 있다.

"스스로 직원들의 존경을 얻기보다 그들에게 자신을 존경해달라고 강요하지 않았나요? 이제 겸손해지기 프로젝트, 이타심 프로젝트라고 생각하고 회사와 부하 직원들을 진심으로 생각한다는 것을 보여주세요."

자신과 함께 일했던 사람들이 리더십을 종종 카리스마로 착각하곤 한다는 것을 빌은 안타깝게 생각했다. 카리스마 리더의 대명사인 스티브 잡스와 30년 가까이 최측근으로서 일한 빌의 입에서 나온 말이라 조금 놀랍기는 하다. 빌은 1985년 존 스컬리와 애플의 이사회

---

*클라리스를 떠난 뒤에 도나는 팜파일럿 제조사인 팜(Palm)의 CEO가 되었다. 그 후에는 핸드스프링의 CEO가, 그리고 예일 대학교의 수석 신탁관리인이 되었다. 현재 그녀는 인공신경망 회사인 누멘타의 CEO다.

가 쫓아내기 전까지의 스티브 잡스는 썩 훌륭한 리더가 아니었다고 생각했다. 하지만 애플이 잡스가 설립한 회사인 넥스트를 인수하고 1997년 잡스가 애플의 CEO로 돌아왔을 때, 빌은 스티브가 변했다는 것을 알아차렸다.

"그는 언제나 카리스마가 넘쳤고 열정적이었으며 머리는 비상했지. 그런데 다시 돌아왔을 때 그는 훌륭한 관리자가 되어 있었어. 모든 면에서 꼼꼼했어. 제품은 물론이고, 회계나 영업에서도 디테일했지. 심지어 물류 방면으로도 말이야. 나는 스티브에게서 배움을 얻었어. 스티브는 좋은 관리자가 되고 나서야 좋은 리더가 된 거야."

이처럼 매주 진행한 빌과의 코칭 세션에서 우리가 가장 먼저, 그리고 가장 많이 논의했던 것은 관리였다. 전반적인 관리법은 물론이고 세부적인 기술까지 다뤘다. 빌은 회사의 전략 이슈에 대해 의견을 낸 적이 거의 없었지만, 그가 전략 이슈와 관련된 의견을 낼 때는 그 전략을 실행에 옮길 강력한 실행계획이 있는지를 확인하려는 목적이 있을 때였다.

현재의 이슈는 무엇인가? 빠르게 문제를 해결하기 위해서 어떻게 관리를 하고 있는가? 직원채용은 어떻게 진행되고 있는가? 팀을 어떻게 만들고 구성하는가? 회의는 어떻게 진행되고 있는가? 모든 사람들이 인풋input을 해주고 있는가? 무슨 말이 오갔고 어떤 말이 나오지 않고 있는가? 그는 회사가 잘 운영되고 우리가 모두 관리자로서 성장하기를 희망했다.

사람이 먼저다

2008년 8월, 인터넷 매체 〈고커 Gawker〉는 '기술산업에서 가장 끔찍한 독재자 10명'이라는 제목의 기사를 냈다.[22] "비명을 질러대는 이들에게 Here's to the screaming ones"라는 문장으로 시작하는 이 기사는, 1997년 리처드 드라이퍼스가 내레이션한 애플의 텔레비전 광고 '다르게 생각하라 Think Different'를 패러디했다.

"의자를 던지는 자, 살해 협박을 하는 자, 고압적인 태도로 노려보는 자, 그들은 세상을 다르게 보는 사람들입니다. 당신이 맞받아 주시할 때까지 그들은 당신을 노려볼 겁니다. 그들은 규칙을, 특히 인사부가 내놓은 '직원들을 존중하라'와 같은 규칙을 좋아하지 않습니다."

그 이후에 기사는 기술산업에서 가장 악명이 높은 악당을 한 명씩 소개한다. 스티브 잡스, 스티브 발머, 빌 게이츠, 마크 베니오프 그리고 이 명단 끝에서 두 번째에 우리의 조너선 로젠버그가 있었다. 조너선은 이 기사를 보고 의기양양했다. 이 산업에서 가장 유명한 스타 10인에 포함되었다고 생각한 것이다. 그리고 '냉혈아 명예의 전당'이란 것이 있다면 헌액이 되었을 것이라고도 생각했다! 며칠 후 그가 빌과의 일대일 미팅을 위해 회의장으로 들어갔을 때, 책상 위에 그 기사의 사본이 놓여 있었다.

조너선의 얼굴에 미소가 살며시 폈다. 하지만 빌은 아니었다. "조너선, 이건 자랑스러워할 일이 아니야!" 빌의 말에 조너선이 무어라

사람이 먼저다

성공적인 기업의 토대는 사람이다. 모든 관리자의 으뜸가는 책무는 사람들이 더 효율적으로 일을 할 수 있게 도와 그들이 성장하고 발전할 수 있도록 하는 것이다. 위대한 일을 할 능력이 있으면서 의욕도 충만한 훌륭한 사람들은 주변에 많다. 하지만 이 위대한 사람들은 그들의 에너지를 분출하고 확대시킬 수 있는 환경에서만 성장할 수 있다. 관리자들은 그들을 지원하고 존중하고 신뢰하면서 이런 환경을 만든다.

지원이란, 이들이 성공할 수 있도록 적절한 도구, 정보, 훈련과 코칭을 제공하는 것이다. 다시 말해 사람들의 능력을 지속적으로 계발하려는 노력을 말한다. 위대한 관리자들은 사람들이 성장하고 업무에 통달할 수 있도록 도와준다.

존중이란, 사람이 가진 고유한 커리어의 목표를 이해하고 그들이 삶에서 내리는 선택을 섬세하게 헤아리는 것이다. 즉, 회사의 필요에 부합하는 방향으로 사람들의 커리어 목표를 달성할 수 있게 도움을 주는 것을 의미한다.

신뢰란, 사람들이 자신의 일을 하고 의사결정을 내리는 데 자유를 주는 것이다. 그들이 어떤 일이든 잘할 수 있고 잘할 것이라고 믿는 것을 의미한다.

대답하려고 웅얼웅얼하자, 빌은 욕을 하면서 조너선의 궁색한 변명을 가차 없이 끊었다.

"내가 만약 이 기사를 너희 어머니에게 보여드리면 어떨까? 어머니께서는 어떤 생각을 하실까?"

빌과 조너선은 조너선의 어머니가 이 기사를 보면 썩 행복해하지 않을 것이라는 데에 동의했다.

빌이 '사람이 먼저다It's the people'라는 자신만의 경영 철학을 조너선에게 공유한 것이 이때였다. 빌은 인투이트에 있을 때 이 철학을 자신의 철학으로 만들었으며, 우리와 다른 제자들에게 계속해서 주입시켰다.

많은 연구논문과 임원들이 반복해서 하는 상투적인 말이지만, 회사는 직원을 귀중한 자산으로 취급해야 한다. 임원들은 종종 실적을 향상하려고 이런저런 노력을 기울이지만 회사의 관리문화를 간과하는 경향이 있다. 이것은 분명한 실수다. 1999년에 발간된 한 논문에 의하면 평균에서 표준편차의 한 단위만큼이라도 경영관리를 향상시킬 수 있다면, 그 회사의 시장가치는 직원 1인당 1만 8천 달러 증가할 수 있다.[23]

그리고 2008년 진행된 구글의 내부 연구를 보면 (참고로 이 연구는 빌이 사랑했던 연구다.) 규칙적으로 여덟 가지의 행동을 취하는 관리자들이 이끄는 팀의 직원들은 이직률도 낮았고 만족도는 높았으며 성과도 좋았다는 것을 확인했다. 그 여덟 가지 행동 중에서 가장 중요한 것으로 꼽혔던 것은 '좋은 코치'였다.*

'사람이 먼저다'라는 경영 철학은 다른 분야에서도 적용된다. 예를 들어, 컬럼비아 대학교의 운동부 총괄담당인 피터 파일링은 자신의

---

*데이비드 가빈이 〈하버드 비즈니스 리뷰〉 2013년 12월호에 쓴 '구글은 어떻게 엔지니어를 경영진에 팔았는가?(How Google Sold Its Engineers on Management)' 기사에서 구글의 '프로젝트 옥시전(Project Oxygen)'에 대해 더 볼 수 있다.

부서 임무와 가치를 바꾸기 위해 빌과 함께 일했다. 피터의 경우 '사람이 먼저다'라는 원칙은 '선수들이 먼저다'가 되었다. 이제 피터와 그의 부서가 의사결정을 할 때 가장 먼저 고려하는 대상은 학생 운동선수들이다.

그들의 의사결정이 선수들에게 어떤 영향을 끼칠까? 그들의 의사결정은 "선수들이 최고의 성과를 거두기 위한 기회를 극대화한다"는 그들의 강령에 부합하는가? 학생 선수들은 학교와 코치들이 그들을 정말로 아낀다는 것을 알고 있는가? 그들은 학생 선수들에 대해 총체적인 접근법을 취한다. 즉, 피터와 그의 부서는 선수들의 운동뿐만 아니라 전체적인 삶을 지원하고자 노력한다. 피터는 컬럼비아 대학교 운동부의 모든 감독과 분기별로 회의를 해 선수들에 대해 허심탄회하게 논의한다. 이 모든 것은 '사람이 먼저다'라는 빌의 원칙의 직접적인 결과물이다.

브래드 스미스가 인투이트의 CEO가 되었을 때, 빌은 그에게 매일 밤 자기 전 그를 위해 일하는 8천 명의 직원들을 생각하라고 말했다. 직원들은 어떤 생각을 할까? 그들은 어떤 기분일까? 어떻게 하면 그들의 잠재력을 극대화할 수 있을까? 빌 월시〔미국 풋볼 코치〕와 빌 캠벨이라는 두 명의 훌륭한 코치와 함께 일한 로니 로트〔미국 풋볼 선수〕는 그들에 대해서 이렇게 말한다.

"위대한 코치는 밤에도 당신을 더 나은 사람으로 만들 방법을 고민하느라 항상 깨어 있다. 그들은 당신이 더 많이 배울 수 있는 환경을 만드는 것을 즐긴다. 코치는 모든 붓질을 정확하게 해야 하는 예술가와 같다. 그들은 관계에 색을 입힌다. 대부분의 사람은 어떻게 다른 사람을 더 낫게 만들 것인가를 생각하는 데 많은 시간을 투자하지 않는다. 하지만 바로 이것이 코치가 하는 일이다. 빌 캠벨도 이런 코치였다. 다만 다른 분야에서 일했을 뿐이다."*

임원들은 이러한 질문을 통상적으로 받곤 한다. "당신의 밤잠을 설치게 만드는 것은 무엇입니까?" 빌은 이 질문에 항상 똑같은 대답을 했다. 부하 직원들의 안녕과 성공이라고.

사람이 먼저다

모든 관리자들의 우선순위는
부하 직원들의 안녕과 성공이다.

---

*빌 월시는 1979년부터 1988년까지 10년 동안 샌프란시스코 포티나이너스를 이끈 감독이다. 그가 포티나이너스를 이끄는 동안 슈퍼볼 챔피언십을 세 번이나 거머쥐었다.

여행 보고서로 시작하라

10년이 넘도록 에릭은 매주 월요일 1시에 임원 회의를 열었다. 많은 면에서 에릭이 주재한 회의는 당신이 참석해왔던 많은 회의와 비슷할 것이다. 회의 안건이 있고, 사람들이 테이블에 둘러앉고, 몰래몰래 이메일과 문자 확인도 하고, 모두 평범한 모습이다. 하지만 에릭은 보통과는 다른 한 가지를 더했다. 사람들이 회의실에 들어와 앉으면 에릭은 주말에 무얼 했는지 물어봤다. 또는 여행을 다녀온 직원이 있으면 에릭은 비공식 여행 보고서를 제출하라고도 했다. 보통 이 회의에는 래리 페이지와 세르게이 브린도 참석했기 때문에 주말 보고는 카이트보딩 이야기나 익스트림 스포츠에 대한 이야기로 가득찼다. 하지만 일상적인 이야기들이 나올 때도 많았다. 예를 들어, 조너선의 딸의 축구경기 결과나 엔지니어링 부서의 수장인 앨런 유스터스가 골프장에서 몇 타를 쳤는지와 같은 이야기들이 있다.* 에릭은 출장을 갔다 왔을 경우 구글맵을 열어 자신이 방문한 도시에 핀을 꽂고서 출장 보고를 했다. 그리고 그 도시에서 경험한 재미있는 이야기들을 함께 나눴다.

이런 대화는 언뜻 즉흥적이고 비공식적으로 보였지만, 빌이 에릭과

---

*아마도 래리와 세르게이의 모험심은 앨런에게도 옮겨갔던 것으로 보인다. 2014년 10월, 안식년을 보내던 앨런은 지구 표면에서 41.422킬로미터 높은 곳에서 열기구에서 뛰어내려 세계에서 가장 높은 곳에서 자유낙하를 한 사람으로 기록되었다. 그는 뛰어내린 지 14분 만에 안전하게 착지했다. 그는 시속 1,315킬로미터를 기록하며 자유낙하했다. 이 소식을 듣고 조너선은 "앨런의 자살 시도가 불발됐네"라고 말했다.

함께 수년간 발전시킨 소통방식의 일부였다. 이 대화에는 두 가지 목적이 있다. 첫째는, 가족과의 생활, 개인생활을 서로 공유함으로써 팀원들이 서로를 인간으로서 알아갈 수 있게 하기 위함이었다. 둘째는, 전문가로서, 또는 직책에 따른 의무감으로 회의에 참석하는 것보다 구글러 혹은 한 인간으로서 모든 사람이 즐거운 마음으로 회의를 시작할 수 있게 하기 위함이었다. 빌과 에릭은 즐거운 근무환경과 높은 성과 사이에는 직접적인 상관관계가 있다고 생각했다. 가족이나 자신의 취미생활에 대해 이야기하는 것은 즐거운 근무환경을 달성하는 손쉬운 방법이다.(학자들은 사회정서적 소통socioemotional communication 이라고 부른다.)

중요한 의사결정을 해야 하는 회의 막바지에 이르면, 참가자들의 전문성이나 현재 담당하는 업무와는 상관없이 에릭은 모든 사람들이 의사결정에 참여하도록 독려했다. 단순한 소통방식, 즉 사람들로 하여금 이야기를 공유하고 서로 개인적으로 친밀해지도록 유도하는 것은 사실 더 나은 의사결정을 이끌고 동지애를 단단히 하려는 전술이었다.

딕 코스톨로는 여행 보고서와 관련하여 처음에는 정말로 이상하다고 생각했다. 빌은 그에게 여행 보고서를 제출하라고 했다.

"하지만 제가 정말로 여행 보고서를 만들고 다른 사람들도 하는 것을 보면서, '와 정말 이게 차이를 만들 수 있겠구나' 하는 생각이 들었죠. 회의의 사전적 정의가 변해요. 공감대가 형성되면서 분위기도 좋아지죠."

딕은 자신이 멘토링을 해주던 한 회사의 CEO가 주관한 임원 회의에서 겪었던 일을 털어놓았다. 그 회의는 그 어떤 인간적인 대화 없이 시작하자마자 바로 안건으로 들어갔다.

"이게 얼마나 거슬리는지 충격이었어요. 이런 팀이 어떻게 함께 일하고 서로 유대감을 쌓는지는 모르겠어요."

마리사 메이어는 야후 CEO로 재직하던 때 구글의 여행 보고서 문화를 접하고 야후에서 자신만의 새로운 문화를 만들었다. 여행 보고서 대신 그녀는 '서로 감사하기'로 임원 회의를 시작했다.

"회의에 참석하는 사람들에게 지난주에 있었던 일에 대해 다른 부서에게 감사하다고 말하도록 했어요. 저희는 이런 의식을 가족기도family prayer라고 불렀어요. 물론 스스로에게 감사하다는 말도 못하게 했고 다른 사람이 했던 말을 반복하지도 못하게 했죠. 한 주를 마무리하는 좋은 문화로 자리매김했어요."

빌은 회사가 성공하는 데 소통이 매우 중요하다고 생각했다. 그는 회사의 다른 사람들도 우리가 무엇을 생각하는지 알아야 한다고 주장했다. 소통을 통해 확실하게 이해시켰다고 생각되는 상황에서도 상대방이 온전히 이해하기까지는 시간이 걸렸다. 반복한다고 해서 기도가 닳는 것도 아니다. 실제로 2002년 서던 메소디스트 대학교에서 진행한 연구에 의하면 누구와 무엇을 공유하고 소통하는지가 관리자가 해야 할 매우 큰 부분이라는 것이 드러났다. 제대로만 한다면, 이 '공유된 지식knowledge commonality'은 더 좋은 성과를 내는 데 도움이 되며 충분히 시간을 들일 만하다.[24]

빌은 회의를 진행하는 데 관심을 가지라고 말했다. '일대일 면담을 바르게 하라'와 '임직원 회의를 올바로 하라'는 그의 관리자 원칙에서 가장 중요한 부분을 차지한다. 그는 이러한 회의들이야말로 간부들이 회사를 경영하는 데 이용할 수 있는 가장 중요한 수단이며, 각 회의는 신중하게 운영돼야 한다고 생각했다.

회의는 가장 중요한 이슈와 기회들을 점검하기 위한 장이 되어야 한다. 이런 면에서 일대일 미팅보다도 회의가 더 그렇다. '모든 사람이 같은 정보를 가지고 있게끔 하고, 올바른 토론과 의사결정을 하는 데 회의를 활용하는 것'은 빌의 경영 원칙에서 가장 중요한 것이다. 회사의 가장 중요한 이슈들은 보통 여러 부서에서 함께 처리해야 하지만 여러 부서의 사람들이 한데 모이면 다른 팀에서 어떤 일을 하고 있는지를 알게 되고, 함께 토론하면서 업무에 대한 이해도도 높아진다. 그리고 부서 간 협력도 강화될 수 있다.

이는 심지어 일대일 미팅을 통해 해결해야 하는 몇몇 문제에도 적용될 수 있다. 특정 문제에 팀원들이 합심해서 해결할 기회를 주기 때문이다. 고 코퍼레이션의 창업자 제리 캐플런은 자신의 책 《스타트업》에서, 마이크로소프트와의 경쟁이 심화되자 대처방안을 찾기 위해 빌에게 일대일 회의를 요청했다가 거절당한 일화를 소개했다. 사실 이런 회의는 회사기밀과 잠재적으로 논쟁이 될 만한 이슈들을 상세하게 다루기 때문에 민감하다. 창업자와 CEO의 일대일 회의는 문제가 될 것처럼 보이지 않지만 빌은 이런 회의를 거절했다. 그는 팀으로서 다른 사람들과 함께 논의하고 의사결정을 하고 싶어 했다.[25]

연구에 의하면 팀 회의는 사람들과 교류하기에 굉장히 좋은 기회다. '회의의 적절성', '동등한 발언의 기회' 그리고 '적절한 회의 시간'이 인적 교류에 필요한 세 가지 요소라고 결론 지은 2013년의 한 연구도 있다.[26] 하지만 항상 이럴 수 있는 것은 아니다. 2015년에 진행된 또 다른 연구에 의하면 실험 참가자 가운데 50퍼센트 이상은 회의 때문에 시간을 효과적으로 활용하지 못한다고 말했다. 이 연구는 임원단 회의뿐만 아니라 모든 회의를 연구대상으로 했지만, 그럼에도 이 연구 또한 회의 진행도 중요한 경영관리의 한 부분이라는 것을 보여준다.[27]

여행 보고서로 시작하라

팀원들끼리 친밀감을 형성하기 위해
회의를 시작할 때 여행 보고서, 또는 비즈니스와 관련이 없는
개인적인 대화로 시작하라.

화이트보드의 다섯 단어

빌과의 일대일 미팅은 항상 캘리포니아 애비뉴에 있는 무미건조한 분위기의 빌의 사무실에서 열렸다. 캘리포니아 애비뉴는 화려한 유니버시티 애비뉴에서 약 1마일(약 1.6킬로미터) 정도 남쪽에 있는, 팰로앨토의 조용한 상업 지구다. 처음에는 시간 낭비처럼 보였다. 그가 직접 구글로 오면 될 것 아닌가? 하지만 우리는 바로 이곳이야말로 최적의 장소라는 것을 금방 깨달았다. 생각해보면 우리가 치료를 받으러 가지, 치료사가 집으로 방문하는 일은 없지 않은가?

빌을 찾아갈 때면 아무것도 적혀 있지 않은 문을 열고 건물 2층으로 올라가 복도를 따라 걷다가, 그의 오랜 비서인 데비 브룩필드를 한 번 포옹한 뒤 그의 사무실로 들어가 기다리면 된다. 그의 사무실에는 화이트보드가 있고 거기에는 다섯 단어가 적혀 있었는데, 이 단어들은 그날 에릭과 빌이 할 대화 주제들이었다. 이 단어들은 사람, 제품, 경영 이슈, 또는 다가오는 어떤 회의에 관한 것일 수 있다. 빌과 에릭은 이렇게 대화를 진행했다.

이 책을 함께 쓰면서 에릭이 빌과의 미팅에 대해 설명했을 때, 조너선이 그의 말을 막았다. 조너선은 자신은 빌과의 미팅을 그렇게 시작하지 않았다고 에릭에게 말했다. 조너선과 회의할 때도 빌은 다섯 가지의 대화 주제를 준비하고 있었지만, 모두가 볼 수 있게 화이트보드에 쓰지는 않았다. 포커 선수가 자신의 카드를 아무한테도 보여주지 않듯이 빌도 대화 주제를 조너선에게 보여주지 않았다. 먼저 가족이나 사업과 관련 없는 이야기로 시작한 뒤에, 빌은 조너선에게 다섯 가지 대화 주제를 물어보곤 했다. 조너선은 이런 접근방식이 자신이 시간과 노력을 어떻게 분배하는지를 알아보는 빌의 방식이라는 것을 깨달았다. 만약 빌이 준비한 대화 주제로 미팅을 시작했다면 조너선은 빌의 말에 그러려니 하고 따랐을 것이다. 즉, 대화 주제를 물어보는 것 자체가 코칭의 한 부분이었던 것이다.(빌은 에릭에게는 이런 방식이 필요 없다고 생각했던 것 같다.)

구글에서 경영관리 세미나를 진행할 때, 빌은 모든 사람이 보드에 자신만의 리스트를 써야 한다고 말했다. 동시에 모든 사람이 자신의 리스트를 서로에게 공유하도록 말이다. 그래야 중복되는 목록이 있는지를 확인하고, 이런 주제들이 확실하게 다뤄지도록 확인할 수 있다는 것이다. 빌은 사람들의 리스트를 비교하고 하나로 합치는 것 자체가 업무의 우선순위를 매기는 교육이라고 생각했다.

누구의 다섯 주제가 화이트보드에 먼저 올라가는지는 상관없다. 중요한 것은 회의에서 다뤄야 할 주제가 있다는 것을 모두 인지하고 있고 실제로도 다룰 준비가 되어 있다는 사실이다. 빌은 일대일 미팅을 준비하는 데 신경을 많이 썼다. 관리자가 해야 할 가장 중요한 일은 사람들이 보다 효율적으로 일하고 성장하고 개발할 수 있도록 도와주는 것이라고 빌이 말했다는 것을 기억해보자. 그에게 있어 일대일 미팅은 바로 이것을 할 수 있는 최고의 기회나 다름없었다. 풀타임 코치가 된 후 그는 자신이 코치하는 대상에 따라 코칭 방식에 변화를 주었다. 하지만 CEO로서 빌은 표준을 만들었고, 이 표준에 따라 사람들을 가르쳤다.

빌은 항상 '스몰 토크small talk'로 시작했지만, 그의 스몰 토크는 정말로 작지는 않았다. 직장에서의 스몰 토크는 종종 피상적이다. 본격적으로 업무 얘기에 들어가기 전 "아이들은 잘 지내지?" 정도의 말이나 또는 출근길에 있었던 일들을 가볍게 얘기하는 정도다. 하지만 빌과의 대화는 좀 더 의미 있고 다채로웠다. 가끔 빌은 업무 이야기보다도 인생 이야기에 더 관심이 있다는 느낌마저 주곤 했다. 빌은 주변 사람들의 삶에 진정으로 관심을 보였다. 비즈니스 관점에서도 이런 대화는 상당히 강력한 도구다. 실제로 2010년 수행된 한 연구에 의하면 이런 종류의 '실체가 있는substantive' 대화는 아무런 의미 없이 하는 진정한 스몰 토크보다 사람을 더 행복하게 만든다.[28]

이런 스몰 토크를 통해서 (앞에서 설명한 것처럼 빌의 스몰 토크는 그렇게 작지는 않았다.) 빌은 바로 업무 이야기로 자연스레 넘어갔다. "지금 어떤 일을 하고 있지?" "어떻게 진행되고 있지?" "도와줄 일이 있을까?" 그 후에는 동료들과의 관계로 넘어갔다. 빌은 동료들과의 관계가 상사와의 관계보다 더 중요하다고 생각했다.

어느 날, 조너선은 빌과 일대일 미팅에서 구글 창업자들이 자신의 업무에 제대로 된 피드백을 주지 않는다고 털어놓았다. 조너선은 궁금했다. 그들이 원하는 것이 무엇일까? 빌은 상사로부터의 피드백에 대해서는 걱정하지 말라고 대답했다. 오히려 그가 정말로 신경을 써야 할 것은 동료들의 피드백이었다. 동료들이 나를 어떻게 생각하는가? 바로 이것이 중요하다! 이렇게 빌은 조너선의 동료들에 대해 대화를 시작했다. 빌은 조너선의 동료들이 얼마나 조너선에게 고마워하고 있는지, 그리고 더 잘할 수 있기 위해 무엇을 해야 하는지를 말해줬다.

빌의 대화 주제는 동료들과의 관계에서 팀으로 옮겨갔다. 그는 항상 팀원들에게 나아가야 할 방향을 명확하게 알려주었는지, 그리고 그들을 지속적으로 도와주었는지를 알고 싶어 했다. 그들이 하는 일을 우리가 제대로 이해하고 있는가? 만약 그들이 어떤 어려움을 겪고 있다면, 제자리로 돌아올 수 있도록 간부들이 무엇을 해야 하는지에 대해 허심탄회하게 대화할 준비도 돼 있었다. 언젠가 빌은 "당신 부하 직원들이 당신의 아이들이라고 생각하세요"라고 말을 한 적 있다. "그들의 방향을 잘 잡아주고, 더 나은 사람이 되도록 도와주세요."

다음은 혁신이었다. 우리 회사에 혁신을 위한 공간이 있는가? 혁신과 효율성 사이에서 우리는 어떻게 균형을 잡고 있는가? 양자택일은 좋은 생각이 아니다. 둘 사이에서 균형을 잡아야 한다.

세부적인 소통방식은 차치하더라도, 빌은 좋은 소통에 대한 자신만의 확실한 신념이 있었다. 빌은 전통적인 대면 소통을 선호했다. 대면 소통이 불가하다면 전화통화를 선호했다.(그는 "회의를 잡으려고 4주씩이나 기다릴 필요가 없잖아. 그냥 전화해"라고 말했다.) 빌이 고 코퍼레이션의 CEO를 맡았던 시절, 그에게 이메일을 받는 것은 매우 이례적인 일이었다. 나중에 그가 실리콘밸리의 많은 사람들의 코치가 되었을 때, 그의 저녁 시간은 그에게 메시지를 남긴 사람들에게 전화하는 것으로 채워졌다. 빌에게 음성 메시지를 남기면 반드시 답신 전화가 왔다.

그는 이메일에도 능했다. 오늘날 이메일 트렌드는 상사가 비서에게 메시지를 전달하면, 비서가 그 메시지를 이메일로 사람들에게 발송하는 방식이다. 빌은 언제나 우리에게 상사로서 직접 이메일을 발송해야 한다고 조언했다. 실제로 빌의 이메일 쓰는 방식은 발전에 발전을 거듭했다. 우리는 이 책을 쓰기 위해 빌이 우리에게 보낸 이메일을 모두 읽었고, 그의 메시지가 얼마나 간결하고 명확하며 따뜻한지 놀라지 않을 수 없었다. 한 예로, 조너선의 아버지가 돌아가셨을 때, 빌은 "그(조너선의 아버지)와 개인적인 친분을 쌓지 못해 매우 안타깝습니다. 사랑하는 아들을 무척 자랑스러워하셨을 거예요"라고 메시지를 보냈다.

그는 주변 사람들에게도 그와 비슷한 수준을 청했다. 동네 이웃을 연결하는 SNS 애플리케이션을 개발한 넥스트도어의 공동창업자이자 대표인 니라브 톨리아는 2000년 여름에 빌을 처음 만났다. 당시 니라브는 닷컴 시절의 대표 주자였던 에피온스를 이끌고 있었다. 빌 걸리(실리콘밸리의 전설적인 벤처 투자가)가 이 둘을 연결해줬다. 첫 미팅에서 니라브는 빌의 소통방식에서 교훈을 얻었다고 말했다.

"제가 준비한 자료에는 문구들이 쓰여 있었어요. 처칠 같은 유명한 사람들이 한 말들요. 전 프레젠테이션을 하면서 멋들어진 문구를 반복했죠. 그러다 빌이 제 말을 막았어요. 그리고 왜 발표 자료에 이런 문구들이 있냐고 저에게 물었죠. 그리고 아직 에피온스에 대해서 아무 말도 안 했다고 하더군요."

그는 니라브에게 이런 문구들을 다 없애라고 했다. "단순히 어떤 일이 일어나고 있고 무엇을 해야 하는지만 말해라." 빌의 조언이었다.

"그때 저는 90퍼센트 스타일, 10퍼센트 내용이었어요. 그런데 빌은 100퍼센트 내용이었죠."

화이트보드의 다섯 단어

일대일 미팅을 구조화하고 미팅을 준비하는 데
시간을 투자하라. 이런 미팅이야말로 사람들을
더욱 효율적으로 만들고 성장시킬 수 있는 최고의 수단이다.

일대일 미팅과 리뷰의 뼈대

직무에서 요구하는 성과지표

- 판매 수치
- 제품 납품 또는 제품 중요 시점
- 소비자 피드백 또는 제품 품질
- 예산 수치

동료들과의 관계(직원 간의 동화와 유대감 형성에 매우 중요)

- 제품개발팀과 엔지니어링팀
- 마케팅팀과 제품개발팀
- 영업팀과 엔지니어링팀

관리 · 경영진

- 당신의 부하 직원들을 잘 이끌고 코칭하고 있는가?
- 능력 없는 직원들을 잘 추려내고 있는가?
- 직원 채용에 얼마나 관심을 갖는가?
- 부하 직원들이 대단한 일을 하도록 유도할 수 있는가?

혁신

- 더 나아지기 위해 끊임없이 노력하고 있는가?
- 신기술, 신제품 그리고 새로운 경영기법에 꾸준히 관심을 쏟는가?
- 동종 산업 내에서 혹은 세계에서 가장 뛰어난 사람들과 스스로를 비교하고 있는가?

원탁과 왕관

에릭이 구글의 CEO로 재임하던 시절, 많은 임원에게 친숙한 영역전쟁에 휘말렸던 때가 있다. 당시 임원 중 한 명이 자신의 팀이 관리하는 사용자들을 위한 모바일 애플리케이션을 만들고자 했는데, 또 다른 임원이 그 모바일 애플리케이션은 자신의 팀에서 담당해야 한다고 했다. 두 임원은 몇 주 동안 논쟁했고, 이들의 대화는 이내 험악해졌다.

보통 이런 일이 일어나면 에릭은 '두 명의 규칙rule of two'라고 부르는 관리 방법을 즐겨 활용한다. 의사결정에 가장 직접적인 당사자 두 명을 불러 함께 최적의 솔루션을 스스로 찾아내게끔 하는 것이다. 보통의 경우 1~2주 후 그 둘은 서로가 동의한 최적의 방안을 가지고 에릭에게 다시 왔다. 그러면 관계된 팀들은 이렇게 도출된 방안에 만족했다. 당사자들끼리 동의한 최적의 방안이니 그럴 수밖에 없지 않은가. 에릭의 이런 '두 명의 규칙'은 대부분의 경우 최적의 솔루션을 도출할 뿐만 아니라 동료들의 협력관계에도 긍정적인 영향을 끼친다. 두 사람이 함께 문제를 해결하도록 하는 이 방식은 성공적인 중재의 가장 기본이 되는 원칙이다.[29] 이것은 갈등을 해결하는 협력의 습관을 형성하고, 향후 든든한 동지애와 더 나은 의사결정이라는 결실로 이어진다.*[30]

---

*분쟁 해결에 대한 연구에 의하면, 두 명의 규칙이든 다른 방식이든 분쟁을 관리하는 표준

하지만 이번에는 이 방법이 통하지 않았다. 두 임원은 서로 양보하지 않았다. 에릭은 빌에게 조언을 요청했고, 빌은 "당신들 둘이 알아서 결정을 내리지 못하면 내가 직접 결정을 내릴 거라고 말해봐요"라고 조언했다. 에릭은 빌의 조언을 받아들여 두 임원에게 일주일의 시간을 더 주었다. 그럼에도 이들은 합의를 이끌어내는 데 실패했고 에릭이 교통정리를 했다.

빌은 관리자의 핵심 업무 중 하나가 의사결정을 촉진하는 것이라고 믿었다. 그리고 자신만의 노하우가 있었다. 그는 딱히 민주적인 방식을 고집하지도 않았다.(인투이트에서는 회의 결과를 투표로 결정하는 전통이 있었지만 빌은 CEO로 취임한 뒤 이런 전통을 없앴다.) 대신 그는 즉석 코미디와 크게 다르지 않은 방식을 선호했다. 즉석 코미디에서 모든 출연자는 대화를 끊임없이 이어나가고, 극의 완성도를 높이기 위해 막이 내리는 그 순간까지 손발을 맞춰야 한다는 리스크를 짊어진다. 빌은 마지막 순간까지 의견과 생각을 교환하고 조율해 최고의 결과물을 만드는 합주단과 같은 조직을 원했고, 언제나 사내 정치에서 자유로운 환경을 만들고자 했다.

하지만 최고경영자가 모든 의사결정을 내리는 조직에서는 모든 사람이 자신의 생각과 주장을 관철시키기 위해 최고경영자를 설득하기 때문에 빌이 생각한 이상과는 전혀 다른 결과가 나타난다. 이런 환경에서는 누가 가장 훌륭한 아이디어를 가지고 있는지가 중요하지 않

절차를 갖게 되면 관련된 사람들은 더욱 만족하게 되고 더욱 효율적으로 일할 수 있게 된다.

다. 여기서 중요한 것은 최고경영자를 누가 제일 잘 로비하느냐, 즉 사내 정치를 누가 제일 잘하느냐다.

빌은 사내 정치를 혐오했다. 그는 합의consensus보다는 최고의 아이디어를 도출해내는 것이 중요하다고 믿었다.(빌은 "합의 따위는 개나 줘버려"라고 종종 말했다.) 합의는 '집단사고'와 어설픈 의사결정으로 이어질 수 있다는 많은 연구의 결론을 빌은 직감적으로 이해했던 것 같다.[31] 가장 훌륭한 아이디어를 얻는 방법은 모든 의견과 생각을 서로 공개하고 함께 토론하는 것이라고 빌은 생각했다. 문제가 있으면 솔직하게 드러내고, 특히 반대 의견을 가진 사람들이 진실된 생각을 말할 수 있도록 기회를 줘라. 만약 당장의 문제가 기술적인 문제라면(예를 들면 마케팅이나 회계 관련 문제) 해당 전문성을 가진 사람들이 자유롭게 의사결정을 할 수 있게 해야 한다. 다양한 분야에 걸친, 보다 광범위한 문제일 경우 팀장이 토론을 이끌어야 한다. 어찌 되었든 모든 사람의 생각과 의견을 모두 들어야만 한다.

이런 아이디어를 모두 이끌어내기 위해 빌은 종종 회의 전에 개개인들과 면담을 해 그들의 생각을 물어보곤 했다. 빌은 여러 사람과 대화를 하면서 다양한 관점을 이해하게 되었지만, 무엇보다 중요한 건 이런 면담을 함으로써 회의 참석자들이 회의 안건에 대한 자신의 생각을 스스로 정리할 기회를 갖게 된 것이다. 빌과 대화를 하면서 회의 전에 더 많은 생각을 하게 된 것이다. 어쩌면 회의장에 도착했을 때 참석자들의 의견이 통일되었을 수도 있고 아닐 수도 있다. 확실한 것은, 이들은 이미 충분히 생각했고 자신의 관점을 다른 사람들과 이야기 나눴을 것이란 사실이다.

사람들이 자신의 생각을 드러내고 주장하면서 회의는 때때로 과열되기도 한다. 충분히 가능한 일이고 딱히 이상한 일도 아니다. 빌이 코치한 제자이자 우버의 전 CEO인 에밀 마이클은 "리더가 사람들을 수동공격적passive-aggressive 성향에서 벗어날 수 있게만 한다면 솔직하고 열띤 토론이 가능해진다"고 말했다. 당신의 팀이 열심히 일하면서 회사가 자신보다 우선이라는 생각을 한다면, 열정적인 논쟁을 거친 뒤 최선의 아이디어가 떠오를 것이다. 리더가 토론을 어떻게 꾸려나가느냐가 중요하다. 2016년 이뤄진 연구에 의하면, 사람들 사이의 이견을 강조할 때보다 토론을 강조할 때 회의 참가자들은 더욱 적극적으로 정보를 공유한다. 이때 사람들은 참가자들이 반대 의견에 더 수용적이라고 인식한다.[32]

하지만 의사결정을 책임지는 관리자가 무엇을 해야 할지 자신이 다 안다고 생각하면, 빌의 합주단 방식은 제대로 운영되기 어렵다. 마리사 메이어는 구글에서 이런 문제를 겪었다고 한다. 그러자 빌이 그녀에게 새로운 규칙을 알려주었다. 팀 회의 때 항상 마지막에 말하는 사람이 되라는 것이었다. 그녀가 정답도 알고 있고 그녀의 생각이 옳을 수도 있지만, 그걸 말하게 되면 팀이 하나로 뭉칠 기회를 빼앗는 것이나 다름없다고 빌은 조언했다. 정답을 찾아내는 것도 중요하지만, 팀이 하나 되어 함께 정답을 찾아가는 것도 똑같이 중요하다. 그래서 마리사는 그녀답지 않게 조용하게 앉아 팀원들이 토론하는 것을 지켜보았다. 그녀는 이런 방식이 마음에 들지 않았지만 결과는 좋았다. 그녀는 팀원들에게 존경받기 시작했고 팀원들의 문제해결 능력은 향상되었다.

최고의 아이디어가 떠오르지 않을 때라야 관리자가 나서서 직접 의사결정을 하거나 팀원들을 강하게 밀어붙여야 한다. 빌은 "관리자의 역할은 사람들의 능력을 계발하는 것"이라고 말했다.

"앞으로 이렇게 할 거니까 이제 그만 토 달아. 더 이상 말 꺼내지도 마."

빌은 어렵게 이를 배웠다. 애플에서 일하던 시절, 그는 의사결정의 과정이 되레 경영을 망치고 사업은 지지부진했던 정반대의 경험을 했다.

"이 분야에서 애플은 거의 마비되다시피 했어요. 한 부서는 이걸 하고 다른 부서는 저걸 하고 또 어떤 녀석은 다른 걸 하고 싶어 했거든요. 사람들이 내 사무실에 와서 결정을 도와달라고 했는데 나는 영업마케팅 담당이라 제품담당 부서 간의 일에 끼어들 수 없었어요. 애플 Ⅱ를 담당하는 부서와 맥을 담당하는 부서 사이에서 내가 뭘 했겠습니까. 정말 힘들었는데, 아무것도 결정되는 것이 없었어요. 난 그냥 참기만 했어요."

의사결정을 하지 못하는 것은 잘못된 의사결정만큼이나 피해가 크다. 사업을 하다 보면 항상 사건이 생기는 법. 세상에 완벽한 정답은 없다. 빌의 조언은, 잘못되더라도 일단 결정을 내려야 한다는 것이다. 의사결정을 내리기 위한 적절한 절차는 의사결정만큼이나 중요한데, 팀에게 자신감을 주고 일이 돌아가도록 하기 때문이다.

어도비의 전 CEO이자 클라리스에서 빌과 함께 일한 브루스 치즌은 의사결정을 내릴 때 훌륭한 의사결정의 절차를 준수하고 개인의 영달이 아니라 회사를 위해 무엇이 좋은지 우선순위를 매겨 그에 따르는 것을 '진실된 의사결정decisions with integrity'이라고 표현했다.

할 수 있는 최고의 의사결정을 하고 한번 결정이 내려지면 그 결정에 최선을 다하라. 일단 결정이 내려지면, 그 결정에 최선을 다하고 다른 사람들도 그렇게 할 것이라고 믿어야 한다. 디지털 학습 플랫폼 회사 체그의 CEO 댄 로젠스웨이그와 회사의 CFO는 중요한 재무 관련 의사결정에 동의했지만 사소한 문제 때문에, 합의된 의사결정을 철회했다. 댄은 빌에게 조언을 구해왔다. 이런 경우에 어떻게 해야 할까?

빌은 CEO로 있을 때 겪었던 비슷한 상황을 댄에게 말해줬다. 빌과 그의 팀은 회사 전략에 대한 결정을 내렸다. 빌이 이사회에서 이 전략을 발표했을 때, 빌과 함께 전략 개발에 참여한 CFO가 갑자기 자신은 그 전략에 동의하지 않는다고 말했다. 이사회 회의가 끝난 후 빌은 CFO에게 다시는 대들지 말라고 말했다. 그가 어떤 결정에 대해 개인적으로 동의하지는 않더라도, 이미 결정된 사항에 대해서는 최선을 다해야 한다. 그럴 수 없다면 더 이상 한배에 탈 수 없다.

이 의사결정 방식은 아서 왕이 원탁에서 했던 의사결정의 방식과 같다. 빌은 브래드 스미스가 인투이트의 CEO였을 때 그에게 아서 왕과 원탁의 기사식의 의사결정 방식을 설명했다. 브래드가 이 이야기를 우리에게 들려주며 그의 사무실 구석을 손가락으로 가리켰는

데, 거기에는 아서 왕과 기사들이 원탁에 앉아 있는 모형이 있었다. 대화만 잘한다면 사람들은 열 번 중 여덟 번꼴로 최선의 결론에 도달할 거라고 빌은 조언했다. 하지만 나머지 두 번의 경우, 관리자는 스스로 어려운 결정을 내려야 하며 주변 사람들이 자신을 지지해줄 것이라 기대해야 한다.

그 테이블에서는 모두가 동등하지만 배후에는 보이지 않는 권위가 있다.

원탁과 왕관

관리자의 역할은 모든 관점이 고려될 수 있게
의사결정의 과정을 이끄는 것이며,
필요할 경우 직접 나서서 의사결정을 해야 한다.

제1의 원칙에 따라 리드하라

그럼, 어려운 결정은 어떻게 해야 할까? 당신이 관리자로서 팀원들과 함께 의사결정을 해야 할 때면, 회의장은 여러 의견으로 가득 차기 일쑤다. 빌은 우리에게 이런저런 의견들에 휘둘리지 말고 문제의 본질을 건드리라고 가르쳤다. 어떤 상황에서도 모든 사람이 동의할 수 있는 불변의 진리가 있다. 이런 진리들은 실리콘밸리에서 '제1의 원칙'이라고 불리는 유명한 개념이다. 모든 회사에는, 그리고 모든 상황에는 제1의 원칙이 있다. 의견은 반박의 대상이지만 원칙은 반박의 대상이 아니다. 모든 사람이 이미 수긍했기 때문이다. 어려운 의사결정을 앞두고 모든 사람에게 제1의 원칙을 다시 알려주는 것이 리더의 역할이라고 빌은 지적했다. 그 결과 의사결정은 종종 훨씬 쉬워지기도 한다.

닷컴 붐의 전성기였던 1999년 마이크 매큐는 텔미 네트웍스라는 스타트업을 세워 2억 5천만 달러의 투자금을 유치한 지 얼마 지나지 않아 빌을 소개받았다. 빌은 텔미의 이사회 회의는 물론이고 마이크의 임원 회의에도 참여해 중요한 전략적 의사결정에 조언을 했다. 훗날 마이크가 플립보드라는 새로운 스타트업을 창립했을 때도 마찬가지였다.

마이크는 전략적 의사결정을 내려야 할 일이 많았기 때문에, 제1의 원칙에 따라 의사결정을 내리라는 빌의 조언을 충실하게 따를 기회도 많았다. 언젠가 AT&T〔미국의 대형 통신회사〕가 텔미의 소프트웨어를 사용할 수 있는 라이선스를 얻기 위해 수천만 달러를 지급하겠다는 제안을 했다. 텔미는 최초로 클라우드 기반의 음성인식 플랫폼을 만들었는데, 이 기술을 활용한 텔미의 소프트웨어는 페덱스, 피델리티 그리고 아메리칸항공과 같은 대기업에 고객의 전화 문의에 자동으로 응답해주는 서비스를 제공했다.

AT&T 제안의 문제점은 텔미의 소프트웨어와 경쟁할 수 있는 자체 소프트웨어를 개발하고 싶어 했다는 것이다. 실제로 AT&T는 텔미가 클라우드 기반의 음성인식 사업에서 완전히 손을 떼라고 요구했다. 그리고 텔미가 이런 제안을 받아들이지 않을 경우, AT&T는 텔미와의 거래를 모두 중단하겠다고 으름장을 놨다. AT&T는 텔미의 가장 큰 고객사였다.

확실히 구미가 당기는 제안이기는 했다. 당시 텔미는 자금이 필요했던 터라, 몇몇 임원들은 AT&T의 제안을 받아들이자고 주장했다. 그들은 정말로 제안을 받아들이는 것이 최선의 방법이라고 생각했다. 마이크는 이에 동의하지 않았다. 하지만 그가 팀원들의 의견을 묵살하고 이 제안을 일언지하에 거절한다면, 그 후가 문제될 것이었다. 의사결정에서는 이기겠지만 동료들을 잃을 수도 있었다.

마이크는 "그들은 모두 정말 똑똑한 사람이었어요"라고 말했다.

"모두 훌륭한 대학을 나왔고 말도 청산유수였죠. 그래서 의견도 분분했어요. 저는 대학교를 안 갔기 때문에 이들과의 논쟁에서 이길 방도가 없었죠."(마이크는 18세였을 때 아버지가 돌아가셨고, 고등학교를 졸업하자마자 가족을 부양하기 위해 일을 해야만 했다.)

더욱이 이 모든 일은 그가 신시내티 벨의 임원을 지낸 존 라마치아를 CEO로 영입하고 스스로를 COO로 강등한 후에 일어났다. 그리고 존은 AT&T의 제안을 받아들이자는 입장이었다.*

마이크는 빌과 만나 텔미의 사무실 근처에 있는 기찻길을 따라 걸

---

*존은 2001년 텔미의 CEO로 영입되었다. 2004년 존이 회사를 떠난 뒤 마이크가 다시 CEO가 되었다.

었다. 빌은 이번 일과 관련해 제1의 원칙을 생각했다. 첫째, 텔미는 제대로 된 비즈니스 모델을 갖고 있다. 이런 상황에서 소프트웨어 라이선싱이라는 새로운 사업 모델을 도입하는 것이 현명한 결정인가? 둘째, 텔미는 객관적으로 봐도 시장에서 최고 수준의 제품을 갖고 있고 시대를 선도해가고 있다. AT&T가 과연 더 좋은 제품을 만들 수 있을까? 아마도 아닐 것이다. 마이크는 회의를 소집했고 이런 원칙을 말했다. 당시 회의에 참가한 사람들은 마이크가 말한 두 원칙에 모두 동의할 수밖에 없었다. 오랫동안 텔미라는 기업을 가능케 했던 토대였기 때문이다. 그렇게 결정은 저절로 되었다. 회의는 한 시간도 안 되어 끝났고 제안은 없던 일이 되었다.*

2007년 마이크로소프트와의 매각 협상에서도 마이크는 동일한 방식을 적용했다. 그는 당시 마이크로소프트의 CEO 스티브 발머와 직접 협상을 했는데, 한때 매각 협상 대상자도 아닌 기업이 마이크로소프트보다 더 좋은 조건을 제시하면서 마이크로소프트와의 매각은 엎어지기 일보 직전까지 갔다. 마이크는 빌을 찾아갔고, 이 둘은 다시 한번 텔미의 제1원칙을 검토했다. 그 결과 텔미에게 마이크로소프트는 최적의 매각 대상이라는 것을 깨닫게 되었다. 마이크는 텔미를 마이크로소프트에게 팔고 싶어 했다. 그는 발머의 사무실이 위치한 워싱턴주의 레드먼드까지 날아갔다. 스티브는 "우리 결혼하기도 전에

---

*AT&T는 결국 텔미의 경쟁제품을 만들기로 한 결정을 뒤로 미뤘다. 시간이 지날수록 텔미와 AT&T의 거래량은 네 배 증가했다. 2005년 AT&T는 SBC와 합병되었다.

이혼하는 건가요?"라고 물었다. 이에 마이크는 아니라고 대답했고, 자신의 회사를 마이크로소프트에게 왜 매각하는 것이 올바른 일인지를 설명했다. 게다가 스티브와 마이크는 이미 기본적인 조건에 대해서는 합의를 한 상태였으며, 마이크는 강력하게 이 합의를 존중하고자 했다.(제1의 원칙에는 신의도 있을 수 있다.) 그때부터 스티브와 마이크는 매각 협상의 진정한 파트너가 되었고, 빌은 이 둘에게 건전한 조언을 했다. 제1의 원칙을 기억하라는 빌의 조언이 없었더라면, 이 거래는 이뤄지지 않았을 것이다.

제1의 원칙에 따라 리드하라

회사 또는 제품의 토대가 되는 불변의 진리라고
할 수 있는 제1의 원칙을 명확히 하라.
그리고 이 원칙을 바탕으로 의사결정을 내려라.

괴팍한 천재 다스리기

관리자에게 가장 어려운 문제가 있다. 스타플레이어이면서도 함께 일하기에는 고통스러운 '연예인 직원'을 어떻게 할 것인가. 첨단기술 분야에서 오랜 시간을 보내면서 우리는 이런 '연예인 직원'들을 수두룩하게 만났다. 빌은 이런 사람들을 관리하는 일이 관리자가 겪는 가장 어려운 일 중 하나라고 말해왔다. '괴팍한 천재'라고 불리는 이들에 대해 빌은 다음과 같이 말했다.

"변덕스럽지만 이런 직원들이야말로 남자건 여자건 실제로 큰 차이를 만들어낼 수 있는 사람들이지요. 이런 사람들이 회사에 해를 끼치지 않도록 관리하는 것이 당신의 임무고요. 이들이 다른 사람들과 함께 일할 수 있어야 해요. 그러지 못하면 회사에서 떠나보내야겠지요. 이런 사람들은 다른 사람들과 협력할 수 있는 환경에서 일해야 해요."

그런데 어떻게 그렇게 한단 말인가? 지난 수년간 수많은 시행착오를 거치고 귀에 딱지가 앉도록 빌의 조언을 들으면서 우리는 이 특별한 기술을 배웠다. 괴팍한 천재들이 성과를 내는 동안에는 계속해서 지원해주고 그들과 싸우는 시간을 줄여라. 대신 그들이 회사에 나쁜 영향을 끼치지 않도록 당신의 에너지를 그들을 코칭하는 데 투자해라. 성공적으로 이렇게 할 수 있다면 엄청난 보상이 따를 것이다. 즉, 더 많은 천재들을 얻을 수 있고 이들의 행동은 덜 괴팍해질 것이다. 조너선 수하에 있던 괴팍한 천재에 대해 빌은 "이제 그는 필요한 모든 것을 가졌어"라고 말했다.

"할 수 있을 만큼 모든 요구를 들어준 만큼 이제는 그가 리더로서 행동해야 할 차례지요. 그는 필요한 것을 모두 가졌지요? 더는 이상한 말 하지 않겠지요."

우리의 경험에 빗대어 볼 때, 엄청난 가치를 가진 괴팍한 천재들은 매우 생산적인 직원이 될 수 있다. 이들은 위대한 제품을 만들고 성과가 좋은 팀을 이끌 수 있다. 그리고 날카로운 통찰력을 갖고 있다. 단순하게 말해서, 많은 방면에서 뛰어나다. 또한 그들은 타고난 재능과 성과에 부합하는 강한 자존심과 나약함을 동시에 지녔다. 그러나 종종 동료들과의 관계를 희생시키면서까지 개인의 이익을 얻기 위해 에너지를 쏟는다. 이와 같은 자기중심 태도는 종종 다른 사람들의 분노를 유발하며, 그들의 성과에도 영향을 준다.

균형의 기술이 필요한 부분이 바로 여기다. 괴팍한 직원들은 여기저기서 괴팍하게 행동한다. 관리자는 이를 어느 정도까지 용인해야 할까? 그리고 어느 수준부터 지나친 행동일 걸까? 모호한 경계에서 선을 어디에 그어야 할까? 거짓말을 하거나, 진실성과 윤리가 결여되었거나, 동료들을 괴롭히거나 학대하는 등 도덕적 경계선을 넘는 사람들을 절대로 용인해서는 안 된다.

이런 경우는 어떤 결정을 내려야 하는지가 매우 명확하기 때문에 어떻게 보면 쉬운 사례라 할 수 있다. 사람들이 이런 경계선을 넘지 않을 때가 더 어렵다. 어떤 사람이 야기한 피해의 규모가 기여한 규모보다 크거나 작다는 것을 어떻게 판단할 수 있을까? 완벽한 정답은 없지만, 몇몇 경고신호는 분명히 보인다. 이런 행동들은 코칭을 통해 바로잡을 수 있지만, 그럼에도 변화가 없다면 더는 용납되어서는 안 된다.

괴팍한 천재들이 팀의 소통에 나쁜 영향을 끼치는가? 이들이 다른 사람들을 방해하거나 공격, 또는 질책을 하는가? 괴팍한 천재들 때문에 다른 사람들이 말을 꺼내기를 무서워하는가?

괴팍한 천재들 때문에 관리자들의 시간이 지나치게 많이 소모되는가? 언제 이들의 행동이 팀이 감당할 수 없을 정도로 나쁜 영향을 끼치는지는 정확하게 파악하기 힘들지만, 이들이 끼친 손해를 조치하고 이들을 관리하는 데에 몇 시간씩 쏟아붓고 있다면 너무 멀리 가버렸다는 신호다. 보통의 경우 괴팍한 천재들이 손해를 끼치면 관리자는 이들과 면담하거나 논쟁하면서 많은 시간을 보내는데, 이런 시간은 대개 건설적이지 않다.

언젠가 빌은 구글에서 어떤 괴팍한 천재에 대해 불평하는 관리자를 코칭할 일이 있었다. 빌은 당시의 상황을 깔끔하게 정리했다. "그의 천재성이 우리를 위대하게 만드는 요소 중 하나라는 것을 제외하고는 내가 왜 이 사람을 변호해야 하는지 모르겠네"라고 빌은 지적했다.

"어떻게 좋은 것은 간직하고 나쁜 것은 잊어버리지? 이런 사람이랑 어떻게 하루에 18시간을 같이 있어?"

물론 하루에 18시간을 함께 보낸다는 말은 과장이지만 그렇다고 완전히 틀린 말도 아니었다. 그 괴팍한 천재를 관리하고 그가 끼친 피해를 조치하는 데 관리자의 시간이 지나치게 많이 투입되었고 결국 그는 회사를 떠나야 했다.*[33]

괴팍한 천재들은 무엇이 중요한지 우선순위가 제대로 정립돼 있

---

*인시아드 경영대학원의 맨프레드 케츠 드 브리스 교수는 2017년 〈하버드 비즈니스 리뷰〉에 나르시시스트(괴팍한 천재들은 대개 나르시시스트일 수 있다.)를 다루는 방법에는 직접적인 대립을 최소화하는 것이 있다고 기고했다. 이들과 보내는 '18시간'의 많은 부분은 직접적인 대립으로 보내는 시간이다.

을까? 그들의 별난 행동이 회사의 이익을 위한 것이라면(최소한 그럴 의도가 있었다면) 충분히 용납될 수 있다. 하지만 그들이 팀보다 자신을 위한 행동을 하는 것은 용납될 수 없다. 그들의 천재성은 조직의 핵심적인 임무(영업이건 제품개발이건 법무건 상관없이)에서는 빛을 내고 주목을 받는다. 하지만 보상, 미디어의 관심, 그리고 승진이 걸린 문제라면 그들의 괴팍한 성격이 드러난다.

괴팍한 천재가 대중의 관심을 얻고 자기를 홍보하는 데 지나치게 열중하는가? 빌은 그다지 미디어를 좋아하는 편은 아니었다. 언론의 관심을 지나치게 신경쓰는 사람들의 동기를 의심의 눈초리로 봤다. 하지만 회사의 이익을 위해서라면 미디어의 관심을 받는 것은 괜찮다고 생각했다. 그리고 그것은 CEO의 몫이었다. 만약 당신이 한 회사의 CEO인데 어떤 직원이 지속적으로 언론의 주목을 받으려고 한다면 이것은 경고 신호다. 명목상으로 괴팍한 천재들은 회사와 팀원들에게 공을 돌리지만, 실제로 언론의 스포트라이트를 독차지하려는 이들이다. 이런 행위는 분명 팀을 갉아먹는 효과를 낳는다. 사람들은 괜찮다고 말하지만 시간이 흐르면서 한 사람만이 관심을 독차지하고, 보다 겸손한 다른 사람들은 그다지 주목받지 못한다는 사실에 불만이 생기게 마련이다.

관심을 끄는 것은 나르시시즘의 한 특성이다. 2008년에 발표된 한 연구에 의하면, 다른 요소들을 통제할 때, 나르시시스트들은 그룹의 리더로 등장할 가능성이 더 높다.[34] 따라서 지나치게 관심을 받으려는 리더는 어떻게 보면 그렇게까지 도리를 벗어나지 않을 수도 있다.

하지만 미디어 스타가 회사의 성공보다는 자신의 스포트라이트에 더 많이 신경을 쓴다고 동료들이 의심하게 된다면 그것은 여전히 심각한 문제인 것이다!

괴팍한 천재 다스리기

뛰어난 성과를 내지만 함께 일하기 어려운 괴팍한 천재들이
윤리에 반하지 않고 동료들을 괴롭히지 않으며, 그들이 만들어내는
가치가 경영관리의 측면이나 동료들, 팀에 끼치는 해보다 크다면,
그들을 품어주라. 심지어 보호해주어라.

연봉은 돈만을 의미하는 게 아니다

빌은 오랫동안 구글에서 직원들의 연봉에 대해서도 조언을 많이 했다. 그는 항상 보상에 관대해야 한다고 주장했다. 그는 많은 사람이 보지 못하는 연봉의 이면을 이해하고 있었다. 즉, 연봉은 돈의 관점에서만 보면 안 된다는 것이다. 모든 이는 괜찮은 삶의 질을 누리기 위해 높은 연봉을 받을 필요가 있다. 대부분의 사람에게 연봉은 돈의 문제다.

하지만 연봉은 돈의 문제이기만 한 것은 아니다. 연봉은 단순히 노동의 경제적 가치만을 의미하지 않는다. 감정의 가치이기도 하다. 인정, 존중, 지위를 나타내는 수단이며, 개개인을 회사의 목표에 강력하

게 연결시킨다. 빌은 모든 사람, 심지어 금전적으로 안정된 사람들까지 인간으로서 존중받는 느낌을 받아야 한다는 것을 알고 있었다. 바로 이런 이유 때문에 수천, 수억 달러의 연봉을 자랑하는 슈퍼스타 운동선수들이 더 큰 계약을 따내기 위해 고군분투한다. 돈을 위해서가 아니라 인정을 받기 위해서다.

연봉은 돈만을 의미하는 게 아니다

직원들에게 적절하게 보상하는 것은
그들에 대한 사랑과 존중을 의미하며,
회사의 목표와 개인을 강력하게 하나로 묶는다.

혁신은 미친 사람들이 정당한 대우를
받는 곳에서 일어난다

1980년 J. 월터 톰슨에서 코닥으로 이직했을 당시, 코닥에서 함께 일한 동료인 에릭 존슨에 의하면 빌은 '바이러스'로서 자신의 입지를 공고히 했다. "빌만이 할 수 있는 사고방식과 새로운 관점을 가져왔다"고 존슨은 말했다. "어떻게 하면 코닥을, 협력업체들을, 그리고 소비자들을 더 이롭게 만들 수 있을까?"

40세 이하인 독자들은 이해하기 어렵겠지만, 코닥이 사진과 이음

동의어인 때가 있었다. 몇몇 독자들은 최초의 인스타매틱Instamatic을 기억할 것이다. 코닥 카메라로 사진을 찍으면, 필름을 인화하기 위해 코닥 랩Kodak lab에 보내던 시절이었다. 1976년 코닥은 미국에서 사용되는 카메라용 필름의 90퍼센트를 팔았고 카메라의 85퍼센트를 팔았다.＊35 즉, 빌이 뉴욕주 로체스터(코닥 본사가 위치한 지역)에 도착했을 때 그는 의심할 여지가 없는 압도적인 기업에 입사한 것이다.

당시 코닥의 가장 큰 라이벌은 후지Fuji라는 일본 회사였다. 이 회사는 필름 산업에서 코닥의 헤게모니에 도전장을 내밀었다. 빌이 코닥에 입사한 지 얼마 안 되었을 무렵 후지는 품질이 더 좋은 제품을 생산했다고 홍보했다. 후지의 홍보는 과장이 아니었다. 실제로 더 좋은 필름을 만든 것이다. 후지가 개발한 필름은 사진의 품질을 떨어뜨리지 않으면서도, 더 적은 양의 빛으로 더 빨리 사진을 찍을 수 있었다. 빌과 그의 마케팅 담당 동료들은 후지라는 새로운 경쟁업체에 대해 회의를 하고 있었다. 그러다 빌이 무언가를 제안했다. "연구실 엔지니어들과 직접 대화를 나눠보면 어떨까? 어쩌면 그들은 후지보다 더 좋은 무언가를 만들 수도 있지 않을까?"

그때까지 코닥에서는 이런 방식으로 일하지 않았다. 마케팅 담당자들은 엔지니어들, 특히 자사 연구실의 엔지니어들과는 대화를 하지 않았다. 하지만 빌은 이런 관행을 몰랐다. 알았다 하더라도 신경 쓰지 않

＊1년 전인 1975년, 코닥의 엔지니어로 근무했던 스티브 새슨은 세계 최초의 디지털 카메라를 발명했다. 37년 후인 2012년, 코닥은 파산 신청을 한다. 디지털로의 전환에 적응하지 못했기 때문이다.

았을 것이다. 그래서 그는 연구실로 건너가 자신을 소개한 다음 후지보다 더 좋은 필름을 만들자고 제안했다. 개발자들과 마케팅 담당자들은 새로운 도전에 함께 일을 하기 시작했고, 결국 코닥의 새로운 주력 제품이자 후지의 제품보다 더 뛰어나다는 평가를 받은 '코닥칼라 200'을 개발했다. 빌과 마케팅 부서가 득점에 성공한 순간이었다!

빌은 광고 및 마케팅 담당으로 비즈니스 커리어를 시작했고, 애플에 합류하기 전에는 자신의 이력서에 영업도 추가했다. 하지만 그는 애플, 인투이트, 구글 그리고 그 외의 여러 첨단기술 회사에서의 오랜 경험을 통해 비즈니스 세계에서 기술력과 제품의 완성도가 얼마나 중요한지를 깨달았다. 어느 컨퍼런스에서 빌은 이렇게 말했다.

"회사의 목표는 제품에 담긴 비전을 현실 세상으로 끄집어내는 것입니다. 그리고 재무, 영업, 마케팅 같은 그 외의 요소들을 활용해 제품이 시장에서 성공할 수 있도록 지원해야 합니다."

빌이 실리콘밸리에 건너온 1980년대에만 해도, 아니 실리콘밸리뿐만 아니라 그 어디서도 이런 방식으로 일하는 회사는 없었다. 그 당시 기업은 어떻게 운영되었을까? 엔지니어가 회사를 창업하고, 얼마 후 영업, 마케팅, 재무, 경영에 경험이 풍부한 경영인을 불러 경영을 위임하는 것이 흔한 방식이었다. 하지만 이런 경영인은 기술자의 필요성을 크게 생각하지 않을뿐더러 제품에 초점을 맞추지도 않는다. 빌은 경영인이었지만, 엔지니어가 권한을 갖는 것보다 더 중요한 것은 없다고 믿었다. 그는 제품을 생산하는 부서야말로 기업의 핵심이라고 생각했다. 이들이 바로 새로운 기능과 제품을 만들어내는 존재다.

제품개발팀의 궁극적인 목표는 시장이 원하는 훌륭한 제품을 만드는 것이다. 적합한 시기에 적합한 시장에 적합한 제품을 출시할 수 있다면, 전속력으로 나아갈 일만 남은 것이다. 앱스토어를 만든 애플의 에디 큐는 자신이 이사회 회의에서 앱스토어라는 개념을 처음 발표했을 때 빌이 이것이 얼마나 중요한지에 대한 더 큰 그림을 재빨리 그렸다고 회상했다. 빌은 있으면 좋은 것 정도로만 보였던 앱스토어에서 어마어마한 잠재력을 발견했다.

에디는 말했다. "다른 사람들은 앱스토어가 어떻게 운영되는지에 대한 시시콜콜한 질문만 했어요. 그런데 빌은 얼마나 빠르게 우리가 후속 서비스를 만들 수 있는지에 대해 물었죠."

바로 이것이 빌이 우리에게 끊임없이 가르친 것이다. 적절한 시기에 적절한 시장에 적절한 제품을 내놓을 수만 있다면 **전속력으로 달려들어라**. 물론 몇몇 사소한 실수가 생길 수도 있고 빠르게 대처해야 하겠지만 속도는 그 무엇보다 중요하다.

이 말은 재무, 영업 또는 마케팅 부서는 제품개발팀에 이래라저래라 하면 안 된다는 의미다. 대신 이런 부서들은 소비자들이 겪는 문제점을 전해줄 수 있고, 어떤 기회가 있는지를 알려줄 수 있다.[36] 이들은 '시장에 필요한 제품'에서 '시장' 부분에 집중한다. 그다음에 엔

---

*혁신적인 제품개발팀은 소비자가 느끼는 문제를 제품개발의 시작점으로 활용해야 한다. 작가이자 컨설턴트인 토머스 웨델-웨델스보그는 〈하버드 비즈니스 리뷰〉 2017년 1~2월호에 기고한 기사에서 많은 기업이 마땅히 해결해야 할 소비자들의 요구와 문제를 제대로 고려하지 않는다고 지적했다. 그는 문제를 재구성하는 일곱 가지 방식을 제시하며 이를 통해 새롭고 놀라운 해결책을 얻을 수 있다고 주장했다.

지니어가 '제품'을 만드는 동안 그들의 일에 방해되는 것들을 제거한다.

빌은 종종 이렇게 말했다. "마케팅이 왜 영향력을 잃어가는지 아세요? 이름을 잃었기 때문이에요. 제품이라는 이름을."

빌은 자신이 인투이트에 있었을 때 회사가 은행 관련 상품을 개발하려고 한 이야기를 즐겨 했다. 인투이트는 은행 경력이 있는 프로덕트 매니저들을 고용했다. 하루는 회의에서 한 프로덕트 매니저가 엔지니어들에게 자신이 원하는 기능을 쓴 목록을 건네주면서 그대로 만들어달라고 요청하는 것을 봤다. 빌은 그 불량한 프로덕트 매니저에게, "만약 엔지니어에게 네가 원하는 기능을 한 번만 더 들이민다면 여기서 쫓겨날 각오를 해야 할 거야"라고 말했다. 소비자들이 겪는 문제가 무엇인지만 말하라. 그리고 소비자들이 어떤 사람인지만 알려줘라. 그리고 어떤 기능을 만들 것인지는 엔지니어들에게 맡기면 된다. 그러면 당신이 그들에게 무엇을 만들라고 알려줄 때보다 더 좋은 결과물을 얻을 것이다.

그렇다고 엔지니어가 제멋대로 행동하고 마음대로 뛰어다니도록 내버려두라는 말이 아니다. 반대로, 제품개발팀은 초기부터 여러 다른 팀과 협력을 해야 한다. 제품개발팀이 다른 부서의 인력들과 함께 '조직을 초월한 그룹cross-functional group'으로 통합될 때, 문제를 해결하고 기회를 만들어내는 새로운 아이디어를 추진할 수 있다. 하지만 기억하자. 빌은 문제를 해결하기 위해 연구실로 걸어가 엔지니어들에게 함께 일하자고 제안한 마케팅 담당자였다. 빌이 엔지니어들을 찾아갔다는 것에서 볼 수 있듯이 엔지니어(혹은 제품을 만드는 다른 사람들)는 영향력을 가지고 있고, 어느 정도의 자유가 필요하다. 애플의 이사회 멤버이자 노스롭그루만의 CEO를 역임한 론 슈거는 이렇게 말했다.

"애플 같은 회사에서는 어느 정도 창의적인 사고를 할 자유 그리고 순응하지 않을 자유가 회사의 장점이 될 수 있다고 빌이 알려줬어요. 순응하지 않을 자유를 포용해야 해요."

인투이트의 CEO 시절 빌은 매주 금요일마다 모든 엔지니어 부서장들과 점심으로 피자를 먹으면서 몇 시간 동안이나 엔지니어 부서의 현황을 직접 챙겼고 그들이 무엇 때문에 힘들어하는지에 귀를 기울였다. 비록 기술자 출신은 아니었지만 빌은 테크 괴짜들의 세부적인 업무 내용까지 꿰차고 있었다. 임원이라면 기술적인 배경이 없더라도 기술자와 대화를 할 수 있어야 한다. 그러면 이런 괴짜들은 자신이 상사의 관심을 받고 있다고 느낀다. 바로 이것이 빌이 엔지니어에게 정당한 대우를 하는 방법이다.

혁신은 미친 사람들이 정당한 대우를 받는 곳에서 일어난다

회사의 목적은 제품에 담긴 비전을 현실 세상으로 끄집어내는 것이다. 그 외 다른 요소들은 제품이 잘 팔리도록 역할하면 된다.

고개를 높이 들고

비즈니스 세계에서 구조조정과 해고는 피할 수 없는 일이다. 특히 스타트업과 기술산업에서는 더욱 그렇다. 빌의 생각에, 해고는 해고당한 사람의 실패가 아니라 관리의 실패다. 해고하더라도 회사를 떠나는 사람이 고개를 곧게 들고 떠날 수 있게 하는 것이 중요하다. 그들을 존중하는 마음을 담아 잘 대하라. 충분한 퇴직금을 지급하라. 떠나는 사람의 성과를 동료들 앞에서 추켜세워라.

빌은 이런 시나리오를 그의 제자들과 실행에 옮겼다. 오랜 기간 빌의 코칭을 받은 시시르 메로트라는 그가 일하던 스타트업에서 엔지니어링 부서장을 해고할 일이 있었다. 당사자와 대화를 나누기 전에 시시르는 빌과 함께 누가 어디에 앉고 어떤 말을 할지 대본으로 쓰는 등 세부적인 내용까지 면밀하게 검토하고 연습했다. 빌은 대화를 시작할 때 이유와 세부내용을 분명하게 말하라고 했다. "그러면 엔지니어가 깜짝 놀랄 것"이라고 시시르가 대꾸하자 빌은 화를 냈다. 시시르는 덧붙였다. "빌은 내가 망쳤다고 하더군요. 갑자기 이런 말을 해서 깜짝 놀라게 만들면 안 된다고 했지요."

벤 호로위츠가 《하드씽》에 썼듯이, 떠나는 사람을 잘 대하는 것은 남은 사람들의 사기와 안녕에도 중요하다.

"직원들은 대부분 당신보다 당신이 해고하는 사람들과 더 친해요. 그러니 그들에게 존중을 보이세요. 하지만 회사는 앞으로 나아가야 하기 때문에 너무 과도하게 사과하지 않도록 조심하는 것도 중요하죠."

학계의 연구도 이 사실을 증명한다. 해고를 당하는 직원은 누가 해고를 하는지 그리고 그 이유를 충분히 설명하는지를 눈여겨본다. 해고를 적절하게 잘하는 것은 떠나는 사람과 회사에 계속 남는 사람 모두에게 긍정적인 영향을 끼친다.[37]

(성과 문제로) 해고되는 사람들에게도 비슷한 수위의 존중을 담아야 한다. 이런 해고는 언젠가는 해야만 하는, 매우 어려운 일이다.

빌은 이렇게 말했다. "누군가를 해고한다면 그날은 기분이 매우 끔찍할 거예요. 하지만 진작에 했어야 하는 일이라고 스스로를 다독이겠지요. 우물쭈물하다가는 아무도 해고 못합니다."

누군가를 해고해본 경험이 있는 사람들은 매우 어려운 일이었다고 말할 테지만, 다시 생각해도 확실히 옳은 일이라는 것을 깨닫게 된다. 그렇다 해도, 떠나는 사람이 고개를 들고 떠날 수 있게 해야 한다.

회사를 떠나는 임원을 보면서 빌은 벤 호로위츠에게 이렇게 말했다. "벤, 너는 그의 직업을 지켜주지는 못했지만 그래도 그가 존중받을 수 있게는 해줬어."[38]

고개를 높이 들고

사람을 떠나보내야 할 때가 오면
그들에게 관대하게 대해주어라.
그리고 그들의 성과를 치켜세워라.

이사회에 대하여

당신이 애플 이사회 멤버라고 상상해보자. 때는 2000년대 후반이고 당신은 캘리포니아주 쿠퍼티노의 애플 본사에서 재무보고서를 검토했고, 아직 시장에 출시되지 않은 애플의 최신 신제품들을 사전에 살펴봤다. 당신은 피곤하지만 흥분되어 있다. 불과 10년 전만 해도 이 회사는 거의 파산 직전까지 갔다는 것을 잊지 말라!

당신과 이사회 동료들, 그리고 몇몇 애플 임원들은 멘로파크 인근의 미쓰노부라는 일식 레스토랑에 가서, 힘든 하루를 뒤로한 채 휴식을 취하고 즐거운 시간을 보내고 있다. 인원수가 많아 두 그룹으로 나눠 방에 들어가 식사를 시작했다. 당신은 와인 잔을 기울이고 맛있는 회를 즐기면서, 앞에 앉은 높은 사람들과 진지한 대화를 하고 있다.

갑자기 다른 테이블에서 터져 나온 웃음소리가 당신이 앉은 테이블의 차분한 분위기를 깨뜨린다. 곧이어 왁자지껄한 소리가 들리더니 다시 한바탕 큰 웃음소리가 들린다. 짜증이 난 당신은 옆 테이블을 힐끔 쳐다보는데, 그 테이블에선 빌이 맞은편에 앉은 앨 고어에게 냅킨을 던지고 앨 고어는 이마에 붙은 냅킨을 떼어 빌에게 다시 던진다. 그리고 빌은 하던 이야기를 이어서 하는데, 그때마다 앨 고어를 포함해 테이블에 앉은 사람들의 웃음이 계속 터진다.

어디서 본 장면 같지 않은가? 명절날 어린 당신은 어른들이 앉은 테이블에 자리를 잡은 바람에 어른들 이야기를 들으며 지루해하고 있는데 옆 테이블에서 다른 아이들의 장난과 웃음소리가 끊임없이 이어지는 광경과 흡사하다. 당신은 '나도 저 테이블에 앉을걸'이란 생각이 절로 들 것이다.

빌은 유머감각이 풍부했다. 그는 식사자리를 아이들의 식사자리처럼 만드는 재주가 있었다. 설령 이사회 회의 후의 진지한(또는 지루한) 저녁식사 자리라고 해도 말이다. 빌은 공식적으로는 애플을 포함한 몇 개 회사에서만 이사회 멤버로 있었지만, 비공식적으로는 그보다 더 많은 이사회 회의에 참석했고, 클라리스, 고 코퍼레이션, 인투이트의 CEO를 역임하는 동안 많은 이사회 회의를 주최했다.

그는 이사회와 즐거운 시간을 보내는 방법을 알았지만, 동시에 어떻게 CEO가 이사회를 잘 활용할 수 있는지에 대한 강력한 가이드라인도 개발했다. 능력 있고 효율적인 이사회는 회사의 엄청난 자산이 될 수 있지만, 그렇지 않은 이사회는 그저 시간만 잡아먹을 뿐이다. 당신이 이사회 회의를 주최하고 운영하는 CEO건 아니건 상관없이, 빌이 이사회 회의를 운영하는 방식은 바쁘고 자존심 높은 사람들이 참석하는 대규모 회의를 진행하는 데 훌륭한 통찰력을 제공한다.

이사회 회의를 운영하는 주체는 CEO지, 그 반대가 아니다.[39] 이 것이 이사회에 대한 빌의 가장 기본적인 입장이다. CEO가 회의 어젠다를 갖고 있지 않거나, 어젠다를 따르지 않은 채 회의를 진행할

---

*누가 누구를 관리하는지는 종종 이사회 내부에서도 긴장의 원인이 된다. 캘리포니아 대학교 버클리에서는 2003년 'CEO는 자신의 자리를 보전하고 그에 따른 여러 혜택과 보상을 유지하기 위해 이사회를 장악할 유인이 있다. 반면 이사회는 CEO를 감시하며 성과가 낮은 CEO를 교체하기 위해 자신의 독립성을 유지할 유인이 있다'는 내용의 보고서를 발간했다.

경우 이사회 회의는 실패한다. 어젠다는 회사 경영 전반에 대한 업데이트로 시작해야 한다. 이사회는 전반적으로 회사가 어떻게 운영되고 있는지를 알아야 하기 때문이다. 이 어젠다에는 엄격한 재무보고서와 영업보고서, 제품 현황과 회사 경영지표(채용, 홍보, 마케팅 및 기타 지원 업무) 등이 포함된다. 만약 이사회 내에 감사, 재무 등을 관장하는 분과위원회가 있다면, 이사회 회의가 열리기 전에 미리 이들을 만나야 한다. 회의가 시작하기 전에 멤버들에게 최신 동향을 알려야 하기 때문이다. 하지만 무엇보다 가장 중요한 것은 회사의 경영 성과에 대해 솔직하고 개방적이며 간결한 토론을 해야 한다는 것이다.

관련 자료는 사전에 이사회 멤버들에게 전달되어야 한다. 이사회 멤버들은 회의가 소집되기 전에 모든 사항을 검토할 의무가 있다. 만약 당신이 재무보고서를 이사회 회의 때 처음 공개하면, 회의 참가자들은 계속해서 재무보고서에 매달리고 당신은 회의에서 다루지 않아도 될 사소한 내용까지 설명하고 대응하느라 진땀을 뺄 것이다. 재무보고서나 다른 세부사항들을 사전에 공유하면, 회의 때는 질문에 답변만 하면 된다. 앞에서 '검토할 의무'라고 했는데, 말 그대로 이사회 회의에 참석하는 모든 이들은 사전에 공개된 내용을 반드시 검토해야 한다. 의무를 다하지 않는 멤버들은 이사회에 있으면 안 된다.

체그의 이사회 회의에 사전에 공개된 자료를 숙지하지 않은 멤버가 있었다. 회의 때 그는 이미 공개된 세부내용에 대한 질문을 하느라 많은 시간을 보냈다. 그러다 어느 날, 댄 로젠스웨이그가 다른 사람의 시간을 낭비하지 말라며 그에게 화를 냈다. 빌도 그 자리에 있었는데, 회의가 끝난 후 댄에게 그런 식으로 흥분하지 말라고 했다. 이사회 회의가 소집되기 일주일 전에 그에게 읽을 자료를 보내고, 정확하게 몇 페이지에 있는 내용을 숙지해야 하는지를 알려주라고 말했다. 댄은 빌의 조언을 충실하게 따랐다. 그럼에도 같은 일이 반복되었다. 그 멤버는 이사회 회의를 준비하지 않은 채 참석했고 이미 알고 있어야 할 내용에 대해 반복적으로 질문을 함으로써 시간을 낭비했다.

빌이 말했다. "내가 틀렸어, 해고해."

구글에서 이사회를 열 때, 빌은 항상 에릭에게 이사회 회의 자료에 구글의 하이라이트(잘하는 점)와 로우라이트(못하는 점)를 모두 공개하라고 압박했다. 구글이 잘한 점, 자랑스러운 점뿐만 아니라 미숙했던 점까지. 잘한 점을 쓰기란 언제나 쉽다. 모든 팀은 자신만의 성공담을 멋지게 포장해 발표하기를 원한다. 하지만 로우라이트는 드러내고 싶지 않은 것이 인지상정이다. 각 팀이 부족한 부분에 대해 솔직해지도록 하기 위해서는 끊임없이 재촉할 필요가 있으며, 실제로 에릭은 종종 이사회 초안을 솔직하지 못하다는 이유로 거절하곤 했다. 에릭은 보고서에 적힌 로우라이트가 솔직하게 작성된 것인지 점검하는 데 집중했고, 그 결과 이사회는 경영상의 하이라이트와 로우라이트가 적힌 보고서를 받을 수 있었다.

실질적으로 활용 가능한 로우라이트 항목을 제대로 만드는 것은 매출액 증감 추세와 제품 결함에서부터, 직원 이탈율과 혁신의 속도에 대한 우려까지 아울러 경영관리의 솔직한 면을 드러내는 것과 다름없다.

2002년 〈하버드 비즈니스 리뷰〉는 "존중, 신뢰, 공평의 선순환은 위대한 이사회를 더 위대하게 만드는 요인"이라고 지적했다.[40] 그리고 이 정도 수준의 정직성은 회사의 투명성과 정직성 문화를 세우는 데 기여한다. 이사회에 솔직한 보고서를 제출할 수 있는 회사는 스스로에게도 정직할 것이다. 즉, 직원들은 로우라이트에 솔직해지고, 약점을 공유해도 괜찮을 뿐만 아니라 당연히 해야 할 일이라고 생각하게 된다. 어떤 것이 로우라이트인지를 결정하는 것은 재무나 홍보부서가 아니라 회사를 실제로 운영하는 책임자의 중요한 업무다. 구글에서는 프로덕트 매니저들이 이 업무를 맡았다.

하지만 우리는 하이라이트와 로우라이트가 포함된 보고서를 회의가 소집되기 전에는 이사회 멤버들에게 공유하지 **않았다.** 만약 이런 정보를 사전에 공유한다면 회의 참가자들은 로우라이트에 지나치게 집착해 회의 내내 로우라이트에 대해서만 이야기하기 때문이다.

그렇다면 누가 이사회에 포함되어야 할까? CEO를 지지하고, 진정으로 회사의 성장에 마음을 쏟으며 비즈니스 전문 지식과 지혜를 갖춘 사람들이 이사회에 포진돼야 한다. 딕 코스톨로가 트위터의 CEO가 되었을 때 회사 이사회에는 벤처 투자자, 몇몇 창업 멤버들, 그리고 딕이 있었다. 빌은 딕에게 회사 운영 경험이 풍부한 사람들을 이사회에 포함시키라고 말했다. 딕이 의지할 수 있는 경영인들이 더 있어야 한다고 빌은 생각했다.

또 빌은 **나쁜** 이사회 멤버에 대해서도 명확하게 설명했다.

"회의장에서 본인이 가장 똑똑한 사람인 것처럼 지나치게 말을 많이 하는 사람."

이사회에 대하여

CEO의 역할은 이사회를 관리하는 것이다.
이사회가 CEO를 관리하면 안 된다.

다음 장에서 우리는, 빌이 구글과 여러 다른 기업에서 코치로서 어떤 역할을 했는지 그런 특수한 자리에서 어떻게 엄청난 영향력을 끼쳤는지 이어서 이야기해보려 한다. 빌은 경영인으로서도 뛰어난 감각을 지녔다. 빌은 대학교 풋볼 코치에서 5년 만에 〈포춘〉이 선정한 500대 기업의 고위 임원으로 오른 사람이라는 사실을 기억하자. 그는 탁월한 경영인이었다. 그는 이 장에서 다룬 요소들, 즉 탁월한 경영관리, 사람 중심의 관리 원칙, 단호한 태도, 원활한 소통, 다루기 어려운 사람들조차도 최대한 활용하는 방식, 품질관리 중요성의 인식, 회사를 떠나는 사람들 대우를 잘 실천해 고위 임원이 될 수 있었다.

CHAPTER 3

신뢰를 쌓아라

그에게 세계란 서로의 강점과 약점을 보고 신뢰하면서 목표를 향해 함께 달려가는 사람들로 이루어진 네트워크였죠.

빌이 인투이트 CEO로 있을 때의 일이다. 한번은 회사가 어려움에 빠져 해당 분기 매출목표와 이윤목표를 달성하지 못할 것으로 보였다. 이와 관련하여 이사회 회의가 소집되었다. 회의에 참석한 사람 대부분은 회사가 미래에 투자하는 것이 중요하다고 생각했다. 그래서 단기 매출목표를 달성하지 못해도 어느 정도 용납하자는 의견이 많았다. 단기 목표는 장기 성장만큼 중요하지 않으며, 단기 매출목표 달성에 실패했다고 투자를 줄이면 장기 성장이 어려워질 수 있기 때문에 어쩔 수 없다는 의견이 대세였다.

빌은 동의하지 않았다. 그는 어떻게 해서든 목표를 달성하고 싶어 했다. 바로 이런 태도가 회사에 뿌리를 내려야 할 문화라고 빌은 설명했다. 단기 목표를 달성하는 것 자체보다, 할 수 있을 만큼 최선을 다하는 문화를 조성하는 것이 중요했다. 빌은 주주만이 아니라 회사와 고객을 위한 결과물을 만들어내는 것이 관리자가 마땅히 해야 할 일이라고 생각했다. 반면 이사회는 투자를 통한 장기적인 전망에 집중하고 싶어 했다. 하지만 빌 역시 강력한 경영 규율을 회사에 심어 놓는 것이 장기적인 성공에 투자하는 것이라고 생각했다.

이 일은 너그러운 이사회와 엄격한 전직 풋볼 코치이자 현직 CEO 사이의 흔하지 않은 의견충돌로 비화되었다. 회의장에서 많은 대화가 오갔고 대부분의 이사회 멤버는 미래에 투자하자고 주장하면서 이 상황을 헤쳐나가려고 했다. 그들은 CEO의 생각에 동의하지 않았다.

마침내 존 도어가 말을 꺼냈다. "저는 코치를 지지해줘야 한다고 생각합니다."

존은 바로 이때 빌 캠벨의 신뢰를 얻었다고 회상한다.

"이사회가 옳았을 수도 있죠. 그런데 정말로 옳은 일은 CEO를 지지하는 것 아닌가요?"

어쩌면 논쟁의 주제가 무엇이었는지는 중요하지 않았다. 빌은 자신의 생각에 확신을 가졌고, 빌을 믿은 존은 그에게 승부를 걸기로 했다.

아마도 사람들 사이의 관계(친구 간의 우정, 연인과의 사랑, 가족의 끈끈함, 그리고 비즈니스 관계)를 경제라고 본다면, 신뢰는 그 경제의 화폐가 아닐까? 적어도 빌 캠벨에게는 그랬다. 만약 빌이 당신을 신뢰하지 않는다면, 당신과 빌은 아무 관계도 아닌 것이다. 만약 당신과 빌이 서로를 믿는다면, 이런 상호 신뢰는 관계의 모든 측면을 가능케 하는 토대였다. 신뢰는 모든 관계에 중요하지만, 특히 대부분의 비즈니스 관계에서는 개인의 목표와 가치의 상호교환이라는 요소와 함께 자리하는, 없어서는 안 될 요소다.

신뢰는 빌이 가장 중시하는 가치였다. 신뢰는 그의 슈퍼파워나 다름없었다. 그는 신뢰를 구축하는 데 매우 능했고 무엇보다 중요하게 생각했다. 빌과 앨런 유스터스가 마지막으로 만났을 때 빌은 그에게 "너를 위해서라면 뭐든지 해줄 수 있는 것 알지?"라고 했다. 이 말은 진심이었고, 둘 사이에는 신뢰가 있었다.

신뢰는 다면적인 개념이다. 그렇다면 여기서 신뢰란 정확히 어떤 것을 의미할까? 한 연구논문은 신뢰를 '상대방의 행동에 대한 긍정적인 기대를 바탕으로 자신의 취약점을 받아들이려는 의지'라고 정의한다.[41] 다소 학문적인 표현이기는 하지만, 신뢰의 본질은 약한 모습을 보여주어도 안전하다는 것임을 잘 나타낸다.

하지만 빌에게 신뢰란, 여러 의미가 내포되어 있다. 신뢰란 자신이 한 말을 꼭 지키는 것을 의미한다. 만약 당신이 빌에게 무엇을 하겠다고 말을 하면 당신은 반드시 그 말을 지켜야 한다. 이는 빌에게도 똑같이 적용되었다. 빌이 하는 말은 **언제든지** 믿어도 됐다.

신뢰는 충성심을 의미한다. 서로에게, 가족에게, 친구에게, 동료에게, 회사에게. 1985년 스티브 잡스가 애플을 떠날 때 빌은 그를 지키기 위해 회사에 대항한 몇 안 되는 임원이었다. 스티브는 빌의 충성심을 잊지 않았다. 빌의 충성심은 훗날 스티브 잡스와 빌의 우정과 동료애의 기반이 되었다.

신뢰는 진실성을 의미한다. 빌은 언제나 솔직했으며 다른 사람들도 자신에게 솔직하기를 기대했다. 또한 능력을 의미한다. 약속한 바를 이룰 수 있는 재능과 기술, 힘과 부지런함이 있다는 스스로에 대한 신뢰 말이다.

신뢰는 신중함을 의미한다. 에릭이 구글의 CEO였을 때의 일이다. 그의 동료 중 한 명이 심각한 질병에 걸렸지만(지금은 완치되었다.) 에릭이나 다른 동료들에게 자신의 병을 알리지 않았고 빌에게만 말했다. 빌은 이 사실을 누구에게도 말하지 않았다. 나중에 이 사실을 알게 된 에릭은 자신에게조차 알리지 않았다는 사실에 언짢아하기는커녕 빌이 그처럼 믿음직하다는 사실에 오히려 기뻐했다. 심지어 에릭에게조차 비밀을 지킬 수 있었던 빌은 팀원들이 비밀을 털어놓을 수 있는 멘토이자 친구였다. 제자의 모든 것을 알아야 하면서도 사생활을 지켜주는 사람이어야 하는 코치에게 이 덕목은 매우 중요하다.

신뢰가 비즈니스 성공의 초석이라는 사실은 두 번 말하면 입이 아프다. 하지만 이렇게 당연한 사실이 오늘날의 많은 비즈니스 서적에서 빠져 있을 뿐만 아니라, 우리가 《구글은 어떻게 일하는가》를 쓰기 위해 조사한 여러 자료에서도 도저히 찾아볼 수 없었다. 따라서 빌의 코칭을 받은 수많은 성공적인 비즈니스맨을 인터뷰할 때 "신뢰"라는 단어가 계속해서 나왔다는 사실에 우리는 놀라지 않을 수 없었다. 구글과 앳홈의 전직 임원이자 명망 있는 경영 코치인 딘 길버트는 말했다.

"빌은 매우 빠르게 다른 사람들과 신뢰를 쌓았어요. 친밀하고 편안한 관계를 맺어 상대방에게 안전감을 주는 것은 그에게 있어 자연스러운 일이었어요. 이런 것은 비즈니스 코칭에서 기본 중의 기본이죠."

썬 마이크로시스템즈의 공동창업자이자 코슬라벤처스의 대표인 비노드 코슬라도 "나와 빌은 의견이 일치하든 하지 않든 서로를 신뢰하면서 좋은 관계를 이어갔죠"라고 말했다. 여기서 중요한 점이 있다. 신뢰란 상대방의 의견에 언제나 동의하는 것이 아니라는 점이다. 오히려 신뢰가 쌓이면 반대하기 더 쉽다. 여기에 쓴 말들은 빌과 함께 일한 많은 사람에게 실제로 들은 말 중에서 몇 가지만 인용한 것이다. 이들은 모두 빌은 믿을 수 있는 사람이며 그의 성공은 사람들과의 신뢰에서 비롯했다는 점에 동의했다.

학계의 많은 연구를 통해, 빌이 본능적으로 알았던 것, 즉 신뢰가 중요하다는 사실뿐만 아니라 성공적인 인간관계를 위해서는 신뢰가 가장 우선시되어야 한다는 사실은 옳은 것으로 증명됐다. 신뢰는 기본이다. 2000년 코넬 대학교는 조직 내에서 과업갈등(의사결정의 과정에서 생기는 갈등)과 관계갈등(감정적 마찰)의 관계를 조망한 유명 논문을 발표했다. 과업갈등은 훌륭한 의사결정을 하는 데 유익하고 중요하지만, 관계갈등은 나쁜 의사결정과 사기저하로 이어진다. 그럼 어떻게 해야 할까? 그 연구에 따르면 신뢰를 먼저 구축해야 한다. 팀원들이 서로를 신뢰할 때도 의견 차이는 여전히 존재하지만 신뢰가 바탕에 깔리면 의견 충돌로 인한 감정 소모는 훨씬 덜하다.[42]

사업가는 서로 만나면 일을 처리하느라 바쁘다. 할 일이 너무나도 많다! 특히 기술산업에서 이런 경향이 두드러지는데, 기술자들은 감성지능이나 사회성이 낮기로 악명이 높다. 이 세계에서의 기본적인 태도는 "네가 얼마나 똑똑한지 증명해야 내가 너를 믿든지 아니면 너의 머리를 믿든지 생각해볼게"인 경우가 많다. 빌은 이보다는 참을성이 있는 접근방식을 취했다. 그는 사람을 만날 때 그의 이력서나 보유 기술보다는 사람 자체를 먼저 봤다.

시시르 메로트라는 이렇게 말했다. "빌은 뛰어난 기술자들과 함께 일했지만 그는 이들과는 전혀 다른 방식으로 세계를 봤어요. (…) 그에게 세계란 서로의 강점과 약점을 보고 신뢰하면서 목표를 향해 함께 달려가는 사람들로 이루어진 네트워크였죠."

신뢰는 위대한 스포츠 코치들의 중요한 주제다. 2012년 빌은 스탠퍼드 대학교 풋볼팀의 명예주장으로서 한 경기를 뛰었는데, 경기 직전 빌은 선수들을 불러 모아 신뢰의 중요성을 강조했다. 보스턴 셀틱스의 감독 겸 단장으로서 30년 동안 무려 16회(그중에서는 8년 연속 우승도 포함되었다.) 챔피언십 우승을 한 레드 아워바크는 신뢰의 중요성에 대해 다음과 같이 간단하게 정리했다. "내가 선수들을 속이지 않기 때문에 선수들도 나를 속이지 않는다."[43]

그는 신뢰의 크기는 팀의 안전감과 선수들의 헌신으로 이어진다고 믿었다.

"코치진과 관리자들이 항상 진실되고 선수들이 내가 하는 말이나 이 팀의 관리자가 하는 말에 기댈 수 있다고 생각하면, 그들은 여기서 안전감을 느낄 겁니다. 그리고 선수들이 안전감을 느끼면 여기를 떠나기 싫어하겠죠. 선수들이 떠나기 싫어하면 여기에 남기 위해 농구장에서 자신이 할 수 있는 모든 것을 할 겁니다."

신뢰는 팀에서 '심리적 안전감'을 만드는 핵심적인 요소다. 1999년 코넬 대학교에서 발간한 논문에 의하면 팀의 심리적 안전감은 '대인 관계의 위험부담으로부터 안전하다는 팀원들 사이에서 공유된 믿음이며 (…) 사람들이 자신의 모습 그대로를 보여도 편안함을 느끼는 (…) 팀 분위기다.'[44] 바로 이것이 우리가 빌과 함께 일하면서 느꼈던 분위기다.

그는 두려움 없이 우리의 자연스러운 모습 그대로를 보여도 괜찮은 관계를 빠르게 만들었다. 구글이 높은 성과를 내는 팀을 내부적으로 분석한 결과, 심리적 안전감이 가장 큰 요소라는 것이 밝혀졌다는 것은 놀랄 일도 아니다.* 가장 훌륭한 팀은 상호 보완적인 기술을 보유하거나 비슷한 성격을 가진 사람들로 구성되어 있다는 일반적인 생각은 구글의 연구를 통해 기각되었다. 가장 뛰어난 팀은 심리적 안전감이 가장 높은 팀이었다. 그리고 심리적 안전감은 신뢰로부터 시작한다.

생산적인 관계를 위해서는 신뢰가 필수라는 말에 반박하기 어렵다. 하지만 커다란 이해관계가 얽혀 있고 자아가 강한 비즈니스 리더들의 세계에서는 말처럼 실행에 옮기기란 결코 쉽지 않다. 빌은 어떻게 했을까? 첫째, 그는 '코칭할 만한 사람들the coachable'만 코칭했다.

---

*이 연구에 대한 자세한 내용은 제임스 그레이엄이 2016년 2월 25일 〈뉴욕타임스〉에 기고한 '완벽한 팀을 만드는 여정에서 구글은 무엇을 배웠나(What Google Learned from It's Quest to Build the Perfect Team)'라는 기사에서 확인할 수 있다.

빌은 이렇게 선발된 제자들에게 온전하게 집중했다. 빌은 제자들의 말을 끝까지 듣고 허심탄회하게 대했다. 그리고 제자들이 위대한 일을 할 수 있다고 믿었으며 그들에게 깊이 충성했다.

코칭할 만한 사람들만 코칭하라

2002년 1월의 어느 날, 조너선은 마운틴뷰에 있는 구글 사무실로 차를 끌고 갔다. 그는 구글의 '제품관리수석'이라는 유망해 보이는 일자리 제안을 받아들이려던 참이었다. 조너선은 자신이 이 자리를 따놓은 당상이라고 생각했다. 구글에 도착하자 평범한 회의실로 안내받았다. 거기에서는 무뚝뚝해 보이는 노인이 그를 기다리고 있었다. 조너선이 빌을 처음으로 본 순간이었다. 그는 빌이 누구인지 잘 몰랐고, 이때만 해도 이 남자가 구글 채용의 마지막 관문이라고는 생각하지도 못했다. '뭐, 어쨌든 괜찮아'라고 조너선은 생각했다.

'나는 앳홈이라는 성공한 테크회사의 수석부사장이었잖아? 이미 거물인데 뭐. 문제없지.'

빌은 몇 분 동안 조너선을 쳐다보더니 조너선에게 앳홈에서 함께 일한 몇몇 사람과 대화를 나눴다고 말했다. 빌이 조너선에 대해 대화를 나눈 사람들은 앳홈의 공동창업자 톰 제르몰룩, 초대 CEO인 윌리엄 랜돌프 허스트 3세 그리고 최초의 투자자 중 한 명이자 구글 이사진인 존 도어가 있었다. 조너선이 똑똑하고 열심히 일한다는 것이 공통된 의견이었다고 빌은 조너선에게 말했다. 조너선의 어깨가 자랑스레 한껏 펴졌다.

빌은 말했다. "뭐, 이런 것들은 중요하지 않습니다. 딱 하나만 물어볼게요. 코칭받을 준비는 되어 있나요?"

조너선이 즉각 답변했다. "코치가 누군지에 따라 다르겠죠."

오답이었다.

빌은 "똑똑한 체하는 이들은 가르치기 힘들지요"라고 딱딱하게 말한 뒤 의자에서 일어났고, 인터뷰는 끝난 것처럼 보였다. 그 순간 조너선은 에릭 슈미트가 누군가로부터 코칭을 받는다는 말을 기억해냈다. '이런 세상에, 이 노인이 틀림없이 그 코치이겠구나' 하는 생각이 들었다. 자신만만하던 조너선은 바로 굽신거리면서 빈정거렸던 자신의 대답을 철회했다.(일부러 빈정거린 건 아니었다고 한다.) 그리고 빌에게 계속 대화를 하고 싶다고 간청했다. 몇 분이나 지났을까. 빌은 다시 자리에 앉아서, 자신은 함께 일하는 사람을 선택할 때 겸손함을 갖춘 사람을 선택한다고 말했다.

리더십은 스스로를 위해 발휘하는 것이 아니라, 회사와 팀이라는 더 큰 존재를 위해 발휘하는 것이다. 빌은 좋은 리더는 충분한 시간을 거쳐 성장하며 리더십은 팀 안에서 형성된다고 믿었다. 빌은 호기심이 많고 새로운 것을 배우려는 의지가 있는 사람이 리더가 될 자격이 있다고 믿었다. 똑똑하다고 거만을 피우는 사람을 위한 자리는 없다.

빌이 질문했다. "코치에게 가장 배우고 싶은 것이 무엇이지요?"

조너선은 바로 이 순간이 인생을 영원히 바꿀 수 있는 바로 그때라고 느꼈다. 실제로도 그랬다. 하지만 조너선은 도대체 어떤 말을 해야 할지 몰랐다. 마침내, 그리고 운이 좋게도 섬광과 같은 생각이 조너선의 머릿속을 스쳐 지나갔다. 29년 동안 미국프로풋볼리그NFL의 댈러스 카우보이스 감독을 맡으면서 20년간 위닝 시즌을 이어가고 두 번의 슈퍼볼 챔피언십 우승을 이끌어낸 전설적인 감독, 톰 랜드리의 명언을 기억해냈다.

"코치는 제자가 항상 되고 싶어 했던 사람이 될 수 있도록 듣기 싫어하는 말을 해주고, 보기 싫어하는 것을 보여주는 사람입니다. 바로 이런 코치를 원합니다."

이번에는 정답이었다. 조너선은 채용되었을 뿐만 아니라 스스로는 필요 없다고 생각했지만 지금 생각해보니 없었으면 안 됐을 코치까지 얻었다.

코칭의 효과를 최대한 얻고자 하는 사람은 코칭을 받을 준비가 돼 있어야 한다. 코칭 제자를 선택할 때 빌은 직책이나 사회적 지위가 아니라 사람의 됨됨이를 본다. 모든 사람은 자신만의 가치를 가지고 있다고 생각하기 때문이다. 즉, 코칭은 코칭을 받을 마음의 준비가 된 사람에게만 할 수 있다. 그리고 비록 조너선은 재치 있는 말로 빌의 마음을 돌렸지만, 실제로는 코칭받을 준비가 되려면 여기저기에서 들은 멋진 말을 하는 것 이상의 능력이 있어야 한다.

빌의 생각에, 코칭을 받을 준비가 된 사람들은 솔직하고 겸손하다. 그리고 인내심이 강하고, 열심히 일할 의지가 있으며, 꾸준하게 학습

한다. 솔직함과 겸손함이 필요한 이유는, 코치와 성공적인 관계를 맺으려면 통상적인 비즈니스 관계에서는 보여주거나 인정할 필요가 없는 취약점을 가감 없이 보여주어야 하기 때문이다.

코치는 제자가 스스로를 어떻게 보는지도 알아야 한다. 즉, 제자의 강점과 약점을 알아야 할 뿐 아니라 제자들이 자신의 강점과 약점을 얼마나 알고 있는지까지도 알아야 한다. 어떤 부분에서 스스로에게 솔직하고, 어떤 부분을 간과하고 있는가? 그다음에 코치는 제자들의 자기인식self-awareness을 더욱 높여, 스스로 보지 못하는 자신의 단점을 들여다볼 수 있게 도와주어야 한다. 바로 이것이 코치의 역할이다.

사람은 자신의 문제점을 드러내고 싶어 하지 않는다. 바로 이 때문에 솔직함과 겸손함이 그토록 중요하다. 만약 자기 자신과 코치에게 솔직하지 않고, 스스로가 완벽하지 않다는 것을 인정하지 못할 정도로 겸손하지도 않다면, 그들은 코치와의 관계를 건강하게 발전시킬 수 없을 것이다.

겸손함이 필요한 이유는 '리더십은 나를 위한 것이 아니라 나보다 더 큰 존재, 즉, 회사와 팀을 위한 것이기 때문'이라고 빌은 생각했다. 오늘날 유행하는 '섬김의 리더십servant leadership'은 회사의 실적 향상과도 직접적인 관련이 있다.*45 빌은 섬김의 리더십이라는 개념이

＊2012년에 진행된 연구에 의하면, 섬김의 리더십을 실천하는 CEO가 이끄는 테크 기업들의 총자산이익률(ROA)이 자기애가 강한 나르시시스트 CEO가 이끄는 기술 기업들보다 더 높았다.

주목을 받기도 전에 이미 그것을 실천하고 있었다.

자신이 개인보다 더 큰 존재의 한 부분이라는 것을 깨달은 사람이 바로 코칭을 받을 준비가 된 사람이다. 자존감이 상당히 높은 사람도 그보다 더 큰 조직의 일원이 될 수 있다. 이것이 빌이 구글에서 사람을 코칭하는 일에 몸을 던진 이유다. 그는 구글이라는 회사가 세계에 큰 영향을 끼칠 잠재력이 있으며, 임원들 개개인보다 모든 방면에서 훨씬 큰 회사가 될 것을 예견했다.

솔직하고 겸손한 사람의 대척점에는 허풍쟁이가 있다. 존 헤네시는 "빌은 허풍쟁이들을 견디지 못했죠"라고 말한다. 그는 스탠퍼드대학교의 전 총장이었고 빌과 함께 몇몇 프로젝트를 같이 수행했다. 빌이 허풍쟁이들을 그토록 싫어한 이유는, 그들이 다른 사람들에게 솔직하지 않아서라기보다는 스스로에게 솔직하지 않았기 때문인 탓이 더 컸다. 코칭을 받기 위해서는 잔인할 정도로 솔직해야 한다. 그리고 이 솔직함은 스스로에 대한 솔직함에서 시작한다. 헤네시가 말하는 것처럼.

"허풍이 심할수록 코칭과는 더욱 멀어져요. 그들은 자신이 말하는 것을 믿기 시작하죠. 그들은 허풍으로 스스로를 드러내기 위해 진실을 가려요. 하지만 이럴수록 허풍은 점점 위험해지죠."

어쩌면 빌이 허풍에 이처럼 너그럽지 못한 이유는 풋볼을 했던 경험에서 나왔던 것일 수 있다. 헤네시의 말대로 "풋볼 필드에서는 절대로 허풍을 칠 수 없다."

코칭할 만한 사람들만 코칭하라

코칭할 만한 사람들의 공통적인 특징은
솔직함과 겸손함, 근면함과 꾸준함
그리고 배움에 대한 지속적인 의지다.

적극적 경청

빌은 코칭 세션을 진행할 때 단 하나도 놓치지 않겠다는 태도로 당신의 말을 주의 깊게 경청한다. 빌은 핸드폰이나 이메일을 보지도 않고, 시계도 보지 않으며, 주의력이 떨어질 때 창문 밖을 쳐다보는 일도 없다. 그는 언제나 당신의 말을 듣고 있다.

최근 '현재에 집중해라 being present' 또는 '매 순간 in the moment'이라는 말이 유행이다. 이런 말들이 코치의 입에서 나온 적은 없지만, 그는 이런 원칙을 철저하리만큼 지켰다. 앨 고어는 "당신 앞에 있는 사람에게 세심한 주의를 기울이는 것이 대단히 중요하며 (…) 그들에게 온전하게 집중해 주의 깊게 그들의 말을 들어야 합니다. 그래야만 상대방이 말하는 내용에 몰입할 수 있죠"라며, 이 모든 것을 빌에게서 배웠다고 말했다.

학자들은 이런 방식의 경청을 '적극적 경청 active listening'이라고 부른다.[46] 이 단어는 1957년에 고안되었다. 적극적 경청을 잘하기로 유명한 빌은 캘리포니아 대학교 로스앤젤레스 캠퍼스 UCLA 농구팀의 유명한 감독 존 우든의 충고를 충실하게 따랐다. 존 우든에 의하면 공통적으로 많은 리더는 경청하려는 태도가 없다. 그는 이렇게 말했다. "그저 단어만 듣거나 다음에 어떤 말을 할지 생각하면서 듣는 게 아니라, 상대방이 하려는 말을 진실한 자세로 주의 깊게 듣는다면 우리는 모두 더 현명해질 거요."[47]

빌은 상대방에게 경청하면서 많은 질문을 했다. 빌의 이런 대화 방식은 소크라테스의 접근 방식과 비슷했다. 2016년 〈하버드 비즈니스 리뷰〉 기사에 의하면 질문을 하는 대화 방식은 상대방의 생각과 말을 파악하는 데 필수 요소다.

"대화 중 새로운 것을 발견하고 통찰력을 얻는 데 도움이 되는 질문을 하는 사람이 바로 훌륭한 경청자다."[48]

벤 호로위츠는 말했다. "빌은 절대로 저에게 무엇을 하라고 말하지 않았어요. 대신 질문을 더 많이 했죠. 질문하면서 진짜 문제가 무엇인지를 파악하려고 했어요."

빌의 대화 기술에서 중요한 교훈을 얻은 벤은 거래처 사장들과의 대화에 이를 적용하고 있다. 조언을 구하는 사람이 정말로 원하는 것은, 그저 상대방이 동의해주는 것이 전부일 때가 있다.

벤은 말한다. "CEO들은 항상 정답을 알아야 한다는 강박관념이 있죠. 그래서 CEO들이 저에게 조언을 구할 때 하는 질문들은 항상 원하는 대답이 뻔한 질문들이었어요. 저는 이런 질문들에는 절대로 답변을 하지 않습니다."

빌과 마찬가지로 벤은 상황의 다양한 방면을 이해하려고 더 많이 질문했다. 이런 방식은 준비된 질문(과 답)을 뛰어넘어 문제의 본질을 밝혀내는 데 도움이 된다.

사람의 말을 잘 듣기만 해도 모든 아이디어와 관점을 표면으로 끌어낼 수 있다. 제리 캐플런은 고 코퍼레이션에 대해 쓴 《스타트업》에서 경영진이 사내 컴퓨터 시스템 아키텍처architecture를 인텔 기반의 시스템에서 축소 명령어 집합 컴퓨터RISC, Reduced Instruction Set Computer 기반의 시스템으로 교체할 때의 일화를 소개했다.(오늘날 대부분의 컴퓨터와 스마트폰은 RISC 기반이다.)

제리가 회상하기를, 당시 CEO였던 빌이 경영진 회의에서 이 문제를 제기했을 때 이 거대한 전략적 의사결정의 문제가 표면화되었다. 그때 고 코퍼레이션은 마이크로소프트와의 경쟁이 본격화되면서 '가지 않은 길'을 가야 한다는 의견이 힘을 얻고 있었다. 빌은 경영진 회의에서 모든 아이디어를 듣고 싶어 했고 경영진은 얼마 동안 설왕설래했다.

빌과 함께 애플에서 일한 경험이 있고 훗날 빌의 평생 친구가 된 마이크 호머가 시스템 교체를 주장하고, 회사의 공동창업자인 로버트 카가 이 의견에 동의하자 경영진들은 믿지 못하겠다는 표정을 지었다. 하지만 토론이 계속될수록 시스템 교체라는 새로운 아이디어가 좋다는 것이 분명해졌고, 그렇게 시스템 교체는 확정되었다.[49]

사람들의 말에 귀를 기울이면, 말하는 사람은 자신의 가치가 인정받는다고 생각한다. 스웨덴의 런드 대학교가 2003년 발표한 논문에 의하면 직원들의 말을 듣고 그들과 대화를 나누는 "평범하고 사소한 행위는 성공적인 리더십의 중요한 측면"이라고 주장하는데, "사람들이 존중받는다고 느끼고, 이름 없는 사람 아니라 팀의 한 일원으로서 드러날 수 있기 때문"이다.[50]

2016년에 발간된 한 논문에 의하면 리더가 공개적으로 질문을 하고 직원들의 대답을 집중해서 듣는 '존경심을 갖춘 질문respectful inquiry'은 직원들의 권한을 높여 인정 욕구를 채워주고 업무의 자율성을 고취시키기 때문에 효과가 크다. 이 세 요소는 에드워드 데시와 리처드 라이언이 최초로 개발한 '인간 동기부여를 설명하는 자기결정이론의 삼위일체'와 비슷하다.[51]

구글의 초창기 시절부터 함께한 살라 카만가가 말했다. "빌은 언제나 기분 좋게 만들어줬어요. 우리가 무엇을 토의하든 상관없이 그는 내 말을 진심으로 듣고 이해해줬고 지지해줬죠."*

적극적 경청

다음에 어떤 말을 할지 생각하지 말고
집중하여 상대방의 말을 경청하라.
문제의 본질을 파악하기 위해 계속 질문하라.

---

*살라 카만가는 구글의 대표적인 광고 프로그램인 애드워즈를 만드는 데 기여했고 나중에는 유튜브의 대표가 되었다.

사실만을 말하라

어느 날 체그의 댄 로젠스웨이그의 사무실에 빌이 방문했다. 빌이 사무실에 도착했을 때 댄은 이사회 회의에서 멋진 발표를 막 끝낸 후였다. 파산 위기에 몰렸던 체그는 이제 훨씬 더 안정적인 상태로 들어섰다. 성장하는 건 아니지만 최소한 망하지는 않을 것이었다. 댄과 그의 팀은 축제 분위기였다.

빌은 20세기 초반 회계사들이 눈의 피로를 조금이나마 줄이기 위해 애용했던 초록색 모자챙을 덮어 쓰고 사무실로 걸어 들어왔다. 빌은 사무실을 돌아다니면서 사람들에게 인사한 뒤 댄의 사무실로 들어가서는 이렇게 말했다.

"축하해요, 회사를 살렸군요. 이제 당신은 실리콘밸리에서 가장 성공한 '성장이 멈춘nongrowth 기업'의 대표네요! 회계사들이야 행복할지도 모르지만, 그건 그거고 당신은 거기서 그걸로 만족하기 위해 여기까지 온 게 아니잖습니까?"

빌은 댄을 한번 포옹한 다음에 자신의 초록색 모자챙을 그에게 툭 하고 던졌다. 바로 이때 댄은 큰 문제이긴 하지만 겨우 하나의 문제만을 해결했다는 것을 깨달았다. 빌이 옳았다. 댄은 회사를 구하고 싶었던 것이 아니라 성장시키고 싶었다. 뼈아픈 사실이긴 했지만 어쨌든 사실이었다. 이제 감상에 그만 젖고 다시 일할 시간이었다.

빌은 언제나 100퍼센트 솔직했고(그는 진실만을 말했다.) 허심탄회하게 자신의 의견을 말했다. 그는 가혹한 의견을 제시하는 것도 주저하지 않았다. 단순할 정도로 솔직한 사람이었다. 구글의 이사회 멤버이자 전직 아마존 임원인 람 슈리람은 이렇게 말했다.

"빌은 언제나 투명했어요. 숨기고 있는 이야기가 없었죠. 그가 한 말 중에서 틀린 말은 하나도 없었어요. 그는 사실만을 말했어요."

인투이트의 공동창업자인 스콧 쿡도 빌의 솔직함을 잘 알았다.

"그는 피드백은 솔직하고 진정성이 있어야 한다는 것을 알려줬어요. 그래야만 성과에 대해 말하기 힘든 피드백을 주면서도 상대방의 존중심과 충성심을 유지할 수 있죠."

그의 솔직한 표현은 종종 거칠긴 했으나, 그럼에도 상대방에 대한 진심 어린 애정에서 비롯되었기 때문에 사람들은 귀를 기울일 수밖에 없었다.

전직 구글 직원이자 《실리콘밸리의 팀장들》을 쓴 킴 스콧은 훌륭한 상사가 되는 것은 "말하고 싶은 걸 솔직하게 말하면서도 당신이 진정으로 상대방을 생각하고 있다는 것을 알려주는 것"이라고 한다.[52] 예를 들어 댄 로젠스웨이그의 일화에서 빌은 '성장이 멈춘 기업의 대표'라는 거친 표현을 유머와 우스꽝스러운 소품(초록색 모자챙)으로 효과적으로 전달했다.

진실된 피드백을 제공하는 데 중요한 요소는 타이밍이다. 스콧 쿡은 "코치는 적절한 순간에 나서야 한다A coach coaches in the moment"고 말했다. "순간순간 피드백을 해줘야 듣는 입장에서도 피드백이 현실적이고 믿을 만하지만, 불행히도 많은 리더가 그렇게 하지 못한다."

많은 관리자들이 성과 검토를 할 때까지 피드백을 미루지만, 이때의 피드백은 너무 적고 너무 늦다. 빌은 순간순간에 필요한 피드백을 해줬다.(그렇게 못하더라도 빌은 최대한 빠르게 피드백을 하려고 노력했다.) 그리고 그의 피드백은 업무 중심적이었으며 항상 웃음과 포옹으로 이어졌다. 그의 웃음과 포옹은 거친 피드백이 낸 상처를 보듬어주는 효과를 냈다.

또한 비판적인 피드백을 할 때는 그는 항상 대상자를 따로 불러 둘만 있는 자리에서 해줬다. 구글 클라우드의 수장이었고 VM웨어의 전 CEO로서 인투이트의 이사회에서 빌과 함께 일했던 다이앤 그린은, 공개적으로 누군가를 망신시켜서는 안 된다는 것을 빌에게서 배웠다.

그녀는 이렇게 말한다. "누군가의 일에 정말로 짜증이 나거나 화가 날 때 저는 뒤로 한발 물러나서 그들이 잘하는 것과 그들의 가치가 무엇인지를 억지로라도 떠올리려고 합니다. 그렇게 하다 보면 무언가가 생각나고는 하죠. 공개적인 장소에서는 잘하는 걸 칭찬합니다. 저는 최대한 빠르게, 건설적인 피드백을 주려고 하지만, 그렇더라도 그 사람이 스스로 안전하다고 느낄 때만 피드백을 줍니다. 그들이 안전하다고 느끼고 지지받는다는 확신이 있어 보일 때에야 저는 '그건 그렇고'라는 말로 피드백을 시작하죠. 빌에게 이런 방식을 배웠어요."

팻 갤러거는 샌프란시스코 자이언츠가 AT&T파크에서 월드시리즈를 세 차례 제패하기 한참 전부터 구단 프런트에서 일했다. 그는 빌의 이웃이자 친구였으며 솔직한 조언을 구하는 사이이기도 했다.

빌은 팻에게 이렇게 말했다. "네가 미국에서 최악의 야구장(캔들스틱 파크)을 홈구장으로 쓰는 엿 같은 팀의 마케팅 담당자라면, 관객들이 흥미로운 경험을 할 수 있도록 뭐든지 해야 하지 않겠어? 네가 해야 할 일이 바로 이거 아니야?"

팻은 그때 매우 안전한 관계에 있었나 보다.

제시 로저스도 비슷한 이야기를 들려줬다. 그가 빌과 친구가 될 수 있었던 이유는 그들의 아이들이 새크리드 하트 중학교를 함께 다녔기 때문이다. 하지만 제시 로저스가 회사를 나와 독립해야 할지에 대해 빌에게 조언을 구하면서부터 그의 제자가 되었다. 둘은 많은 이야기를 나눴고 제시는 결국 자신을 시험해보기로 했다.

몇 주 후, 제시는 새로운 사무실에서 빌에게 자신이 공동으로 창업한 앨터몬트 캐피털의 홈페이지 주소를 알려주었다. 몇 분 후 제시의 전화가 울렸다. 그는 빌의 축하와 격려의 말을 기대했다. 그러나 그가 들은 말은 "너희 회사 홈페이지는 쓰레기야!"였다. 그 후 빌은 몇 분 동안이나 앨터몬트 홈페이지가 기준에 미치지 못한다는 말을 쏟아냈다. 여기는 실리콘밸리다. 이곳에서는 쓰레기 같은 홈페이지로는 성공적인 스타트업이 될 수 없다. 1~2분 정도의 시간이 지난 뒤에야 제시는 하고 싶은 말을 할 수 있었다.

"빌은 누구에게나 반대하고 도전하는 데에 타고난 사람이에요"라고 제시는 말했다.

"부정적인 피드백을 줄 때도 빌은 끈질기게 공격적이에요. 빌이 가진 큰 장점 중 하나죠."*

빌은 아이들에게도 솔직했다. 조 너선의 딸인 해나의 꿈은 대학교 축구팀에 들어가는 것이었다. 해나의 축구경기를 관전한 빌은 해나에게 "전미대학체육협회NCAA 1부 리그 대학 축구팀에는 충분히 들어갈 실력은 된다"고 말했다. 하지만 "축구 실력은 별로지만 명문대에 진학해 훌륭한 교육을 받으면서 축구를 하면 학교 팀에서 스타가 될 수 있다"고도 말했다. 해나는 실망했지만 코치의 말이 옳다는 것을 알았다.

결국 해나는 세인트루이스 워싱턴 대학교에서 엔지니어링 학위를 받았고 4학년 때 NCAA 3부 리그의 챔피언십을 우승하는 데 기여했다. 그리고 우수한 대학생 운동선수들에게 수여하는 스콜라 올 어메리카 어워드Scholar All America Award도 수상했다.

물론 빌의 솔직함은 때때로 상당히 거칠게 비춰졌다. 메이슨 랜들은 새크리드 하트 중학교의 스타 운동선수였으며 빌이 코치한 풋볼팀의 쿼터백으로 활동했다. 하루는 그의 학교가 지역 라이벌 학교와 풋볼경기를 했다. 쿼터백으로 출전한 메이슨이 패스 실수를 하는 바람에 새크리드 하트 중학교가 패했다. 경기 후 메이슨은 머리를 숙인 채 망연자실한 표정으로 경기장을 빠져나왔다. 그때 마침 빌이 메이슨 옆으로 다가가 검지 손가락으로 그의 볼을 지그시 누르면서

---

*우리의 인터뷰는 모두 빌이 세상을 떠난 후에 이뤄졌지만, 제시는 빌에 대해서 이야기할 때 항상 현재형 시제를 사용한 몇 안 되는 사람이었다. 많은 사람은 여전히 빌을 그리워하고 있으며 중요한 의사결정을 할 때 아직도 빌이 어떻게 조언을 할까 그려본다.

말했다.

"메이슨! 왜 이렇게 풀이 죽어 있어?!"

메이슨은 "게임할 때 집중을 못했으니까 이러고 있죠"라고 말했다. 빌이 평소에 집중을 강조한 것을 의식한 대답이었다.

"그래, 그러니까 이제 고개 들어! 네가 진 게 아니라 팀이 진 것뿐이야."

재미있는 사실은(빌과 수년간 같이 있으면서 증명된 사실이다.) 그의 솔직함이 종종 인정사정없어 보이기는 해도 듣는 사람의 기분을 좋게 만든다는 것이다. 언뜻 보면 직관적이지는 않다. 어쨌든 누군가가 당신 때문에 망했다는 말을 한다면 분명 기분이 나빠야 한다. 하지만 빌이 그런 말을 하면 이상하게 기분이 나쁘지 않았다. 솔직함에 애정이 더해지면 이렇게 되는 것이다! 빌이 우리를 이토록 거칠게 다뤘던 이유는 우리를 더 나은 사람으로 만들기 위해서였다고 모두들 생각했다.

비노드 코슬라의 말이다. "사람들은 속마음을 잘 드러내지 않죠. 하지만 빌은 자신의 생각을 모두 털어놨어요. 빌의 거친 피드백에 실망할 수 있겠지만, 결국 이들은 잘해보려는 의지로 가득 차게 됩니다. 매우 특별한 재능이죠."

클라리스에서 빌과 함께 일한 데이브 킨저는 빌이 데이브의 동료 임원을 호되게 꾸짖던 때를 기억한다. '우레와 같은 호통'을 치기 전 빌은 데이브에게 자신의 계획을 털어놓고선, 힘들어할 동료를 나중에 위로해줄 수 있겠냐고 물었다. 빌은 그에게 위로가 필요할 것이라고 생각했던 것 같다.

그날 늦은 오후 데이브는 동료의 사무실로 들어갔다. 하지만 위로가 필요할 것 같았던 동료는 오히려 생기발랄하고 활기차게 일을 하고 있었다. 빌은 그를 쏘아붙였지만 오히려 그는 빌의 꾸지람 덕에 기분이 좋아졌던 것이다! 데이브는 빌의 사무실을 찾아가 자신의 동료가 자신감을 되찾게 해줘서 고맙다고 말했다. 실제로 빌의 호통으로 그는 아무런 피해를 입지 않았던 것이다.

사실만을 말하라

집요할 만큼 솔직하고 정직해져라.
피드백은 최대한 빠르게 하고,
부정적인 피드백은 사적인 곳에서 하되
상대방에 대한 애정을 담아라.

정답을 가르치려고 하지 마!

빌이 질문하고 듣기를 마치고, 당신을 호되게 혼낸 다음에는 보통 무엇을 하라는 말은 하지는 않았다. 관리자라는 자신의 생각을 다른 사람에게 주입시켜서는 안 된다는 것이 그의 생각이었다. '무엇'을 해야 할지를 말하지 말고 '왜' 그 일을 해야 하는지를 말해줘야 한다.

댄 로젠스웨이그는 말했다. "저는 목표를 설정하고, 성공적으로 달성하려면 무엇을 어떻게 해야 하는지 일일이 사람들에게 알려줬어요. 그런데 빌은 사람들에게 맥락을 알려주라고 했어요. 일의 맥락을 이해하면 자신의 업무를 맥락에 대입해 무엇을 해야 하는지 스스로 파악할 수 있다고요. 사람들이 스스로 움직이도록 하는 게 관건이죠. 풋볼 경기에서 선수들이 뛰어다니는 것과 같아요. 감독은 선수들에게 정확하게 어떤 경로로 달리라고 말하지 않아요. 그저 우리의 목적이 무엇인지 그리고 상대방의 수비전략이 어떤지를 알려주기만 하면 선수들은 스스로 할 일을 알아내죠."

이점과 관련하여 조너선은 종종 테스트를 받았다. 빌은 조너선에게 맥락을 알려준 뒤, 그가 맥락에서 교훈과 의미를 스스로 파악할 수 있게 다음 코칭 세션까지 생각하도록 내버려두곤 했다. 유튜브의 공동창업자인 채드 헐리도 같은 경험을 했다.

채드의 말이다. "빌과 대화할 때면 마치 친구와 함께 스포츠 바에 앉아 대화를 나누는 것 같았어요. 그는 그냥 자신에게 일어난 일들을 말했어요. 무언가를 가르치려고 하지 않았어요. 그냥 자리에 함께 있어주었죠."

빌은 상대방에게서도 솔직함을 원했다. 인투이트의 영업본부장으로서 빌과 함께 일했던 앨런 글라이처는 빌과의 관계를 성공적으로 이어가고 발전시키는 방식을 이렇게 요약했다.

"회피하지는 마세요. 빌이 질문을 했는데 정답을 모른다고 해서 피하면 안 됩니다. 그냥 모른다고 말하면 돼요."

빌에게 솔직함과 진실함은 사실을 말하고 자신의 말을 지키는 것뿐만 아니라 사실을 직설적으로 말하는 것까지 포함한다. 직설적인 말투는 코칭의 효과에 있어 매우 중요한 부분이다. 좋은 코치는 말하기 어려운 것도 숨기지 않고 드러내기 때문이다. 어렵더라도 피하지 않는다.

학자들은, 주의 깊게 경청하고 솔직한 피드백을 주고 진실함을 요구하는 빌의 방식을 "관계적 투명성 relational transparency"이라고 설명한다. 이런 관계적 투명성은 '진정성 리더십'의 핵심 요소이기도 하다.[53] 와튼 경영대학원의 애덤 그랜트 교수는 빌 같은 사람을 '까칠한 기버 disagreeable givers'라고 부른다.

그는 이렇게 말했다. "우리는 종종 다른 사람을 지지하는 것과 도전하는 것 사이에서 갈피를 못 잡고는 하죠. 이 때문에 사회학자들은 리더십을 아이 기르는 것과 비슷한 개념으로 생각합니다. 하지만 이런 비교는 잘못된 이분법이에요. 옆에서 도와주면서도 많은 것을 요구해야 할 때도 있고, 높은 기준을 적용하고 큰 기대를 걸면서도 이를 달성하기 위해서 옆에서 많이 격려해야 하죠. 기본적으로 리더십과 육아, 모두 엄한 사랑입니다. 까칠한 기버들은 겉으로 보기에는 거칠고 까다로워 보여도 속으로는 주변 사람들이 무엇을 정말로 필요로 하는지를 생각해요. 그들은 듣고 싶지 않지만 꼭 들어야 하는 비판적인 피드백을 해주는 사람들입니다."

조직경영에 대한 많은 연구를 통해 이런 리더십 특성들이 더 나은 성과를 낳는 데 도움이 된다는 사실이 입증됐다. 빌은 이런 사실을 본능적으로 알았던 것 같다. 프랜차이즈 유통점에 대한 연구에 의하면 직원들이 자신의 상사가 진실되다고 믿을 경우(예컨대 그들의 겉과 속이 같다고 생각하는 경우) 상사를 더욱 신뢰하며 해당 지점은 더 높은 매출을 올린다.[54]

정답을 가르치려고 하지 마!

사람들에게 뭘 해야 하는지 말하지 마라.
맥락을 알려주고 스스로 최선의 선택을 내릴 수 있도록
옆에서 도와주기만 하면 된다.

용기의 전도사가 되어라

2014년 트위터는 구글 검색결과에 트윗이 나오도록 하는 파트너십 계약을 체결하기 위해 구글과 협상하고 있었다. 당시 트위터의 CEO 였던 딕 코스톨로는 직접 협상을 진두지휘했다. 하지만 구글과의 협상에는 트위터의 입장에서 우려가 될 만한 몇몇 조항이 포함되어 있었고, 이 때문에 트위터 협상팀은 먼저 시험해보기 위해 파트너십을 작게 시작하는 방안을 선호했다. 딕은 빌과의 일대일 미팅에서 구글과의 협상 진행 상황을 알렸다.

빌은 "사소한 문제에 붙들렸구먼"이라고 말했다. 주변부의 사소한 것에 매달려서는 안 된다. 가능한 한 가장 대범한 솔루션을 밀어붙여라. 더 작고 시시콜콜한 문제점들을 모두 예상할 수 없기 때문에, 만약 큰일을 하고 싶다면 보다 단기적인 파트너십을 체결하는 것도 좋은 방법이 될 수 있다. 하지만 여기서 중요한 것은 큰일에 집중하는 것이다.

"큰 아이디어가 있으면 더 용기를 갖고 앞으로 나가!"

조언을 들은 딕은 팀원들에게 좀 더 공격적으로 일을 추진하라고 독려했고, 몇 달 후 구글과 트위터의 협상은 타결되었다.

빌은, 관리자의 역할이란 자신의 팀이 좀 더 용감하게 행동할 수 있게끔 업무를 추진하는 것이라고 생각했다. 하지만 용기를 갖는 건 어렵다. 사람들은 실패의 두려움에 사로잡혀, 리스크를 무릅쓰는 것을 무서워한다. 그럼에도 직원들이 너무 몸을 사리지 않도록 뒤에서 밀어주는 것이 관리자의 역할이다.

구글에서 오랫동안 고위임원을 지낸 쇼나 브라운은 이런 관리자들을 '용기의 전도사evangelist for courage'라고 부른다. 코치로서 빌은 지칠 줄 모르는 용기의 전도사였다. 빌 걸리에 의하면 그는 사람들에게 자신감을 불어넣었다. 그는 자기 확신이 결여된 사람에게도 믿음을 보여주었다. 그러면서 스스로 정한 한계를 돌파할 수 있도록 뒤에서 밀어붙였다. 페이니어미PayNearMe의 창업자이자 고 코퍼레이션에서 빌과 함께 일한 대니 셰이더는 이렇게 말했다.

"빌과의 미팅에서 제가 가장 크게 배운 점은 용기였어요. 미팅이 끝나고 나올 때면 '할 수 있다'는 생각이 들었죠. 그는 저 스스로 할 수 있다고 생각하지 않은 일들까지 할 수 있다고 저를 믿어줬어요."

그리고 에밀 마이클은 이렇게 말했다.

"그는 저에게 대범함을 심어주었어요. 그와 대화를 하면 언제나 의욕이 충만해졌죠. 빌은 저에게 '에너지를 빼앗는 사람이 아니라 주는 사람이 되라'고 가르쳤어요."

꾸준하게 격려하는 것, 에너지를 주는 사람이 되는 것은 효과적인 코칭의 가장 중요한 측면 중 하나다.* 55

시시르 메로트라는 2001년 자신의 첫 회사인 센트라타를 설립했다. 그 후 오래되지 않아 투자자 중 한 명으로부터 전화를 받았다.

---

*예를 들어 2011년 영국 애슈리지 경영대학원에서 발표한 논문에 의하면 '격려'는 듣기와 이해 다음으로 코치에게 가장 필요한 덕목으로 꼽혔다.

당시 센트라타는 어려움을 겪고 있었는데 비용을 줄여야 했다. 그 투자자는 모든 직원의 이력서를 검토한 다음, 자신이 생각하기에 해고되어야 하는 사람들을 추려 시시르에게 알려주었다. 대부분 연차가 낮은 직원들이었다. 투자자는 경험이 풍부한 직원들이 더 필요하다고 생각한 것이다.

문제는 투자자가 선택한 사람들 대부분이 시시르와 함께 회사를 세운 공동창업자였다는 사실이다. 시시르는 이들을 해고하는 게 현명하지 않은 결정이라고 생각했지만, 투자자의 압박에 시달리다 못해 해고할 수밖에 없었다. 그리고 빌에게 찾아갔다.

빌은 분노했다. 시시르는 이렇게도 용기가 없는가?

시시르는 말했다. "그때도 빌은 저에게 본능을 믿으라고 계속 조언했죠. 저는 그때 스물두 살에 불과했어요."

빌은 시시르에게 젊은 직원들을 모두 해고하는 것이 올바른 일이라고 생각하느냐고 물었다. 시시르는 아니라고 대답하면서, 해고된 직원들은 공동창업자이고 이들은 누구보다 회사를 더 많이 생각한다고 대답했다.

경험이 많은 직원들은 용병과 같다. 이들은 회사 실적이 악화되면 회사를 떠난다. 빌은 시시르에게 본능을 따를 용기를 내라고 코칭했고, 조언을 받아들인 시시르는 자신이 해고한 사람들을 다시 채용했다. 이들은 향후 몇 년간 회사의 중역으로 활동했다.

그렇다고 빌이 앞뒤 따질 것도 없이 맹목적으로 용기를 심어준 것은 아니었다. 빌이 생각하기에 대부분의 사람은 자신만의 가치를 갖고 있었고 빌은 그러한 재능을 알아보는 뛰어난 안목과 충분한 경험이 있었기 때문에, 상대방이 그의 말을 알아듣는지 알 수 있었다. 빌이 만약 당신에게 "할 수 있다"고 말하면 당신은 그를 신뢰할 것이다. 빌이 단순히 힘을 북돋아주는 치어리더가 아니라 코치이자 풍부한 경험의 경영인이었기 때문이다.

그는 사람들에게 이런 신뢰를 받고 있었다. 그는 상대방의 능력과 발전상을 보고 난 다음에야 무슨 말을 할지 정했다. 코치의 말을 신뢰할 수 있어야 한다는 것은 코치가 제자들을 격려하는 데 있어 핵심적인 요소였다.[*56]

그리고 만약 빌을 믿기 시작했다면, 이 말은 자기 스스로를 믿기 시작했다는 말과 같았다. 이런 자신감은 얼마나 어려운 일이든 그것을 달성하는 데 큰 도움이 된다. 알파벳의 CFO인 루스 포랫은 "그는 저에게 스스로의 판단을 믿고 앞으로 나아가라고 했어요"라고 말했다.

상황이 녹록하지 않을 때일수록 이런 자신감은 더욱 중요해진다. 제이크루와 갭의 전 CEO이자 빌과 함께 16년 동안 애플의 이사회 멤버로 활동한 밀러드 드렉슬러는 특히 어려운 시기에 CEO는 코치처럼 행동해야 한다는 굳은 신념을 갖고 있었다.

"상황이 안 좋을 때 직원들은 매일 아침 매를 맞고 출근하는 것처

---

*인디애나 대학교의 조엘 웡 교수는 2014년 출간한 연구보고서를 통해 '격려하는 사람의 인식된 신뢰도(perceived trustworthiness of the encourager)'는 효과적인 격려와 맹목적인 응원을 구분 짓는 중요한 특징이라는 것을 보여주었다.

럼 힘들어해요. 모두 기분이 좋지 않죠. 리더는 혼자서 모든 문제를 해결하지도 못할뿐더러, 직원들의 사기가 낮을 때 어려운 상황을 해결할 수도 없죠. 그래서 직원들에게 자신감을 심어줄 필요가 있는 겁니다."

빌은 제자들에게 높은 기준을 제시했다. 그가 제시한 목표치는 우리가 스스로 설정한 목표치보다도 더 높았다. 빌은 제자들이 스스로 생각했던 것보다 훨씬 더 훌륭한 인재가 될 수 있다고 굳게 믿었다. 이런 빌의 태도는 우리 모두에게 기준을 충족시킬 수 있다는 열망을 불러일으켰고, 우리는 그 기준에 충족하지 못한다고 생각하면 실망하기 시작했다. 이런 마음가짐으로 다가가기 시작하자 빌의 제자들이 반응하기 시작했다.

용기의 전도사가 되어라

사람들이 스스로를 믿는 것보다 더 믿어라.
그리고 그들이 더 용감해질 수 있도록 도와줘야 한다.

정체성을 온전하게 드러내라

데이비드 드러먼드는 알파벳의 기업개발 부문 수석부사장 겸 최고 법률책임자이자 흑인이다. 그는 "전통적인 배경을 갖지 않으면, 다시 말해서 흑인일 경우 보통 동화되기란 쉽지 않다"고 말한다.

"대세에 순응하고 그 대세와 다를 수 있는 모습은 가급적 드러내지 말라는 압박이 있죠. 실리콘밸리에서는 기술자이든지 아니면 이름만 들어도 누구나 아는 경영대학원을 나오든지 해야 해요."

빌 캠벨은 둘 다 아니었지만, 데이비드의 말에 따르면 빌은 자신의 온전한 정체성을 가장 중요한 곳에, 그리고 정면에 드러내는 사람이었다.

빌과 데이비드는 이 주제로 많은 대화를 나눴다. 빌은 데이비드에게 그의 많은 부분은 그의 배경으로부터 나왔으며, 그런 배경을 동기부여와 강점의 원천으로 활용해야 한다고 조언했다.

"그는 제가 다른 사람들과 다르다는 사실에, 제가 흑인이라는 사실에 대해 스스로 덜 의식하도록 만들었어요."

우리가 이 책을 쓰기 위해 수많은 사람을 인터뷰하면서 배운 것 중하나는, '자신의 정체성을 숨기지 마세요'라는 말이 사람들의 입에 오르내리기도 전부터 빌이 일터에서 사람들이 자신의 모습을 드러낼 수 있도록 격려했다는 것이다. 우리는 이 말을 빌에게 직접 듣지는 못했다.

명문대 출신의 백인 이성애자 남성들(즉, 우리와 같은 사람들)은 직장에서 자신을 드러내는 문제에 크게 문제가 없다. 하지만 주로 노동자 주거 밀집 지역에서 자란 전직 풋볼 코치이자, 엔지니어링 배경 없이 1980년대 초반에 실리콘밸리로 건너온 사람으로서 빌은 이방인이 된 기분을 느꼈을지도 모른다. 그러나 그는 항상 자신의 온전한 모습을 당당하게 드러냈으며, 그가 코치한 사람들에게도 똑같은 태도를 기대했다. 그는 사람들이 일터에서 자신의 모든 모습을 드러낼 정도로 솔직할 수 있을 때 동료들로부터 더 많이 존중받으며, 그렇게 할 때 다른 사람들도 더 고마워할 것이라고 생각했다.

브래드 스미스와 셸리 아르상보도 빌에게 비슷한 조언을 받았다. 브래드는 웨스트버지니아주 출신으로 억양이 강하다. 그는 경력을 막 쌓기 시작했을 때, 억양을 고치려면 스피치 트레이닝을 받으라고 충고를 들었지만 안 하기로 했다. "억양은 결함이 아니라 제 특징이라는 것을 깨달았죠"라고 브래드는 말한다.

"사람들은 자신과 다른 리더를 원하죠. 그래야 좀 더 노력하면 자신도 리더십을 갖출 수 있다고 보거든요."

흑인인 셸리는 IBM 영업부에서 커리어를 시작했을 당시 자신의 문화적 배경을 떨쳐버리고 다른 사람들과 비슷하게 옷 입고 행동하려고 노력했다. 빌은 셸리가 그런 강박관념에서 벗어날 수 있도록 도왔다.

"빌은 저에게 입고 싶은 대로 입으라고 격려해줬어요. 제가 스스로 떳떳하지 못하면 다른 사람들도 그걸 눈치챌 것이고, 제가 무엇을 숨기려는지 궁금해하면서 저를 불신하게 될 거라고 했죠."

정체성을 온전하게 드러내라

사람들은 스스로에게 솔직하고 회사에서
자신의 정체성을 온전하게 드러낼 수 있을 때
가장 효율적이게 된다.

지금까지 살펴본 이러한 요소들은 빌이 임원 담당 코치로서 성공할 수 있는 토대가 되었다. 그리고 빌의 코칭으로부터 도움을 받은 제자들은 빌의 이런 요소들을 자신의 것으로 체화한 다음, 자신이 동료나 부하 직원의 코치가 되었을 때 그들에게 전수했다. 빌의 코칭은 신뢰를 쌓는 것에서 시작했으며, 그 신뢰는 시간이 지날수록 깊어졌다.

그는 제자들을 선택할 때 매우 신중했다. 그는 가르침을 받을 준비가 되어 있는 사람, 즉 항상 겸손하고 배움에 목말라 있는 사람들만 제자로 받아들였다. 그는 제자들의 말을 몰입해서 들었고, 절대 방해받는 법이 없었다. 그리고 그는 무엇을 하라고 말하지 않았다. 대신 맥락을 설명하며 스스로 결론을 내리도록 유도했다. 그는 상대방을 철저하게 솔직함으로 대했고 또 상대방에게 같은 수준의 솔직함을 기대했다. 또한 자신감을 불어넣고 높은 목표를 제시한 용기의 전도사이기도 했다.

이 모든 것들은 놀라운 환경을 만들어냈다. 여기서 말한 놀라운 환경이란 당신을 발전시키는 데 몰두하는 분위기를 일컫는다. 이베이의 전 CEO였던 존 도나호는 이렇게 말한다.

"그가 우리에게 준 조언이나 통찰력이 중요한 게 아니에요. 빌과 함께 있으면 그냥 눈을 감아도 그의 존재를 더 정확하게 느낄 수 있었죠. 듣는 것보다 느끼는 것이 더 컸어요."

CHAPTER 4

팀 퍼스트

구글이 그토록 특이한 점은 회사 경영진이 하나의 커뮤니티와 같다는 것이다. 그리고 빌은 이 커뮤니티를 하나로 묶는 접착제 같았다.

2004년 8월 기업공개IPO 당시 구글은 두 종류의 주식을 만들었다. 클래스A 주식은 일반인들에게 파는 주식으로, 보통주와 마찬가지로 한 주는 하나의 의결권을 갖는다. 하지만 클래스B 주식은 달랐다. 한 주당 10개의 의결권을 행사할 수 있는 것으로 래리 페이지와 세르게이 브린과 같은 공동창업자들이나 CEO인 에릭을 포함한 구글의 주요 인사들이 보유했다. 구글 주식의 이런 '이중등급 구조dual-class structure' 덕분에 구글의 창업자들과 경영진이 회사의 통제권을 유지할 수 있었다. 이런 구조는 당시 기준으로 통상적인 구조는 아니었으며, IPO가 공식적으로 완료되기까지 몇 달 동안 대중에게 논쟁의 대상이 되었다.*

　래리와 세르게이에게 이런 구조는 그들이 생각하는 회사의 미래

---

*이런 이중등급 구조를 먼저 실행한 기업 중에는 포드, 뉴욕타임스, 그리고 버크셔 해서웨이가 있었다. 2004년 이후부터 페이스북, 링크드인, 스냅 등이 이중등급 구조를 도입하기 시작하면서 의결권의 수가 다른 주식의 등급의 주식을 발행하는 경우가 빈번해지기 시작했다.

비전에 매우 중요한 부분이었다. 래리와 세르게이는 워런 버핏을 존경했으며 자연스레 버크셔 해서웨이가 도입한 이중등급 주식상장에 대해서도 알게 되었다. 그들은 매 순간 큰 폭으로 오르락내리락하는 주가에 일희일비하지 않고, 장기적 관점에서 큰 모험과 그 모험을 위한 큰 투자를 하기 원했다. 그들은 이런 모험과 투자를 할 때는 장기적 관점에서 생각해야 한다고 굳게 믿었다. 따라서 구글이 상장회사가 되는 순간, 그들이 원했던 '싱크 빅think big' 철학을 잃게 되지 않을까 우려했다. 이중등급 구조는 이런 위험을 방지할 수 있는 안전장치였다. 장기적 전략으로서 이중등급 구조는 모든 사람의 가치를 극대화하기에 가장 좋은 방식이기 때문에, 공동창업자들의 관심사항이 주주의 관심사항과 항상 일치할 것이라고 생각했다.

에릭은 자신이 이 논쟁의 중심에 서 있다는 것을 알았다. 창업자들과 오랜 시간 대화를 나눈 끝에 그들의 생각이 최선이라고 확신하게 되었다. 이중등급 구조는 구글이 사업에서 더 좋은 성과를 내는 데 도움이 될 뿐만 아니라 세계의 정보를 체계화한다는 사명을 달성하는 데에도 용이하며, 전통적인 구조에서보다 더 큰 주주가치의 창출로 이어질 것이라고 생각했다. 그는 자신의 생각을 이사회 앞에서 발표했지만, 여전히 결론은 나지 않은 채 토론이 이어졌다.

하지만 이 시기에 몇몇 이사회 멤버들은 회사로부터 좀 더 독립적인 인물을 이사회 의장으로 세우는 방안을 고려하고 있었다. 특히 이중등급 구조에 대한 논의가 본격화되면서 새 의장을 임명하려는 움직임 또한 본격화되었다. 결국 이사회는 에릭에게 CEO직은 그대로 유지하는 조건으로 이사회 의장직에서 사임할 수 있냐고 물었다.

에릭은 이사회의 결정에 충격을 받았다. 그는 지난 3년 동안 구글 이사회 의장이자 CEO로서 잘해왔고 이사회도 자신의 공로를 인정하고 있다고 생각했다. 그는 창업자들과 직원들의 신뢰를 얻었고, 그 사이에 회사는 크게 성장했으며 이제 상장을 앞둔 참이었다. 이런 성과를 올린 그를 이사회 의장직에서 물러나게 하겠다고? 그는 빌에게 전화를 걸어 이 상황에 대한 생각을 털어놓았다.

"그래서 어떻게 할 건데요?"라고 빌이 물었다.

자부심과 상처로 가득 찬 에릭은, "퇴사하려고요"라고 말했다.

"그래요? 언제?"

기술산업에서 가장 위대한 팀이 해체될 위기에 빠졌다. 당시 구글 임원진의 코치로서 회사의 미래에 중요한 역할을 맡았던 빌에게는 있을 수 없는 일이었다. 모든 것, 즉 에릭이 이사회 의장직은 물론이고 최악의 경우 CEO에서도 물러날지 여부가 결정되는 회의가 다가오는 목요일에 열릴 예정이었다. 빌은 빠르게 움직여야 했다.

빌은 많은 팀을 코칭했다. 팀을 만들고 팀의 모양도 만들었다. 그리고 올바른 선수들을 올바른 자리에 배치시켰다.(그리고 그릇된 선수들을 그릇된 포지션에서도 제외시켰다.) 선수들을 응원했으며 기대했던 성과가 나지 않을 경우 호되게 혼내기도 했다. 그는 주변 사람들에게 "팀 없이는 그 어떤 일도 할 수 없다"고 공공연하게 말했다. 빌의 팀 의식은 스포츠의 세계에서는 당연한 말이지만 비즈니스의 세계에서는 종종 간과되기도 한다. "모든 사람은 공동의 목적을 향해 움직이는 팀으로서 성공하고 목표를 달성할 수 있습니다." 컬럼비아 대학교의 전 총장인 리 볼린저는 말한다.

"사람들은 이 사실을 이해하지 못하지만, 설령 이해한다 하더라도 이를 어떻게 실행에 옮길지를 모릅니다. 바로 여기가 빌의 천재성이 빛을 발하는 지점입니다."

팀은 그 무엇보다도 중요하다는 것이 빌의 기본 원칙이었다. 사람들에게 기대한 가장 중요한 것은 팀을 우선시 하는 '팀 퍼스트Team First' 태도였다. 모든 멤버가 팀에게 충성하고, 필요할 경우 팀의 목표를 위해 개인적인 목표를 포기할 수 있을 때 팀은 성공할 수 있다. 팀의 승리가 무엇보다 가장 중요한 것이 되어야 한다. 이런 태도는 찰스 다윈이 《인간의 유래The Descent of Man》에서 잘 설명했다. 그는 "높은 수준의 애국심, 충성심, 복종심, 용기, 동정심을 소유하여 부족 내의 다른 이들을 돕고 공동의 선을 위해 자신을 기꺼이 희생하려는 사람들이 많은 부족일수록 다른 부족을 압도하게 될 것이다. 바로 이것이 자연선택이라고 할 수 있다"고 말했다.[57]

2004년은 코앞에 닥친 주식상장과 그에 따른 회사 구조에 대한 논쟁 그리고 에릭의 사임이 모두 맞물려, 많은 사람의 감정을 너덜너덜하게 만든 해였다. 물론 빌은 이런 상황을 정확하게 인지하고 있었다. 그는 에릭이 상처를 받았다는 것도 알았고 구글이 그를 필요로 한다는 것도 알았다. 또한 그 시점에서, 그리고 앞으로 다가올 가까운 미래에도 에릭은 구글의 회장으로 가장 적합한 사람이라고 생각했다. 이렇게 생각한 빌은 다음 날 에릭을 불렀다.

빌은 "떠나지 마요, 아직 구글에는 당신이 필요합니다"라며 이야기를 시작했다. "일단 지금 이사회 의장직에서 물러나는 대신 CEO 자리를 유지하면 어떨까요?" 그러면 머지않아 에릭이 다시 의장으로 돌아올 것이라고 빌은 내다봤다.

빌의 제안은 에릭에게 합리적인 타협안이었다. 동시에 빌은 구글에 대한 에릭의 충성심에 호소했다. 빌은 에릭에게 오늘만을 위해 살지 말라고 말했다. 에릭의 강한 자존심은 오히려 회사와 자신에게 방해가 되고 있었다.

에릭은 빌이 옳다고 생각했다. 그리고 '빌은 자신이 말한 것을 지킨다'는 확신이 있었던 에릭은 결국 빌의 의견을 받아들였다. 이 둘은 다음 날 예정된 이사회 회의에 대해 대화했고, 이사회가 열리는 목요일에 에릭은 모든 준비를 끝낸 상태였다. 그는 의사회 의장직에서 사임했고 CEO직은 유지했다. 그리고 3년 후인 2007년 에릭은 이사회 의장으로 복귀했고 2011년 4월까지 그 자리를 유지했다. 그리고 그때부터 2018년 1월까지 알파벳의 회장을 역임했다.

비록 빌의 설득으로 마음을 바꾸기는 했지만, 많은 사람은 구글을 떠나기로 한 에릭의 결심을 완전히 미친 짓이라고 여겼다. 구글을 떠나면 어마어마한 양의 주식을 포기하는 것이나 다름없지 않은가? 하지만 팀 생활에서, 특히 실적이 좋은 팀의 경우에는 다른 것들도 중요하다. 이런 사람들을 움직이는 것은 돈이 다가 아니다. 목적, 자부심, 야망, 자존심 역시 중요한 자극제다. 관리자들이나 코치들은 이런 요소도 반드시 고려해야 한다. 빌은 에릭의 마음을 돌리려면 감정과 이성에 호소해야 한다는 것을 알고 있었다. 빌이 제시한 타협안은 효과가 있었다.

타협안을 제안할 당시, 빌은 언젠가 에릭이 이사회 의장으로 다시 복직할 것이라는 데에 모든 사람의 동의를 얻은 것은 아니었다. 그는 단순히 에릭이 이사회 의장으로 복직하는 것이 회사에게도 최선이라고 생각했던 것뿐이다. 그리고 코치로서 빌에게는 그럴 수 있는 영향력이 있었다. 빌이 오랜 시간 동안 보여준 진실성과 선견지명 있는 판단력은 모든 사람의 인정을 받고 있었다. 때가 되면, 주식상장이 완료되고 감정이 누그러들면 에릭이 이사회 의장으로 복직될 거라고 빌은 생각했다. 그리고 실제로 그렇게 됐다.

이 일화는 수십억 달러 규모의 주식상장이 코앞에 닥친 상황에서 투자자, 창업자, 경영진들이 어려운 문제로 씨름하는 와중에 큰 도박을 건 팀 빌딩Team Building이었다. 그렇지만 바로 이런 때야말로, 개인의 자존심에 감정이 휘둘리지 않고, 큰 그림을 볼 줄 알며, 모든 멤버가 함께 만들 수 있는 가치의 크기를 정확하게 측정할 수 있는 팀 코치가 가장 필요한 시점이다. 기업에서 팀 빌딩은 매우 중요하다. 팀을 구성하는 데 있어 빌의 원칙은 조직의 모든 단계에서 적용된다. 하지만 야망과 자부심으로 똘똘 뭉친 고위 임원들을 한 팀으로 꾸리는 것은 훨씬 어려운 일이다.

고위 임원들은 개개인별로 코치를 선임할 수 있다. 하지만 팀 전체를 아우르는 코치는 드물다. 올스타 팀에도 코치가 있지만, 실제로는 편하게 앉아 게임을 즐기기만 하지 실질적인 코칭은 안 하지 않는가? 그렇다면 회사에서 가장 능력이 뛰어난 사람들로 이뤄진 경영진은 왜 코치가 필요할까? 패트릭 피체트는 "처음 이 회사에 입사했을 때 너무 이상했다"라고 말했다.

"'구글에서 내로라하는 이런 훌륭한 사람들이 왜 코치가 필요할까' 하고 생각했습니다."

실제로 회사 초기에 구글의 경영진이 성장하는 데 기여한 빌의 영향력은 아무리 강조해도 지나치지 않다. 그의 영향력은 그가 우리 곁을 떠난 지금까지도 계속 전해지고 있다. 구글의 영업 총괄을 지낸 오미드 코데스타니가 말하듯, 구글이 그토록 특이한 점은 회사 경영진이 하나의 커뮤니티와 같다는 것이다. 그리고 빌은 이 커뮤니티를 하나로 묶는 접착제 같았다.

그래서 여러 팀들의 코치로서 빌은 어떻게 했을까? 그의 첫 번째 원칙은 문제를 해결하기 전에 팀을 만드는 것이었다. 다시 말해, 팀이 직면한 특정한 문제를 해결하는 것이 아니라 팀 자체에 집중했다. 문제해결은 그들이 할 일이고 코치가 해야 할 일은 사람들의 재능을 판단해서 실제로 일을 수행할 사람들로 팀을 만드는 것이다. 그는 긴장 상태를 일으키는 곪아터진 골칫덩어리 같은 어려운 문제점에 바로 달려들었다. 그는 성과를 내는 데 집중했지만, 올바른 방식으로 성과를 내고자 했으며 상황이 악화될수록 더욱더 핵심 가치에 집중했다. 그는 사람들 사이의 틈새를 메우면서 해결책을 강구했고, 팀을 하나로 단결시키기 위해 사람들의 말을 주의 깊게 듣고, 행동을 관찰했다.

셰릴 샌드버그는 이렇게 말했다. "그는 언제나 팀을 만들고 있다는 인상을 줬어요. 빌의 코칭은 경영진 코칭도 아니었고 커리어 코칭도 아니었어요. 나만을 위한 코칭도 아니었죠. 언제나 팀을 위한 코칭이었어요."

팀을 먼저 만들고 문제를 해결하라

몇 년 전 구글 회의에서 우리는 일부 사업개발 프로젝트에 투입되는 비용과 관련한 논의를 하고 있었다. 회의에 참석했던 람 슈리람은 비용이 너무 커진다며 비용을 줄일 세부방안을 논의해야 한다고 조심스레 말했다. 그의 발언 이후 비용과 관련하여 설왕설래가 있었고 마침내 빌이 일어나서 말했다. 걱정하지 말라는 말로 입을 뗀 빌은 "우리에게는 이 문제를 해결할 최고의 팀이 있고, 이들이 문제를 해결할 겁니다."라고 말했다.

"저는 그날 큰 교훈을 얻었어요"라고 람은 말했다.

"빌에게 문제해결은 가장 큰 걱정거리가 아니었어요. 그는 팀을 만드는 것에 우선순위를 두었죠. 그때부터 우리는 분석적으로 문제를 논의하지 않았어요. 우리는 팀과 사람들에 대해 이야기했고 이들이 문제를 해결할 수 있는지를 생각하기 시작했죠."

관리자로서 우리는 눈앞의 문제에 집중하려는 경향이 있다. 상황이 어떤가? 어떤 이슈가 있는가? 우리에게 주어진 선택은? 이런 문제들 말이다. 물론 타당한 문제들이다. 하지만 코치의 본능은 보다 근본적인 질문을 함으로써 팀을 이끌라고 한다. 문제를 해결하는 데 가장 적합한 사람은 누구인가? 적합한 팀이 배정되었는가? 성공에 필요한 지원을 해주고 있는가?

선다 피차이는 말했다. "제가 구글의 CEO가 됐을 때였어요. 빌은 '이런 자리에서는 어느 때보다 사람들에게 베팅해야 한다'고 조언해 주었어요. 팀원들을 선택하는 것에 더 많은 고민을 하라고요."

빌은 2010년 이 접근방식을 사용해 큰 문제를 해결한 경험이 있다. 애플의 스티브 잡스는 구글의 안드로이드 운영체제가 애플이 아이폰에 쓰려고 개발한 운영체제의 특허를 침해했다고 주장하면서 구글의 관계사들과 안드로이드폰 생산자들을 고소했다. 빌에게 이 문제는 단순히 사업적 혹은 법적 문제가 아니라 개인적인 문제이기도 했다. 그는 잡스와 가까운 친구 사이였으며 애플의 이사회 멤버이기도 했다. 동시에 비공식적이지만 구글 경영진에 영향력을 행사하는 코치이기도 했다. 두 아이가 가장 좋아하는 장난감을 두고 서로 싸우는 꼴이었다.

빌은 이번에도 문제가 아니라 팀에 초점을 맞췄다. 그는 문제가 되는 스마트폰의 기능과 이슈에 대해 상당히 잘 알고 있었음에도 불구하고 양측의 상대적인 장점에 대해 아무 의견도 제시하지 않았다. 대신 그는 에릭에게 애플을 상대할 적임자를 활용하라고 조언했다. 그 적임자는 앨런 유스터스였다. 애플과의 분쟁을 해결하기 위한 구글의 책임외교관으로 앨런이 투입됐다. 애플과 구글의 관계가 무너지지 않도록 하는 것이 그의 역할이었다.

구글에서 빌의 커리어가 막바지에 다다르고 있을 때, 구글은 조직 구조상 중요한 변화를 계획하고 있었다. 구글은 알파벳이라는 새로운 지주회사를 만드는 중이었는데, 가장 위험이 따르는 사업들을 별도 법인으로 이전시키고 있었다. 이 새로운 조직은 운영구조와 관리 문화의 중대한 변화였다. 선다 피차이는 구글의 CEO로 승진했고 래리 페이지는 알파벳의 CEO 자리로 옮겼다. 그러는 동안 구글의 영업 총괄인 니케시 아로라가 회사를 떠나면서 경영진에 커다란 공백이 생겼다. 구글은 초대 영업 총괄을 지냈던 오미드 코데스타니에게 연락해 구글로 돌아와달라고 요청했다.

오미드는 이렇게 말했다. "당시 우리는 알파벳으로 이동하고 피차이가 구글의 CEO가 되는 걸 당연하게 생각했죠. 하지만 구체적으로 어떻게 할지는 명확하지 않았어요. 너무나도 복잡한 문제들이 얽혀 있었거든요."

그는 빌과 이야기를 나누면서 회사의 운영적인 변화나 전략에 대해서는 말하지 않았다. 대신 그들은 팀에 대해서 얘기했다. 빌은 회사와 직원들을 진정으로 생각하는 사람들이 조직 운영의 변화를 이끌기를 원했다. 오미드는 이런 관점에 완벽히 들어맞았다. 오미드는 "팀을 이 정도로 생각하는 것은 이 정도의 고위급에서 흔히 볼 수 있는 일은 아니죠"라고 말한다.

"경쟁이 너무 치열하니까요. 하지만 빌은 아니었어요. 임원진은 그의 첫사랑 같았어요."

팀을 먼저 만들고 문제를 해결하라

눈앞에 문제나 기회가 놓여 있을 때 첫 번째로 할 일은,
적합한 팀을 구성하고 그 팀으로 하여금 기회를 잡거나
문제를 해결하게 하는 것이다.

올바른 선수를 선발하라

"회사를 운영한다면, 당신은 정말로, 정말로 좋은 사람들과 함께해야
한다"고 빌은 말한다. 사실 이는 그다지 인상적인 말은 아닐 것이다.
당신보다 똑똑한 사람을 채용하라는 말은 두 번 말하면 입이 아플 정
도로 흔한 비즈니스 격언이다. "CEO 밑에서 한 부문을 총괄하는 사
람은 해당 부문에 대해 CEO보다 더 잘 알아야 한다. 보통 그들은 인
사 업무를 담당한다든지 또는 IT 업무를 담당한다든지 하는데, CEO
의 입장에서는 그들이 기업 전체를 담당한다는 마음을 가졌으면 한
다. 이들은 출중하고 똑똑하다. CEO가 원하는 것은 이런 똑똑한 사
람들만이 생각해낼 수 있는 최고의 아이디어다."

빌은 사람들에게서 네 가지 특성을 원했다. 우선 '스마트'한 사람
들을 원했는데, 여기서 스마트란 학문적인 의미보다는 업무에서 다
른 분야를 빠르게 습득하고 공통점을 연결하는 능력을 의미했다. 빌
은 이런 능력을 '통합적 사고'라고 불렀다. 그리고 '근면'하고 굉장히
'진실'해야 한다. 마지막으로 정의하기 힘든 특성인데, '그릿 grit'을

가져야 한다. 그릿이란, 쉽게 말해 쓰러져도 다시 일어서서 새롭게 시작할 수 있는 열정과 끈기를 의미한다.

위에서 설명한 네 개의 특성을 가진 사람이면, 그 사람이 어떤 결점을 가지고 있다 하더라도 빌은 그 결점을 용인할 수 있었다. 빌은 채용면접을 진행할 때 면접자가 이 네 개의 특성을 가지고 있는지를 중점적으로 확인했다. 그는 면접자에게 '무엇'을 했는지만 물어보지 않았고 '어떻게' 했는지도 물어보았다. 만약 상대방이 면접에서 "수익을 향상시킨 프로젝트를 이끌었다"고 말하면, 어떻게 수익을 향상시켰는지를 물어봄으로써 면접자의 업무 개입도와 능력을 판단하는 데 힌트를 얻을 수 있다. 면접자는 실무를 얼마큼 했는가? 행동으로 먼저 보여주는 사람이었는가? 그가 팀을 꾸리고 이끈 경험이 있는가? 또한 빌은 주어를 주의 깊게 들었다. 즉, 면접자가 '나'를 먼저 말했는가(팀보다 나를 우선하는 사람일 수 있다.) 아니면 '우리'(잠재적으로 팀 플레이어라는 것을 의미할 수 있다.)를 먼저 말했는가?* [58]

배울 의지가 없는 사람은 빌의 관심을 전혀 받지 못했다. 질문하기보다 아는 것을 말하려고 하는가? 그러면 결코 좋은 신호가 아니다!

그는 단순히 개인적인 성공을 달성하는 것 외에도 보다 큰 대의를 위한 헌신도 원했다. 팀 퍼스트! 피차이가 말하듯, 우리가 찾아야 할

---

*빌의 원칙이 연구결과로 입증되지 못한 드문 사례다. 제임스 페니베이커는 자신의 저서 《단어의 사생활》에서 '나'와 '우리'라는 단어 사용 여부가 협동적인 사람인지 아닌지를 가늠하는 좋은 지표가 아니라고 주장했다. '나'와 '우리'라는 단어의 사용은 화자의 지위를 나타낸다. 즉, 지위가 낮은 사람들(회사의 사원들이나 대학교의 신입생들)은 '나'를 자주 사용하는 반면, 지위가 높은 사람들(임원들이나 교수들)은 '우리'를 더 많이 사용한다는 것이다.

사람은 "성공은 훌륭한 협력 관계에서 온다는 것과 회사를 최우선으로 생각하는 사람들의 것임을 이해하는 사람들"이다. 피차이와 빌이 이런 사람을 발견할 때마다 "우리는 그들을 소중하게 여겼어요"라고 피차이는 회상했다.

하지만 그런 사람을 찾았는지 어떻게 알 수 있을까? 그들이, 하던 일을 포기하는 때와 다른 사람의 성공에 어떻게 반응하는지를 기억하라고 한다.

피차이는 말한다. "때로 어떤 결정이 내려지고 나면 무언가를 포기해야 하는 경우가 생기죠. 저는 사람들이 무언가를 포기할 때의 모습을 주의 깊게 살펴봅니다. 그리고 회사의 어떤 일이 잘되고 있을 때 기뻐하는 사람들도 지켜보죠. 그들에게 직접적인 관련이 없는 일에도 기뻐하는 사람들이 있습니다. 저는 이런 사람들을 예의 주시합니다. 스포츠 경기로 비유하자면 벤치에 앉은 선수가 다른 선수를 진심으로 응원하는 경우가 있죠. 예를 들어, 케빈 듀런트가 중요한 숏을 성공시켰을 때 스테판 커리가 펄쩍 뛴 것처럼요. 이런 건 연기를 한다고 해서 되는 것은 아니죠."*

2011년 에릭은 구글의 CEO 자리에서 내려왔다. 그 후 이어진 조직 개편 기간에 제품관리 본부를 이끌었던 조녀선의 자리가 사라졌다. 회사는 엔터프라이즈 비즈니스(이제는 구글 클라우드로, 수조 달러 규모 사

---

*스테판 커리와 케빈 듀런트는 미국프로농구(NBA)의 골든 스테이트 워리어스에서 함께 뛴다. 피차이가 이 말을 했을 때 골든 스테이트 워리어스는 지난 4년 동안 우승을 세 번 한 상태였다.

업이다.)를 포함해 조너선에게 몇 개의 선택지를 줬지만, 조너선은 모두 거절했다. 그는 조직 개편으로 감정이 상했고 회사가 제시한 다른 자리들을 좌천으로 받아들였다. 빌은 이런 조너선에게 실망했다. 조너선은 구글보다 자신의 자존심을 더 앞세우고 있었다. '자존심과 감정에서 비롯된 실수'를 하고 있던 조너선이 무엇이 정말로 중요한지 주변을 둘러보고 상황에 직면해야 한다고 빌은 생각했다.

빌은 조너선에게 충분한 시간을 갖고 결정하라고 말하면서 주기적으로 그와 만났다. 빌의 조언을 받아들인 조너선은 결국 구글의 제안을 승낙해 새로운 사업을 맡게 되었다. 빌은 조너선을 포기하지 않았지만 그가 주변 사람들을 어떻게 실망시켰는지를 상기시켰다. 이 일은 굉장히 생생한 기억으로 남았다. 큰 변화가 일어날 때의 우선순위는 '무엇이 팀에게 가장 좋은 결정인가?'라는 교훈을 줬다.

빌은 용기를 매우 높게 평가했다. 용기란 위험을 기꺼이 감수하려는 의지이자, 개인적인 위험을 감수해야 하는 상황에서도 기꺼이 회사에 이로운 일에 헌신하려는 의지다. CEO가 되기 전 피차이는 회사의 결정이 올바르지 않다는 생각이 들면 망설임 없이 우리에게 의견을 제시했다. CEO가 된 후에는 래리 페이지에게 직접 했다. 분명 배짱이 필요한 행동이었다.

피차이는 말한다. "빌은 내가 구글을 정말로 아낀다는 것을 알았습니다. 그러니까 제가 솔직한 생각을 말할 때 항상 고맙게 생각해줬어요. 이걸 알기 때문에 저는 더욱더 제 의견을 피력했던 것이고요."

스스로가 당당했던 피차이는 용기 있게 자신의 의견을 피력하는 부하 직원들을 똑같은 방식으로 존중한다.

"팀 플레이어 같은 직원들이 있어요. 이들은 정말로 회사를 생각하는 사람들이죠. 그들의 의견은 저에게 정말 중요해요. 이런 사람들이 하는 말은 새겨들을 만한 가치가 있습니다."

빌은 '어려운' 사람들에게 매력을 느꼈다. 여기서 어려운 사람들이란 자신의 의견을 말하는 데 거리낌이 없고, 종종 행동이 거칠지만 트렌드와 대중에 거스르는 것을 두려워하지 않는 사람들이다. 앨런 유스터스는 이런 사람들을 '다듬어지지 않은 다이아몬드'라고 불렀다. 스티브 잡스와의 우정은 물론이고, 래리 페이지와 세르게이 브린, 그리고 인투이트 창업자인 스콧 쿡과의 오랜 관계는 빌의 이런 성격을 증명한다. 이들 중에서 대하기 쉬운 사람은 없지 않은가? 빌이 이런 사람들을 일부러 찾아다녔다고 생각하지는 않지만, 그는 이런 성격을 수용하고 심지어 독려하기까지 했다. 대부분은 이런 사람들을 함께 어울리기 어렵다고 생각했지만 빌은 이들에게서 흥미를 느꼈고 성격의 모난 부분을 조금 다듬는 것을 도와주어 발전시킬 만한 가치가 있다고 생각했다. 능력 있는 코치들은 어느 정도의 기이함과 까칠한 동료들을 품을 뿐만 아니라 이들의 모난 성격을 오히려 권장하기까지 한다. 운동선수부터 창업자들과 기업의 임원들까지, 뛰어난 능력자 중에서는 대하기 어려운 사람들이 많다. 그리고 이처럼 어렵지만 뛰어난 사람들이 팀에 있으면 좋다.

셰릴 샌드버그는 2001년 말, 구글에 입사한 그 주에 빌을 처음으로 만났다. 빌은 그녀에게 여기서 맡은 일이 뭐냐고 물었다. 당시 셰릴의 직책은 '비즈니스유닛 부문장'이었는데, 그녀가 입사하기 전에는 없던 직책이었다. 사실, 당시 구글에는 비즈니스유닛이랄 것이 없었고 따라서 그녀는 이름뿐인 부문장에 가까웠다. 빌의 질문에 그녀는 재무부에서 일했다고 대답했다. 빌이 그녀의 말을 가로막았다.

"알겠어요. 그런데 여기서는 뭘 하지요?"

이번에는 셰릴은 앞으로 하게 될 일을 말했다. 빌은 만족하지 않았다.

"그래서, 여기서 뭘 하는데요?"

셰릴은 마침내 솔직히 털어놓았다. 아직까지는 하는 일이 없다고.

"저는 엄청나게 중요한 교훈을 얻었어요. 중요한 것은 당신이 과거에 무엇을 했는지도 아니고 무엇을 생각하는지도 아니에요. 당신이 매일 하는 일이 무엇인지가 중요한 거예요."

아마도 이것이야말로 빌이 팀원에게 가장 바란 성격이었을 것이다. 열심히 일하고 매일 영향을 끼치는 사람들. 즉, 행동가들.

사람을 평가할 때는 평가받는 대상자가 팀과 회사에 적합할지 여부가 중요한 고려사항이 된다. 실리콘밸리의 사람들은 특출난 지능과 능력으로 모든 방면에서 최고가 될 수 있는 '슈퍼히어로'를 찾으려는 경향이 있다. 특히 이런 경향은 임원진에서 두드러진다. 이에 대해 필립 신들러는 이렇게 말했다.

"빌은 쿼터백으로만 이루어진 팀을 만들고 싶지 않다고 했어요. 팀을 만들 때는 팀원들을 어떻게 구성할지에도 많은 관심을 기울여야 해요. 서로 다른 재능을 가진 사람들을 모아 좋은 팀을 만드는 게 중요하죠."

빌 캠벨, 실리콘밸리의 위대한 코치

사람이 가진 능력에는 한계가 있다. 모두 마찬가지다. 중요한 것은, 팀원들을 개개인별로 이해해 다른 사람과 구별되는 차별성을 찾아내고 그들이 다른 팀원들과 어우러질 수 있도록 돕는 것이다. 빌은 인지능력을 높이 샀다. 하지만 동시에 비즈니스의 세계에서, 특히 기술산업에서는 크게 인정받지 못하는 공감능력 같은 소프트 스킬soft skills의 가치도 높이 샀다. 구글에서 빌은 지능과 마음의 조합이 훌륭한 관리자를 만든다는 사실을 깨닫게 해줬다.

그는 경험을 과대포장하지 않았다. 그는 사람의 능력과 마음가짐을 주로 봤고 이를 바탕으로 어떻게 성장할지를 예상했다. 코치라면 반드시 선수의 현재 능력만이 아니라 미래 잠재력까지 보는 능력을 갖춰야 한다. 물론 이런 능력은 완벽하게 정확할 수는 없다. 스탠퍼드 대학교의 캐럴 드웩 교수가 《마인드셋》에서 지적했듯이, "다년간의 열정, 노력 그리고 훈련으로 무엇이 달성될 수 있는지 예측하는 것은 불가능하기 때문에 사람의 진정한 잠재력은 알 수 없다."[59] 경험으로 드러나지 않더라도 자질이 엿보이는 어떤 이의 무한한 잠재력에 베팅할 수 있는 용기가 필요하다. 일반적으로 회사는 경험이 있는 지원자를 채용하려는 경향이 있다. 가령, 'A라는 업무를 할 사람이 필요하니 수년 동안 A업무를 한 사람을 원한다'는 식이다. 당신이 우수한 팀을 만들고 미래를 위해 투자를 하고 싶다면, 경험도 중요하지만 잠재력을 보고 채용할 필요가 있다.

올바른 선수를 선발하는 것은 새로운 직원 채용 외에도 회사 내에서 누가 당신의 팀에 합류해야 하는지를 재고하는 것까지 포함한다.

조너선이 구글에서 제품관리 본부를 이끌었을 때 그의 본부에는 제품관리 부장은 몇몇 있었지만 시니어급 엔지니어는 없었다. 이런 인력 구성의 탓으로, 인력과 자원을 분배하고 업무를 배정할 때 마찰이 생겼다. 제품관리 부장들이 내린 결정에 엔지니어링 부문장들이 따르지 않는 경우가 생겼다. 조너선이 주최하는 부서회의에서는 이런 결정에 대한 많은 갈등이 생겼고, 경험이 풍부한 엔지니어가 없다는 불만도 상당했다.

빌의 조언은 간단했다. "충원해!" 새로운 팀원을 받아들여라. 회의에 시니어급 엔지니어들을 불러라. 특정 회의가 아니라 모든 회의에. 그리고 업무 계획을 논의할 때 의무적으로 그들의 생각을 듣고, 자유롭게 논쟁하고 어떤 결정이 만들어지든 모두가 그 결정에 따르도록 하라. 회의의 목적은 논의된 주제에 대해 조너선이 명령을 내리는 것이 아니라(빌은 조너선이 종종 강압적으로 회의를 진행하고 업무지시를 한다고 생각했다.) 업무를 하는 데 사람들의 손발을 맞추기 위함이다. 그러기 위해서는 분쟁 당사자들을 한곳에 불러 함께 대화해야 한다. 물론 이렇게 해도 여전히 논쟁은 치열하지만, 더 많은 사람이 한곳에서 서로 의견을 교환하다 보면 문제가 더 빨리 해결되며, 사람들 사이에 유대를 굳건히 하는 데도 도움이 된다.

빌은 비즈니스 커리어 초반부터 팀에 알맞은 선수들을 선발하는 능력을 보여주었다. 에릭 존슨은 코닥에서 빌의 동료였다. 당시 코닥은 수익성이 매우 좋았기 때문에, 능력이 없는 직원들을 어떻게 해야 할지 깊이 생각하지 않았다. 빌 역시 이에 대해 문제를 제기하지 않왔다. 그는 인투이트의 CEO가 되어서야 능력 없는 직원들 처리 문제에 대해 고민하기 시작했다. 하지만 코닥에서부터 그는 모든 부서에서 '행동가'들을 찾아내고 그들이 목소리를 낼 수 있게 하는 데 능력을 보였다. 행동가들을 찾는 것은 대기업에서는 결코 쉬운 일은 아니지만 빌은 똑똑하고 근면하며 진실하고 그릿이 있는 사람들을 찾아냈다. 그리고 나서 공식적으로든 비공식적으로든 사람들을 모아 특정 프로젝트나 문제에 대해 이야기하고, 어떻게 해서든 무언가를 해낼 방법을 찾아냈다.

"사람들은 빌과의 만남을 기다렸어요"라고 에릭은 회상했다. "왜냐하면 빌이 사람들을 소집해 회의를 주최할 때면 그 회의 분위기는 결과 지향적이었거든요. 모든 사람이 참여하고 기여했죠. 사람들은 실제로 회의를 즐겼어요. 이 팀에 합류하는 것 자체가 긍정적으로 받아들여졌고 재미도 있었죠.

올바른 선수를 선발하라

직원들에게서 기대할 수 있는 것은 지적인 능력과 마음이다.
즉, 빠르게 학습하고, 열심히 일할 의지와 진실성,
그릿, 공감 그리고 팀을 우선시 하는 태도가 있어야 한다.

사람들을 작은 팀으로 묶어라

앞서 설명했듯 빌은 동료와의 관계를 매우 가치 있게 여겼다. 팀 동료들과의 관계를 맺고 발전시키는 일은 팀 빌딩에 중요하지만 종종 간과된다. 건전한 관계는 자연스레 형성될 수도 있지만, 자연스럽게 형성될 때까지 운에만 의존하면 안 될 만큼 중요하다. 그래서 빌은 사람들을 팀으로 묶을 기회를 적극적으로 활용했다. 보통 함께 일하지 않는 두 사람에게 공통의 과제나 프로젝트, 또는 의사결정을 맡긴 다음 그들 스스로 해결하도록 내버려둔다. 이런 식으로 일을 함께하면 두 사람 사이에 신뢰가 쌓이게 된다.[60]

이것은 빌이 조너선에게 한 최초의 조언 중 하나였다. 조너선이 주최한 회의에 몇 번 참석한 뒤 빌은 조너선에게 "부하 직원들을 코칭하고 그들을 소규모 팀으로 묶는 데 더 초점을 맞추는 것이 좋겠다"고 했다. "업무를 할당하는 독재자가 되지 말고 사람들이 함께 일할 수 있게 팀으로 묶어봐요!" 그 후로 어닝콜earnings calls이나 야유회와 같은 행사를 준비하거나, 또는 급여를 책정하고 승진 구조를 체계화하고, 내부 시스템을 개발할 때마다 조너선은 독재자 태도를 버리고 사람들을 작은 팀으로 묶기 시작했다. 그 결과는? 더 현명한 의사결정과 결속력 있는 팀이 되었다.

---

*1995년 조지타운 대학교의 대니얼 매캘리스터 교수는 상호작용 빈도에 따라 관리자와 직원들 사이의 신뢰가 증가한다는 것을 연구를 통해 입증했다.

빌은 조너선이 스스로 해야 한다고 코칭했다. 패트릭 피체트가 구글에 CFO로 입사했을 때였다. 빌은 조너선에게 패트릭이 회사에 적응할 수 있도록 옆에서 잘 도와주고 멘토가 되어달라고 요청했다. 조너선의 멘토링은 패트릭에게도 도움이 되었지만, 에릭이 이끄는 임원진 내에서도 새로운 끈끈한 동료 관계가 만들어지는 것을 도왔다. 사실 빌이 진정으로 원한 목적은 후자였다. 시장에 팔 상품도 중요하지만, 상품을 만드는 것만큼이나 팀 동료들이 함께 일하면서 서로 알게 되고 신뢰를 쌓는 것도 중요하다. 이런 경험은 팀의 성공에 매우 귀중하다.

사람들을 작은 팀으로 묶어라

동료들과의 관계는 매우 중요하지만 종종 간과된다.
프로젝트나 의사결정을 통해 사람들을 팀으로 묶을 기회를 찾아라.

동료 피드백 조사

빌은 동료와의 관계가 매우 중요하다고 생각해서 아래와 같은 동료 피드백 조사 매뉴얼을 만들었다. 이 조사 방식은 이후 수년간 구글에서 계속 사용되고 있다. 응답자들은 동료들에 대한 피드백을 주고, 이렇게 수집된 결과는 평가 대상자가 함께 일하는 주변 사람들의 입장에서 어떤 동료인지를 전반적으로 보여주는 지표로서 활용된다.

이 조사는 한 개인의 성과를 네 가지의 측면으로 나눠 각 측면에 대한 동료들의 의견을 살펴볼 수 있도록 고안되었다. 여기서의 네 가지 측면이란 '업무성과', '동료들과의 관계', '관리 능력과 리더십', '혁신'이다. 나중에 빌은 '회의에서의 행동'에 대한 질문도 포함시켰다.

그는 회의에서 사람들이 핸드폰으로 통화하거나 노트북을 사용하는 행동에 매우 실망스러워했다. 우리는 협력에 대한 항목도 추가했고, 제품개발 리더들을 위한 제품의 방향성에 대한 질문도 추가했다. 다음은 동료 피드백 조사 전문이다.

핵심 역량

최근 12개월 동안 평가 대상자가 보여준 아래의 핵심 역량에 대해 어느 정도 동의하는가?

- 자신의 역할을 뛰어나게 수행했다.
- 세계적인 수준의 리더십을 발휘했다.
- 소속된 부서와 구글에 가장 이익이 되는 결과물을 달성했다.
- 혁신과 모범적 업무수행으로 구글의 가능성을 확대했다.
- 동료들과 어떻게 효과적으로 협업을 했다.(함께 일을 잘 수행했거나, 다른 사람·팀과의 문제를 해결했거나 등)
- 시니어급 팀 회의에 효과적으로 기여했다.(회의 준비를 잘했는지, 적극적으로 참여했는지, 다른 사람들의 말을 주의 깊게 들었는지, 다른 사람들의 의견

에 개방적이며 존중했는지, 건설적인 비판을 했는지 등)

제품개발 리더 역량

최근 12개월 동안 평가 대상자들이 다음의 영역에서 모범적인 리더십을
발휘했다는 것에 어느 정도 동의하는가?
- 제품의 방향성
- 제품 품질
- 제품 실행

서술형 질문

- 다른 이들과 차별화되는 평가 대상자의 특징은 무엇인가? 그를 효과
적으로 만든 요소에는 어떤 것들이 있는가?
- 평가 대상자가 보다 능력있는 인재가 되고 더 큰 영향력을 발휘할 수
있게 해주고 싶은 조언이 있는가?

테이블 앞에 앉아라

1980년대에 기술산업의 임원은 대다수가 남성이었다.[*][61] 애플의 인사담당 뎁 비온도릴로는 몇 안 되는 여성 임원이었다. 하지만 매주 열리는 CEO 주재 회의에서 뎁은 테이블 앞의 의자가 아니라 벽 앞에 놓인 의자에 앉았다. 이 광경을 본 빌이 참지 못했다. 빌은 뎁에게 "거기서 대체 뭐 하는 거예요?"라고 묻고는 "테이블에 앉으세요!"라고 말하곤 했다. 그러다 어느 날, 뎁은 회의장에 조금 일찍 도착했는데 조심스럽게 테이블 앞 의자에 앉았다. 다른 회의 참석자들이 하나둘씩 회의장에 모이기 시작했다. 그중 한 명인 앨 아이센스태트가 뎁 옆에 앉았다. 활력 넘치는 임원이자 애플의 법무 자문위원인 앨은 빌이 오기 전 마케팅을 총괄하면서 애플의 초창기 성공에 크게 기여해, 사내에서 꽤 영향력이 컸다. 그는 특히 터프한 성격으로 유명했다. 자리에 앉은 앨은 뎁이 자신의 옆자리에 앉아 있다는 사실에 흠칫 놀랐다. 그는 야단치듯 "여기서 뭐 해요?"라고 물었다. 뎁은 "회의에 참석하려고요"라고, 자신이 생각했던 것보다 더 당당하게 말했다.

"앨이 몇 초 동안 절 쳐다봤지요"라고 뎁은 회상했다.

"그러다가 그는 빌을 쳐다보더군요. 그제야 저는 모든 것이 괜찮아

---

[*]당시로부터 30여 년이 지났지만 첨단기술산업에서 여성 임원은 여전히 소수다. 2016년 발간된 미국 평등고용기회위원회 보고서에 의하면, 기술산업의 임원 가운데 20퍼센트만 여성이며, 2018년에 발간된 '엔텔로 보고서(Entelo Women in Tech)'에 의하면 그 수치는 10퍼센트로 더 낮다.

질 거라는 것을 알았죠. 빌이 저를 도와줄 것을 알았거든요."

사회에 첫발을 내딛은 직후부터 지금까지 그 누구보다 빌은 여성들이 '테이블 앞에' 앉기를 원했던 사람이다. 빌은 다양성이라는 주제가 화두로 떠오르기 한참 전부터, 조직이 다양성을 보장해야 한다고 생각했다. 언뜻 보면 직관적으로 들어맞지 않는다. 빌은 욕도 잘했고 풋볼을 사랑했으며 더러운 농담도 즐겨 했다. 남자들끼리의 여행은 그의 인생의 낙이었으며 맥주도 사랑했다. 그는 진짜 사나이 중의 사나이였다. 이런 '상남자' 행동들은 (욕설을 제외하고는) 대체로 회사 밖에서 이루어졌지만 종종 회사 안에서도 이뤄졌다. 빌의 이런 행동들 때문에 주변의 몇몇 여성들이 종종 소외감을 느꼈을 수도 있다. 어떤 여성들은 스포츠 바에서 맥주를 마시면서 하는 농담에 불편함을 느낄 수도 있다. 그러나 빌에 대해 이야기한 모든 여성은, 빌이 껄끄러울 수 있는 메시지를 전할 때에도 존중과 따뜻함을 담아 진실한 태도로 임했다는 사실을 알았다. 그래서 빌의 대화 방식에 불편함을 느끼지는 않았다.

팀을 꾸릴 때에는 모든 편견으로부터 눈과 귀를 막아야 한다는 사실, 그리고 우리 모두 편견을 갖고 있다는 사실을 빌에게 익히 배워 알고 있었다. 그에게는 단순한 일이었다. 경쟁에서 승리하려면 최고의 팀을 꾸려야 하고 최고의 팀에는 더 많은 여성이 필요하다. 2010년에 출간된 한 연구논문이 빌의 생각을 입증했다. 이들은 여러 조직의 집단지능을 측정했다. 왜 어떤 팀은 구성원들의 IQ를 합한 것보다 더 '똑똑'할까? 이 질문에 대한 정답은 세 가지로 집약된다. 가장 효과적인 팀에서는 한두 명의 사람이 모든 토론과 논의를 지배하지 않고 모든 팀원이 제각기 기여하며, 팀원들은 서로의 복잡한 감정 상태를 잘 파악한다. 그리고 이런 팀은 다른 팀보다 여성이 많았다. 여성이 남성보다 사람의 감정 상태를 더 잘 읽는 경향이 있다는 점에서 부분적으로 설명된다.[62] 빌은 언제나 임원급 포지션에 여성을 고려하라고 우리를 압박했다. 그는 '시간이 걸릴지언정 직무에 적합한 여성을 언제든지 찾을 수 있다'고 믿었다. 그가 2015년 구글의 CFO로 루스 포랫을 직접 채용한 사례에서 볼 수 있듯이, 할 수 있을 때마다 여성 임원을 뽑을 수 있도록 채용팀을 도왔다.

빌은 자신이 코칭한 여성들에게 인사 업무나 홍보 업무와 같은 '전형적인' 여성 분야에서 벗어나 회사에서 더 큰 역할을 맡고, 손익을 책임지는 자리에 욕심을 내라고 요구했다. 그는 성공한 여성 임직원들을 서로 연결해주었다. 그는 비즈니스상에서 그 어떤 성차별이나 편견도 용납하지 않았다.

빌은 이브 버튼이 인투이트의 임원진이 되는 데 도움을 주었으며 그녀가 미디어 재벌 그룹인 허스트에서 수석부사장과 법무 자문위원 역할을 맡는 데에도 큰 도움을 주었다. 또한 그녀가 주도한 다양한 콘텐츠 협상에서 도움을 주었으며, 컬럼비아 대학교, 스탠퍼드 대학교와의 저널리즘 및 기술 제휴를 맺을 때도 이 둘은 협력했다. 이들의 합작품 중에 가장 빛나는 건 빌의 추진력과 가이드에 힘입어 이브가 허스트에서 시작한 허스트랩 HearstLab이었다. 허스트랩은 여성 CEO가 이끄는 기업의 '온실' 역할을 했고 허스트랩의 온실에 속한 기업들의 총 가치는 2억 달러 이상일 만큼 성공적이었다. 이브는 회상한다. "허스트랩은 빌이 저에게 강요한 마지막 일이었어요. 그의 비전은 여성이 기업을 일구고 성공할 수 있는 터전을 마련하는 것이었어요."

그리고 빌은 여성이 마음껏 뛰놀 수 있는 장소를 마련하는 데에도 적극적이었다. 다이앤 그린이 인투이트 이사회 회의에 참석한 어느 날이었다. 회의 시작 전 다이앤과 빌은 아이들에 대해 대화했다. 다이앤의 중학생 아들은 플래그 풋볼팀에서 활동하고 있었는데, 5학년 딸은 남자만 풋볼을 하고 여자는 할 수 없다는 것은 공평하지 않다며 불평했다. 빌은 다이앤에게 목요일 오후 딸과 함께 아서톤에 위치한 새크리드 하트 중학교를 방문하라고 했다. 이유는 말하지 않았다. 목요일 오후 다이앤이 딸과 함께 학교를 방문했을 때 많은 중학생 소녀들이 풋볼을 하는 것을 봤다. 빌은 필드에서 남자아이들을 가르칠 때와 똑같은 에너지로 여학생들을 가르치고 있었다. 다이앤은 "빌은 제 딸에게 여자도 풋볼을 할 수 있다는 것을 보여주고 싶어 했어요"라고 말했다.

"그는 그냥 풋볼팀을 코칭하는 것뿐이었어요. 남성팀인가 여성팀인가는 그에게는 중요하지 않았죠. 그는 어떻게 해서든 시간을 냈고 그것에 대해 생색내지도 않았어요."

성인 여성 팀에도 시간을 냈다. 메트릭스트림의 CEO가 되고 나서 얼마 지나지 않아 셸리 아르샹보는 여성 CEO들이 서로 도와주고 멘토링할 수 있는 모임을 만들었다. 셸리는 모임에 빌을 초대했고 참석자들은 빌과의 대화를 무척이나 즐거워해, 결국에는 정기적으로 함께 모임을 하기 시작했다. 그들은 펠로앨토에 위치한 빌의 사무실에 모여 두어 시간 동안 특정 주제를 논의했다. 빌은 이 회의를 준비했고 또 주재했다. 그는 여성 CEO들에게 무엇을 하라고 말하지 않았다. 그는 자신의 경험을 이야기하고 질문에 답변했다.

이 모임에서 회원들이 모두 여성 CEO라는 점은 논의조차 되지 않았고 중요한 주제도 아니었다. 하지만 다양성이라는 주제가 대화에 나오거나, 여성 CEO들이 그동안 겪었던 편견에 대해 말할 때면 빌은 언제나 좌절감을 느꼈다. 기회가 있을 때마다, 빌은 그들에게 모임에 참석하는 다른 여성들을 생각하라고 말했다. 하지만 이것은 문제가 될 수 있다. 2017년 〈하버드 비즈니스 리뷰〉에는, 특별대우를 하는 것처럼 보이지 않기 위해, 그리고 자신이 데리고 온 사람이 조직원들의 기준에 '부합하지 않을지도' 모른다는 우려 때문에, 소수집단에 속하는 당사자들이 자신의 조직에 같은 소수집단의 구성원을 데리고 오지 않는다는 기사가 실렸다.[63] 따라서 빌은 셸리 모임의 구성원들에게 자기 회사의 이사회 멤버를 찾는다면 일단 모임 내부에서 먼저 찾으라고 말한 것이다.

셸리는 인도 방갈로르에 위치한 회사 지사에서 여성을 위한 다양성 프로그램을 시작했을 때 빌을 떠올렸다. 그 지사에는 1천여 명의 직원이 있었는데 그중 30퍼센트는 여성이었으며, 이 수치는 인도의 평균적인 기술기업에 비해 굉장히 높은 수치였다. 이 프로그램이 공식적으로 시작된 지 얼마 지나지 않아, 제대로 운영되고 있는지 확인하기 위해 셸리는 인도의 지사를 방문했다. 그녀는 다양성위원회와 임원진을 소회의실로 불렀다. 그 회의실 테이블은 회의 참석자들이 모두 앉지 못할 만큼 작았다. 셸리는 회의장에 먼저 도착한 여성들이 회의실 구석에 있는 의자에 앉고 남성들이 당연하다는 듯이 테이블 앞 의자에 앉는 것을 지켜봤다. 그녀는 바로 회의를 중단했다. 그리고 먼저 도착한 여성들을 테이블 앞에 앉게 하고, 나중에 온 남성들에게는 회의실 구석 의자에 앉으라고 지시했다. 그다음에야 그녀는 회의를 진행했다. 회의가 끝난 뒤 셸리는 남성들에게 테이블 앞이 아니라 벽을 기대고 앉은 느낌이 어떠냐고 물었다. 그러자 그들은 "음, 이상하고 불편했어요"라고 대답했다.

"네, 맞습니다." 셸리가 말했다.

모든 사람을 진정으로 포용하기 위해서는 모두가 테이블 앞에 앉아야 한다.

테이블 앞에 앉아라

경쟁에서 승리하려면 최고의 팀을 꾸려야 하고,
최고의 팀을 꾸리기 위해서는
팀에 더 많은 여성이 필요하다.

가장 큰 문제부터 해결하라

구글 기업문화의 큰 부분인 실증적 경영관리 기법에는 또 다른 문제점이 있었다. 똑똑하고 분석적인 사람들, 특히 컴퓨터공학과 수학에 푹 빠진 사람들은 데이터와 실증적 증거로 모든 문제를 해결할 수 있다고 믿는 경향이 있다. 이런 세계관을 가진 수학 괴짜들이나 컴퓨터 전문가들은, 인간이 모인 곳에서는 필연적으로 발생하는 복잡하고 감정적인 긴장감을 불편하고 불필요하게 여기며, 데이터에 기반해 의사결정을 하면 이런 긴장감과 어려움을 해소할 수 있다고 생각한다.

세상만사가 그렇게 쉽사리 해결되지는 않는다. 일이 생기면 사람들 사이에 긴장감이 조성되고 이런 긴장감은 쉬이 사라지지 않는다. 사람들은 이런 상황 자체를 언급하지 않으려고 한다. 어색하기 때문이다. 하지만 회피할수록 상황은 악화된다.

모든 것을 덮어버릴 만한 큰 문제지만 그 누구도 애써 모른 척하는 상황을 '방 안의 코끼리elephant in the room'라고 일컫는다. 에이본의 전 CEO인 안드레아 정은 "빌과 함께 있다 보면 방 안에 코끼리가 들어올 틈이 없죠"라고 말했다. 아니, 좀 더 정확하게 말하자면 코끼리가 들어올 수는 있지만 방에 숨지는 못할 것이다. 빌이 허락하지 않기 때문이다. 그는 이런 문제가 발생하면 사람들 앞에서 끄집어냈다.

쇼나 브라운은 빌의 이런 성향을 '풋볼 멘털리티'라고 설명한다.

"풋볼 코치들은 공격이나 수비에서 가장 약한 고리가 어디인지 고민해요."

구글에서 일하는 동안 쇼나는 매주 경영과 관련된 다양한 문제를 빌과 함께 해결했는데, 그중 많은 문제가 방 안의 코끼리처럼 숨어 있었다. 구글은 겉으로 보이는 것보다 훨씬 빠르게 성장하고 있었다. 쇼나에 의하면 빌은 언제나 가장 어려운 문제를 가장 먼저 해결하려고 했다. 빌은 "어려운 것부터 해결해야 돼"라고 말했다.

어떤 문제가 지나치게 오랫동안 곪았는지, 즉 방 안에 코끼리가 있는지 없는지를 알아내는 가장 좋은 리트머스 시험지는 팀원들이 문제의 이슈에 대해 서로 솔직하게 생각을 터놓을 수 있는지 여부다. 그리고 바로 여기서 '긴장감 식별가'로서 코치의 역할이 요구된다.

긴장감의 또 다른 이름은 정치다. 회사가 '정치적'이 되어가고 있다는 말은, 문제가 발생했을 때 데이터나 절차만으로 최선의 해결책이 도출될 수 없음을 의미한다. 그렇게 되면 정치가 주도권을 잡게 된다. 앞에서 이미 말한 대로 빌은 사내 정치를 극도로 싫어했다. 그는 조너선에게 "우리에게 정치는 독이나 마찬가지야"라면서 "정치가 없었기 때문에 이렇게 큰 기업이 될 수 있었다"고 했다. 굳이 언급하지 않았지만, 우리가 이렇게 될 수 있었던 비결은 가장 어렵고 지저분한 문제들을 정면으로 해결하고자 했던 빌의 부지런함 덕이었다. 구글의 전 커뮤니케이션 총괄 부사장인 레이철 웨트스톤이 말했듯, 빌은 문제를 명확하게 공론화하고 모두가 문제에 집중할 수 있는 환경을 만듦으로써 "어떤 상황에서든 정치가 낄 틈을 주지 않았다."

몇 년 전 두 명의 제품 리더가 특정 제품군의 관리를 어느 팀이 맡아야 하는지를 두고 논쟁을 벌였다. 두 부장 모두 자신의 팀이 해당 제품군을 맡아야 한다고 주장했다. 한동안 이 논쟁은 데이터와 논리로 누가 승리할 것인지 판가름이 날 기술적인 토론처럼 보였다. 하지만 그렇게 되지 않았다. 논쟁은 점점 치열해졌고 긴장감이 고조되었다. 논쟁이 격화되면서 부서 내부는 물론이고 외부 기관들과도 문제가 발생하기 시작했다. 대체 어떻게 할 것인가?

누군가는 이기고 누군가는 져야 하는 불가피한 문제였다. 그때 빌이 나섰다. 그는 그동안 해결되지 않은 채 문제를 키우기만 한 긴장감을 발견했다. 그는 이 문제가 어떻게 해결되어야 하는지, 즉 어떤 부서가 해당 제품군을 관리해야 하는지에 대해 명확한 의견이 있는 게 아니었지만, 어떤 결정이든 빨리 내려져야 한다는 것쯤은 알고 있었다. 이 회의는 지금까지 우리가 했던 회의 중 가장 열띤 회의였다.

가장 큰 문제부터 해결하라

가장 큰 문제, '방 안의 코끼리'와 같은 문제를
먼저 식별한 뒤에 모든 사람 앞에서 드러내라.
그리고 이 문제부터 해결하라.

비관적인 생각은 제쳐두어라

애플의 2세대 아이폰인 아이폰3G는 출시 첫날부터 논쟁에 휘말렸다. 시중의 모든 아이폰이 활성화되고 제 기능을 다 하기 위해서는 애플의 서버에 연결돼야 했다. 하지만 아이폰3G가 출시된 2008년 7월 11일 아침, 애플 서버가 기술적 결함이 생기는 바람에 마비되고 말았다. 고객들이 새로 구입한 아이폰을 활성화시키지 못하고 있었다. 더욱이 이전 세대 아이폰의 사용자들이 앱스토어를 지원하기 시작한 iOS 운영체제로 업그레이드를 하는 과정에서 아이폰이 다운되는 것을 지켜봐야만 했다. 과장해서 말하자면 아이폰은 벽돌폰이 되었다.

에디 큐와 경영진은 쿠퍼티노의 애플 본사 회의실에 모여 어떻게 이 난관을 해결해야 할지 고민했다. 에디에 의하면 이날은 "애플에서의 최악의 날"이었다.

"이런저런 문제들이 물밀듯이 몰려왔고 우리는 도대체 뭐가 잘못된 건지 파악하려고 애쓰고 있었죠. 도대체 문제가 뭐지? 방 안에는 비관적인 목소리만 가득했어요. 사람들은 밤새 밖에서 줄 서서 대기했지만 우리는 단 한 대의 스마트폰도 팔지 못했죠."

하지만 이내 에디는 비관적인 생각 자체가 문제였다는 것을 깨달았다.

"본질에 집중해야 했어요. 사람들이 문제를 정확하게 파악할 수 있도록 만들어야 했죠. 그러기 위해서는 핸드폰 판매량에 대한 걱정을 멈추고 대신 문제들을 올바로 고치는 데에만 집중해야 한다고 생각했어요."

에디 큐와 경영진은 바로 일에 착수했다. 첫째로 그들은 사람들이 기존의 아이폰을 업데이트하지 못하도록 iOS 업데이트 서비스를 일시정지했다. 그다음에는 서버를 마비시킨 문제점을 식별하고 고쳐 다시 정상적으로 작동되도록 했다. 서버 문제를 해결하는 데만 몇 시간이 걸렸다. 빌 캠벨은 이 상황에 개입하지 않았지만 그의 영향력은 당시 임원진의 의사결정에 영향을 미쳤다. 문제가 생길 때마다 빌은 문제를 모두에게 완전하고 투명하게 공개했다. 그러고 나서야 다음 단계로 넘어갔다.

에디는 말한다. "빌이 저에게 준 큰 교훈이었어요. 비관적인 생각이 들 때가 있죠. 그럴 때는 그런 생각을 제쳐 두고 문제해결에만 집중해요. 비관적인 생각 때문에 이 회의를 질질 끌 수는 없잖아요? 이런 망할 회의가 시간을 잡아먹지 못하게 해야죠."

심리학자들은 이런 방식을 '문제 중심 대처problem-focused coping'라고 부른다. 문제 중심 대처의 반대말은 '감정 중심 대처emotion-focused coping'다. 감정 중심 대처는 해결 불가능한 문제에 더 유용하게 쓰일 수 있지만, 비즈니스 세계에서는 문제에 집중하고 빠르게 감정을 숨겨야 한다. 그래야 더 많은 에너지를 문제해결에 쓸 수 있다.[64]

1997년 스티브 잡스가 애플의 CEO로 복귀한 뒤에 빌과 애플의 이사회는 문제 중심 대처를 연습할 기회가 많았다. 지금이야 세계에서 가장 성공한 기업이자 기업 가치가 가장 높은 애플이지만, 잡스가 복귀했을 당시 애플은 부도 위기에 몰려 있었다. 애플은 많은 문제에 직면해 있었고, 나중에 아이맥, 아이팟, 아이폰 그리고 아이패드를 성공시킨 다음에도 매우 어려운 문제들이 등장했다. 이런 문제를 만났을 때 빌은 언제나 신중하고 건설적인 방식으로 지금 당장 해야 할 일을 고민하는 데 집중했다. 2008년 애플 이사회에 합류한 안드레아 정은 빌의 이런 방식을 '전향적 학습'이라고 불렀다. 어떻게 문제가 생겼고 누가 책임져야 할지를 물어보는 대신, 빌은 무엇을 해야 하는지에 집중했다.

빌이 이렇게 할 수 있었던 비결은, 끊임없이 긍정적인 태도를 유지했기 때문이었다. 부정적인 감정은 쉽게 전염돼 사람들을 냉소적으로 변화시키고, 낙관적인 생각은 사그라진다.

에디는 말한다. "회사가 설립되고 난 뒤 얼마간은 어려운 시간이 많았죠. 하지만 빌은 지금까지 모든 이사회 멤버 중 가장 긍정적인 사람이었어요."

이 같은 긍정적인 태도를 스포츠 경기에서의 치어리더처럼 맹목적인 응원을 하는 것으로 오해할 수 있다. 빌은 문제가 무엇인지 찾아내 끊임없이 해결하고자 했다. 치어리더는 이렇게까지 하지 않는다. 연구에 의하면, 긍정의 리더십은 더 쉽게 문제를 해결할 수 있게 도와준다. 빌은 주변 사람들에게 자신감을 불어넣고, 편안한 분위기를 만들기 위해 그들을 칭찬하고 포옹하며 어깨를 두드려준다. 사람들은 빌이 자신의 편에 서 있고, 더 훌륭한 사람이 되어 성공하라는 차원에서 그들을 밀어붙인다는 사실을 알았다. 때문에 빌이 어려운 질문을 던질 때도 그의 의도를 이해했다. 그는 언제나 문제의 본질에 다가갔지만, 모두가 이해할 수 있게 수긍할 수 있는 긍정적인 방식으로 했다.[65]

여기서 또 한 번 우리는 스포츠에서의 코칭이 비즈니스에서도 영향력을 발휘하는 것을 보게 된다. 퇴근하고 아이들의 축구경기나 야구경기를 보러 가면, 우리는 칭찬과 건설적인 피드백으로 학생을 지도하는 '긍정적인 코칭'에 대해 배우게 된다. 하지만 다음 날 사무실로 출근하면 긍정적인 코칭을 다 잊고 동료들을 비난하거나 상사들에게 따지고 든다. 회사 동료들을 놀이터의 아이들 대하듯 대해야 한다고 주장하는 바가 아니다. 다만, 문제와 사람을 대하는 빌의 방식은 조직의 가장 높은 단계에서도 동일한 기본 원리가 작동한다는 것을 보여준다.

비관적인 생각은 제쳐두어라

모든 비관적인 문제를 완전하고 투명하게
사람들에게 알리되, 거기에 매몰되지는 마라.
그리고 가능한 만큼 빠르게 앞으로 나아가라.

올바르게 승리하라

스포츠에서 코치와 선수들은 '이기는 문화'에 대해서 종종 이야기한다. 그리고 이런 문화를 성공적으로 정착시킨 왕조들도 있다. 이런 왕조의 가장 대표적인 예로 보스턴 셀틱스(1959~1966년 사이 8년 연속 NBA챔피언십 우승), 브라질 상파울루의 산토스FC(1955~1969년 사이 11회 우승), UCLA브루인스 남자 농구팀(1964~1975년 사이 10회 우승), 맨체스터 유나이티드(1992~2011년 사이 12회 우승), 뉴잉글랜드 패트리어츠와 샌프란시스코 포티나이너스(두 팀은 각각 5회 슈퍼볼을 우승했는데, 포티나이너스는 1980~90년대에 걸쳐서 였고 패트리어츠는 2002~2017년 사이)가 있다. 그리고 이 목록에 추가해도 될 만한 왕조가 하나 더 있다. 바로 14년 동안 리그 우승을 열 번이나 차지한 새크리드 하트 중학교 풋볼팀으로, 바로 빌 캠벨이 이끈 팀이다. 새크리드 하트는 미국에서 가장 부유한 동네 중 하나인 캘리포니아주 아서톤에 위치한 사립 중학교다. 빌은 이 학교를 풋볼 챔피언으로 탈바꿈시켰다. 빌은 아이들에게 "너희는 아서톤의 부잣집 도련님들이 아니라 새크리드 하트 중학교의 거친 선수들이야"라고 말했다.

승리하지 않고는 코칭을 논할 수 없다. 회사를 이끄는 것도 마찬가지다. 좋은 코치와 훌륭한 리더는 승리한다. 빌은 새크리드가 중학교이기 때문에, 혹은 사립학교라는 이유로 다른 방식으로 코칭하지 않았다. 빌에게 이런 것들은 부차적인 요소에 불과했다. 풋볼은 풋볼이고, 풋볼을 하는 이유는 이기기 위해서다. 회사에서와 마찬가지로 그는 학생들에게 헌신, 열정 그리고 그 무엇보다 충성을 요구했다. 종종 부모들은 빌에게 자기 아들이 축구나 다른 스포츠 연습 때문에 풋볼 연습에 조금 늦을 수 있다고 말했다. 이때 빌은 괜찮다면서 아이들이 잘할 것이라고 부모들을 안심시켰다. 후보팀에서……. 연습에 지각하는 선수는 주전으로 출전하지 못한다. 풋볼 선수에게 풋볼이 차선이 되어서는 안 된다. 그리고 그 누구도 팀 바깥에서의 이해관계로 특별대우를 받아서도 안 된다.

그는 스스로에게도 그랬지만 다른 코치들에게도 자신과 비슷한 수준의 헌신을 요구했다. 가을이 되면 매주 화요일과 목요일 오후에 빌은 새크리드 하트 중학교의 풋볼장에서 풋볼 연습을 지도했다. 단 한 사람만 빼고. 대부분의 사람은 이 시간 동안 빌이 전화를 받지 않는다는 걸 잘 알았다. 종종 훈련 시간에 빌의 전화가 울릴 때가 있는데, 그럴 때마다 빌은 핸드폰을 꺼내 누가 전화를 걸었는지 확인했다. 선수들도 빌의 핸드폰을 슬며시 엿보았다. 빌은 발신자만 확인하고 다시 핸드폰을 주머니에 넣었다. 그렇게 스티브 잡스에게 걸려온 전화는 부재중 처리가 되었다.

한 선수는 이렇게 말한다. "최소한 연습시간만큼은 우리가 빌 코치님에게 가장 중요한 존재라는 것을 아는 것만큼 기분 좋은 일은 없었죠. 그때만큼은 코치님의 모든 관심은 우리에게로만 향했어요."

(하지만 빌이 풋볼 운동장에 모습을 드러내지 않을 때도 가끔 어린 선수들은 빌의 관심을 충분히 받았다. 어느 날 빌은 다음 경기에 쓸 새로운 전략을 선수들에게 소개했는데, 연습에 오기 전 구글에서 하루 종일 회의에 참가했고, 회의에서 풋볼 전략을 생각했다고 말했다.)

이기는 것만이 전부는 아니었다. **올바르게** 이기는 것이 중요했다. 그는 자신이 좋은 풋볼 코치가 아니었기 때문에 비즈니스로 커리어를 바꿨다고 말했다.(그는 "내 기록 봤지?"라고 말했다.) 풋볼 코치로서 그의 능력에 대한 평가가 다를 수 있다. 하지만 이기는 문화, 그리고 올바르게 이기는 문화를 심는 능력에 대해서는 의문의 여지가 없다. 빌은 이런 문화를 새크리드 하트 중학교, 구글 그리고 그가 거쳐간 모든 기업에 심었다. 휴렛패커드의 임원으로서 빌과 함께 수많은 일을 한 토드 브래들리는 빌에게 배운 가장 큰 교훈이 "인간적인 승리 humanity of winning"라고 말했다. 인간적인 승리란, 개인이 아닌 팀으로서 승리하는 것과 윤리적으로 승리하는 것을 의미한다. 사업에서건 스포츠에서건, 누가 공을 받든 상관하지 않는다면 놀라운 일들이 일어날 수 있다.

빌을 비즈니스맨이 아니라 풋볼 코치로서만 알았던 많은 사람과 대화를 나누면서 우리가 놀란 사실은, 빌은 중학생 풋볼 선수들을 우리와 같은 기업 임원들과 똑같은 방식으로 대했다는 것이다. 헌신과 충성심을 중시하고, 진실성의 결여를 용납하지 못하는 것까지. 물론 욕도 **빼놓을 수 없다.**(학생들은 '코치 캠벨의 욕' 펀드를 만들어 빌이 욕을 할 때마다 10달러를 받았다. 이렇게 모인 돈은 새크리드 하트의 새로운 풋볼장을 만들 때 계약금으로 쓰였다.) 우리의 말에 경청한 것처럼 빌은 학생들의 말도 집중해서 들었고, 필요할 때면 그들과도 일대일로 대화했다. 그는 학생들이 불편해할 수 있는 말도 솔직하게 내뱉었지만, 그렇게 할 수 있었던 것은 학생들을 진정으로 사랑했기 때문이었다. 중학교 학생이든 대기업의 임원이든 상관없이 빌의 방식은 변함이 없었다.

엘리트 선수들에게도 같은 방식으로 대했다. 빌과 마찬가지로 펜실베이니아주 홈스테드에서 자란 찰리 배치는 빌과 평생 친구였다. 찰리는 이스턴 미시간 대학교에서 쿼터백으로 활약했고 그 후 15년간 디트로이트 라이언스와 피츠버그 스틸러스에서 프로선수 생활을 했다. 피츠버그 스틸러스의 홈구장은 빌과 찰리의 고향인 홈스테드에서 약 16킬로미터 떨어진 거리에 있었다. 2012년 시즌 중 스틸러스의 주전 쿼터백인 벤 로슬리스버거가 부상을 당해 찰리가 벤을 대신해 주전으로 뛰었다. 하지만 그 경기는 잘 풀리지 않았다. 찰리의 패스가 세 번이나 가로채기를 당한 것이다. 일주일 후 빌과 찰리는 홈스테드에서 열린 한 행사에서 만났다. 빌은 찰리에게 경기 관전평을 가감 없이 말했다. 그는 찰리에게 경기에 임하는 태도를 바꿔야 한다고 질책했다. 좀 더 적극적으로, 더 책임감을 갖고, 프로가 되라고 말했다. 찰리는 당황했지만 놀라지는 않았다. 코치가 옳았기 때문이다.

그리고 다음주 일요일, 찰리는 라이벌 팀인 볼티모어 레이븐스와의 경기에서 10점 차이로 지고 있던 경기를 역전승으로 이끌었다. 이 경기에서 찰리는 다섯 개의 패스를 던졌는데 한 번도 막히지 않았다. 경기가 끝나고 라커룸에서 나오는 중 찰리가 빌의 문자를 받았다. "거봐, 내가 할 수 있을 거라고 했지?"

올바르게 승리하라

이기기 위해 최선을 다하되, 언제나 헌신과 팀워크로
올바르게 이겨야 한다.

리드하라

2010년 댄 로젠스웨이그가 체그에 합류했을 때, 그는 체그가 주식상
장까지 6개월이 남았다고 들었다. 실제로 체그는 3개월 후에 파산할
것처럼 절박한 상황이었지만, 그는 체그라는 배를 2013년 주식상장
때까지 잘 이끌었다. 그러나 상장과 동시에 주가는 계속 곤두박질쳐
공모가보다 훨씬 아래에 가격이 형성되었다. 댄은 몇 년간의 고군분
투로 심한 피로감을 느꼈고 아무도 모르는 사이에 자신감을 잃고 있
었다. '이 회사는 과연 살아남을 수 있을까? 이 회사를 이끌 능력이
과연 나에게 있을까?' 그는 회사를 그만둘까 생각했다.

그때 댄은 빌의 전화를 받았다. 몇 년째 댄을 코칭한 빌은 체그에
서 고군분투하던 댄과 함께 좋은 날이든 어려운 날이든 함께했다.

"댄, 산책이나 좀 해요."

"지금요? 제가 그쪽으로 갈까요?"

"아니, 전화기상에서 가상으로 산책하죠."

'이런', 댄은 생각했다. 그의 시선은 자신의 책상 위에 놓인 미니어

처 풋볼 헬멧을 지나 창문 너머로 보이는 정원과 분수대로 향했다.

"어디로 갈까요?"

"장작이 쌓여 있는 곳 뒤쪽으로 가보지요."

그는 댄에게 체그에 남아야 한다고 계속해서 일장 연설을 했다.

"리더는 리드를 해야지요." 빌이 댄에게 말했다.

"무조건 스스로에게 확신을 갖고 몰입해야 해요. 실수는 할 수 있지만 이렇게 할까 저렇게 할까 갈팡질팡해서는 안 됩니다. 완전하게 몰입하지 않으면 주변 사람들도 회사 일에 집중하지 못할 거예요. 일단 시작했으니 끝까지 해봐요."

댄은 말했다. "제가 회사를 떠날까 말까 고민한다는 것을 빌이 어떻게 알았는지 아직도 모르겠어요. 눈치로 알아차렸겠죠. 그렇게 내버려둘 수는 없었나 봐요."

댄은 회사를 떠나지 않고 체그를 **이끌었다.** 팀원들의 역량을 한데 모았고, 그들은 함께 상황을 역전시켜 회사를 이끌었다.

이기는 것은 언제나 즐겁다. 그렇다면 지는 것은 어떤가? 지는 것이라면 빌도 누구에게 뒤처지지는 않았다. 그는 컬럼비아 대학교 풋볼팀에서 많은 패배를 겪었고 고 코퍼레이션에서도 실패해 많은 투자금을 잃었다.* 빌은 이런 경험들로부터 실패는 좋은 스승이며, 이

---

*빌은 "웹밴(온라인 유통 업체)에게 감사하지"라고 자주 말했다. "웹밴의 파산 규모가 워낙 크다 보니 사람들이 고 코퍼레이션에 대해서는 신경을 안 써." 웹밴은 개인 투자자들로부터 총 4억 달러의 투자를 받았고 1999년 주식상장을 통해 추가로 3억 7,500만 달러를 벌었다. 그리고 2001년 파산했다. 그에 비하면 고 코퍼레이션은 75만 달러를 잃었을 뿐이었다.

길 때야 충성과 헌신은 쉽지만 질 때는 훨씬 어렵다는 것을 깨달았다. 하지만 댄의 이야기에서 알 수 있듯, 질 때야말로 충성심, 헌신 그리고 진실성이 어느 때보다 중요하다. 상황이 좋지 않을 때 팀들은 리더들로부터 그러한 특징들을 훨씬 더 많이 필요로 한다.

컬럼비아 대학교 풋볼 코치 시절, 아쉽게 패배를 한 날이면 빌은 라커룸에서 선수들에게 소리를 지르곤 했다. 그는 선수들을 호되게 혼냈다. 빌은 그때를 회상하며 "바로 그 순간이 내가 그 팀을 잃은 순간이었어요"라고 말했다.

그는 팀을 하나로 묶지도 않았고 충성심도 보이지 않았으며 그들을 도와줄 수 있는 실질적인 의사결정도 내리지 않았다. 그냥 소리만 질렀다. 그가 진정으로 패배한 순간이었다.

고 코퍼레이션의 마지막 날들에서 볼 수 있듯 결단력은 도전적인 상황에서 더욱 중요하다. 제리 캐플런은《스타트업》에서 빌이 고위 간부들을 소집해 긴급회의를 연 어느 오후를 소개한 바 있다. 당시 회사는 마이크로소프트와의 경쟁으로 매출이 급감했고, 이 때문에 오랫동안 어려움을 겪었다. 빌은 회사가 성공하기는커녕 더는 살아남지 못할 것으로 생각했다. 그는 간부들에게 회사를 팔아야 한다고 말했으며, 얼마간의 논의를 마친 후 모든 경영진이 빌의 의견에 동의했다. 하지만 회사를 매각하기로 한 결정의 배경에는 금전적인 이유만 있는 것이 아니었다. 그들은 조금이나마 금전적 보상을 챙기기 위해 판 것이 아니었다. 그들은 자신이 한 일을 보존하고 싶어 했다.

빌은 이렇게 말했다. "중요한 것은 프로젝트와 조직을 구하는 것,

우리가 만든 일을 보호하는 것이었어."

비록 자신이 실직하는 일이 있더라도, 일이 계속될 수 있도록 자금이 넉넉한 회사에 팔아 회사와 일을 살리고 싶어 했다. 빌의 충성심은 회사에게도 향했지만 그것보다 더 큰 대의로 향했다.[66]

다시 말해서, 지고 있을 때는 대의에 집중해야 한다. **리드하라.** 넥스트도어의 CEO인 니라브 톨리아는 닷컴 스타트업 에피니온스의 CEO이자 빌의 제자였다. 에피니온스는 결국 딜타임DealTime이라는 회사에 인수되어 쇼핑닷컴으로 다시 세상에 나오기 전까지 수차례 파산 위기를 겪었다. 니라브와 이사회는 에피니온스를 인수할 회사를 찾아야 한다고 최종 결정을 내린 뒤에 경영진에게 통보했다. 그러자 핵심 참모 중 한 명(편의상 여기서 밥이라고 부르자.)이 겁을 지레 먹고 몇 주 뒤 에피니온스를 떠나 안정적인 회사로 이직했다.

니라브는 말한다. "정말 큰 충격이었어요. 그가 떠났다는 사실이 내게는 트라우마로 남았지요." 니라브는 빌에게 전화를 걸어 경영진의 이탈 소식을 전했다. 소식을 접한 빌은 바로 갈 테니 기다리라고 답했다.

빌이 니라브의 사무실에 도착했을 때 이미 니라브는 경영진을 소집한 뒤였다. 빌은, "내가 자네들을 사랑하는 거 알지?"라며 회의장으로 들어섰다.

"정말 성가신 일이 생겼군. 밥은 이제 떠났고 우리를 배신했어. 충성심이라곤 눈곱만큼도 없는 놈. 가장 필요할 때 떠나다니. 엿이나 먹으라 해!"

그게 다였다. 그러더니 빌은 일어서서 나갔다. 회의장만 나간 게 아니라 빌딩을 나갔다. 몇 분 후 니라브는 빌의 전화를 받았다.

"더 이상 당신을 배신할 사람은 없을 거요."

리드하라

상황이 좋지 않을 때 팀은 리더에게
더 많은 충성심, 헌신
그리고 결단력을 요구한다.

사람들 사이의 틈을 메워라

에릭은 구글 회의에 참석하고 있었다. 마운틴뷰의 사람들이 회의에 직접 참여했고 에릭을 포함한 몇 명은 화상으로 참여했다. 그들은 몇 개의 주제에 대해 논의하고 있었는데, 회의가 끝날 때까지 문제가 한 개도 해결되지 않았다. 회의를 마칠 무렵 어느 참석자가 한 발언을 에릭은 부정적으로 받아들였다. 그 발언 하나로 해당 문제가 그가 원하는 방향으로 가지 않을 것이란 생각이 들었다.

문제의 발언은 일주일 동안이나 에릭의 머릿속을 헤집고 다녔다. 그 다음 주 다시 회의가 소집되었을 때 에릭은 전쟁을 치를 만반의 준비를 마친 상태였다. 하지만 이내, 그가 발언을 완전하게 잘못 이해했고 모든 상황이 오해였다는 것을 깨달았다. 위기는 무심코 저지른 실수 때문에 찾아오기도 한다. 부정확한 의사소통과 자그마한 오해는 작은 틈을 넓게 벌려 그 속으로 우리를 빠뜨리기도 한다.

드문 일이 아니다. 매일 일어나는 상황이다. 퉁명스러운 대답, 너무 급하게 쓴 이메일이나 문자, 현실과는 전혀 동떨어진 방향으로 뻗쳐가는 사람들의 감정들까지. 바로 이럴 때 코치의 도움이 필요하다. 빌이 말했듯, 코치의 역할은 '작은 손길만으로 고칠 수 있는 조직의 작은 결함들을 찾아내고, 듣고 관찰하면서, 사람들 사이에 생겨나는 공백을 소통과 이해로 메우는 것'이다. 이런 틈이 너무 깊어지고 영구적으로 고착되기 전에 코치는 정보 격차를 해소하고 오해를 풂으로써 이런 틈을 메울 수 있다. 빌은 에릭의 회의에 참석하지 않았지만, 만약 그랬더라면 에릭은 빌에게 자신이 이해한 바가 정확했는지 확인했을 것이다. 빌은 그를 바로잡았을 것이고, 에릭이 그토록 화를 내지 않았을지도 모른다.

그럼 빌은 무엇을 어떻게 했을까? 빌이라면, 듣고 관찰했을 것이다. 듣고 관찰하는 것은 일반적으로 코치만이 가질 수 있는 특권이다. '실무에 참여하지 않기' 때문에 실무자들과 다른 시각을 제공할 수 있는 능력 말이다. 패트릭 피체트는 "빌은 체스판 위에 서 있지 않았기에 체스 말들을 한눈에 볼 수 있었다"고 말한다. 빌은 에릭이 주최하는 주간 임원 회의에 참석해 주의 깊게 들었고, 참석자들의 몸짓을 보면서 분위기가 어떻게 바뀌는지 관찰했다.

마리사 메이어는 빌의 관찰력에 대해 이런 일화를 들려주었다. 컴퓨터공학 전공으로 대학을 갓 졸업해 '어소시에이트 프로덕트 매니저APM, Associate Product Manager'로 구글에 입사한 직원들을 대상으로 마리사는 신규 프로그램을 시작했다. 어느 날 에릭이 마리사에게 이렇게 말했다.

"마리사, 지금 이 지구상에서 가장 똑똑한 스물세 살짜리 신입들을 채용했는데, 이들 때문에 모든 사람이 미치기 일보 직전이야. 이 프로그램은 대박 아니면 쪽박일 것 같아. 이 녀석들을 잘 관리해봐."

마리사는 빌에게 도움을 구했다. 빌은 마리사를 도와주기로 하고 마리사가 주관한 저녁회의에 참석했다. 이 저녁회의는 APM 1기생들이 자신이 만든 제품을 선보이고 그들이 겪은 문제들을 논의하는 자리였다. 마리사는 이 회의가 실패라고 생각했다. 너무 지루했기 때문이다. 업데이트된 상황을 보고하고 불만을 토로하는 자리로 전락해버린 것이다.

빌은 다르게 생각했다. 회의가 끝난 뒤 그는 마리사를 불렀다. 그는 마리사에게 APM들이 혼란스러워하고 있다며 이들을 도와줄 사람을 찾으라고 말했다. 마리사는 구글 초창기부터 있었던 사람으로서 구글이 일하는 방식에 누구보다 익숙했기 때문에 신입들이 겪는 문제에 공감하지 못한 것이다. 다음으로 신입들에게 할 일을 잘 알려줄 수 있는 사람을 찾아서, 그와 신입들이 서로를 도와줄 수 있는 모임의 장을 만들면 문제가 해결될 거라고 빌은 조언했다. 물론, 그는 이번에도 옳았다.

바로 이것이 회사에서 볼 수 있는 관찰의 힘이다. 관찰이란, 듣고 패턴을 찾아 강점과 약점을 파악하는 것이다.

리 볼린저는 이렇게 말한다. "빌은 함께 일하는 사람들을 이해하는 능력이 특출했죠. 그는 사람들을 직관적으로 파악했고, 그들에게 동기부여가 되는 게 무엇인지, 무엇이 그들을 움직이는지도 알았죠."

빌이 이렇게 할 수 있었던 비결은 이 모든 긴장감이 결국 어디에서 오는가를 봤기 때문이다. 그러다 보면 문제의 본질을 파악하게 된다. 예를 들어, 에릭의 임원 회의에서 빌은 회의실 안에서 별말을 하지 않고 긴장감이 얼마나 고조되었는지, 그리고 그 긴장감이 어디에서 오는지를 관찰했다. 보통의 경우 구글의 임원 회의는 개방적이며 투명하며, 논의하는 분야가 자신의 분야와 직간접적인 관련성이 없더라도 모든 사람이 자신의 생각과 의견을 말하도록 장려된다. 그래도 한계는 분명히 있었다. 사람들은 감정이 고조되기 시작했고 빌은 그런 순간을 잘 포착했다.

그러기 위해서는 예리한 관찰력이 필요하다. 사람들의 말을 듣는 것으로만은 부족하며, 그들의 몸짓 언어와 뒷담화까지 들어야 한다. 우리가 만난 빌의 수많은 지인들이 사람이 좌절감을 느끼는 순간을 정확하게 포착하는 빌의 능력에 대해 언급했다. 이 능력은 타고난 것이지만 계발될 수도 있다. 일단은 듣고 지켜보는 것에서 시작한다.

컬럼비아 대학교에서 빌과 함께 코칭 스태프로 일한 짐 러저스는 "빌은 풋볼 경기장에서 22명의 선수들이 플레이하는 모습을 전지적 관점에서 바라보는 능력이 있다"고 말했다. 짐은 손가락 하나를 들어 우리에게 보여주었다. 바로 이것이 우리가 풋볼을 보는 방식이다. 여기서 손가락은 공을 들고 있는 선수를 의미한다. 하지만 빌은 그 주변부에서 일어나는 모든 일을 보고 판단할 수 있다. 그는 팀 회의 때도 이 능력을 십분 발휘했다. 그는 발언자만 보는 것이 아니라, 심지어 가만히 있는 사람들과 깊게 참여하지 않는 사람들의 반응까지도 측정하면서 필드 전체를 아울렀다.

그 다음에 그는 사람들과 대화했다. 빌은 구글 경영진 세미나에서 이렇게 설명했다.

"이런저런 일을 할 때, 나야 래리나 피차이보다는 덜 바쁘지요. 그래서 래리와 피차이에게 '자네들 대신에 누구를 만나도 되겠느냐'고 물어봐요. 그럼 '당연하죠'라고 하죠. 그럼 나는 '누구누구에게 이런저런 말을 할 건데, 괜찮아?' '네, 괜찮아요.' '좋아, 그럼 가서 그렇게 말할게.' 이렇게 합니다. 그럼 뭔가가 돌아가는 데 도움이 되지 않겠어요? 빨리빨리 움직여야 합니다."

레이철 웨트스톤은 구글에서 커뮤니케이션 책임자로 근무하던 당시 자기 의사대로 결정되지 않았을 때를 회상했다. 그는 에릭의 임원 회의에 참석해 홍보 부서에 골칫거리가 된 주제에 대해서 논의하고 있었다. 레이철은 한동안 홍보 전략에 변화를 줘야 한다는 주장을 펼치다가 자신의 안건이 받아들여지지 않자 화를 냈다. 레이철은 그들이 실수한다고 생각했다. 회의가 끝난 뒤 빌은 레이철을 불러놓고 이렇게 말했다.

"잘 들어요. 이번에 그 부분에 대해서는 변화를 주지 말자고 결정했어요. 이것이 당신에게는 받아들이기 힘든 일인 것은 알고 있고 그

점에 대해서는 사과합니다. 그래도 결정이 내려진 이상 받아들여야 합니다. 그냥 그대로 받아들여요. 알겠지요?"

딱히 격려의 말은 아니다. 그렇지 않은가? 그의 조언은 "받아들여"였다. 하지만 가끔은 이게 전부일 때가 있다. 일이 자기 뜻대로 풀리지 않았다는 것을 인정하고, 그렇게 된 것에 대해 유감이라고 말하면서 공감하되, 대신 팀을 위해 힘내서 앞으로 계속 나아가는 것. 바로 이것이 빌이 항상 전달하고자 한 메시지였다. 짧고 시의적절하면서 굉장히 효과적인 메시지다.*[67]

사람들 사이의 긴장감을 관찰하는 기술은 분명 쉽게 개발하기 어려운 기술이지만, 다행히도 사람들과 만나고 대화하는 것은 그리 어려운 일이 아니다. 단지 어느 정도의 시간과 원활한 소통능력만 있으면 된다. 빌은 레이철의 무력감을 그냥 지나칠 수도 있었다. 그녀의 문제를 해결하는 것은 빌의 역할이 아니기 때문이다. 하지만 빌은 레이철과 대화를 나눴다. 무력감을 느낀 동료와 대화를 나누는 것은 중요한 연결고리를 만드는 것과 같다. 바쁜 날에는 동료들과 이런 작은 대화를 나누기도 쉽지 않다. 하지만 빌에게 이런 대화는 우선순위 중 하나였다.

이런 일들은 물론 비밀스럽지도 않으며 부당한 거래라고 할 것도

---

*많은 연구에 의하면, 나쁜 소식을 잘 전달하기 위해서는 공감능력이 굉장히 중요하다. 2000년에 출간된 한 논문에 의하면, 환자들에게 나쁜 소식을 전달해야 하는 암 전문의들은 (환자들과의 공감으로) '감정이 해소될 때까지' 앞으로의 계획에 대해 설명하기 힘들다고 지적한다.

아니지만, 뒤에서 조용하게 진행된 것만은 사실이다. 빌은 이런 작은 일대일 대화를 제3자에게 이야기하는 경우가 없었다. 그는 그저 당신을 옆으로 데리고 가 조용히 몇 마디를 나눌 뿐이었다. 빌의 이런 조용한 대화법은 계획된 것이었다. 이것이 앞에서 팀을 이끌며 주목을 받는 스포츠 코치와 비즈니스 코치의 다른 점이다.

뎁 비온도릴로는 이렇게 말했다. "빌은 당신 뒤에 있는 그림자예요. 그는 스스로를 드러내지 않고 당신을 앞에 세우죠. 뒤에 있기에 그는 덜 구속받고 더 진실될 수 있었죠."

중요한 대화를 하면서도 빌은 뚜렷한 주장을 하지는 않았다. 빌은 어떤 쪽으로 결정을 내려야 하는지에 대해 말하지 않았다. 그는 단지 의사결정이 내려질 수 있도록 사람들을 도울 뿐이었다. 이런 순간이 오면 그는 뒤에 서서 사람들의 관점을 이끌어내고 의사소통의 공백을 메워, 오해가 끼어들 여지를 없앴다. 이런 빌의 노력으로 인해, 모든 사람은 최종 의사결정을 내려야 하는 회의 시간을 준비할 수 있었다.

그런 다음에 빌은 기대어 앉아서 사람들을 관찰하고, 이 모든 과정을 다시 반복한다.

사람들 사이의 틈을 메워라

사람들의 말을 듣고 행동을 관찰하라.
그리고 잘못된 의사소통으로 생기는
사람들 사이의 틈을 메워라.

감정을 우선시하라

여러분이 빌의 팀 빌딩 원리들을 정리하여 관리자로서 이를 실제로 적용하려 한다면, 브래들리 호로위츠가 지적했듯 당신은 감정을 우선시해야 한다.

브래들리는 비라지와 야후에서 성공적인 커리어를 쌓은 뒤 구글플러스와, 구글플러스의 한 기능이었지만 대중의 관심을 더 많이 받은 구글포토를 공동 개발했다. 빌을 몇 차례 만나는 동안 브래들리는 빌이 변함없이 개인적인 내용으로 회의를 시작하는 것에 놀라움을 느꼈다. "가족은 잘 지내요? 요새 무슨 일에 관심이 있어요?" 이렇듯 빌의 방식은 우선 인간관계를 다지고 나서 이를 바탕으로 일을 시작하는 것이었다.

브래들리는 말한다. "빌처럼 자신의 감정을 가감 없이 내보이는 것은 비즈니스 매뉴얼에는 없죠. 우리는 일을 할 때 어떤 결과물을 만들어내는가에 너무나도 쉽게 몰두해버려요. '어떻게 일을 하는지'에 대해서는 생각하지 않죠. 하지만 당신이 동료들을 인간으로서 알고 생각하게 된다면 팀을 이끄는 일은 한층 더 즐거워지고 자유로워져요." (2013년 존 거제마와 마이클 디안토니오가 쓴 《아테네 독트린》에 의하면 공감능력이 매뉴얼에 없는 이유 중 하나는, 일반적으로 공감능력은 여성적인 특성으로 인식되기 때문이다.[68] 모두가 알 만한 비즈니스 매뉴얼들은 대부분 남자가 썼다!)

구글플러스로 무엇을 해야 할지 고민할 때가 바로 브래들리가 빌에게 배운 것을 적용할 기회였다. 구글플러스는 소셜네트워킹 서비스로 출시되었을 때만 해도 관심을 얻었지만, 사진관리 기능을 포함한 소수의 기능을 제외하면 큰 인기몰이를 하지는 못했다. 따라서 브래들리와 그의 동료들은 사진관리 기능을 독립적인 제품으로 분리시킬 계획을 세웠다. 그들은 경영진의 승인을 받았고 곧바로 계획에 착수했다.

하지만 문제는 구글플러스를 함께 개발한 많은 엔지니어들과 프로덕트 매니저들이 이미 팀을 떠났다는 것이다. 아예 회사를 떠난 사람도 많았다. 남아 있는 사람들 가운데 많은 수는 이 정도 규모의 프로젝트를 이끌어본 경험이 없었다. 스마트폰 사용자 중에서 사진촬영을 즐기는 사람이라면 모두가 사진관리 기능을 반길 것이 분명했기 때문에 브래들리와 그의 동료들은 구글플러스의 사진관리 기능이 훌륭한 시장 적합도를 가지고 있다고 생각했다. 하지만 과연 이 팀이 이 제품을 제대로 개발하고, 성공할 수 있는 역량을 가지고 있을까?

브래들리는 감정을 우선시하는 빌의 접근방식을 적용했다. 그는 사업 전략이나 기술적인 분야에 그의 시간을 투자한 것이 아니라, 팀을 최우선순위에 두었다. 그는 팀원들을 단순히 직장동료가 아닌 인간으로 대했으며, 그들을 격려하고 추동하고 용기를 북돋우었다. 그리고 그들이 중요한 일을 해낼 때마다 더 많은 일을 할 수 있도록 탄력을 더했다. 그가 초점을 문제보다 팀에 집중시키자 팀원들도 이에 반응하기 시작했다. 브래들리가 더 많은 자유를 허용하자 경험 많은 엔지니어들이 자원한 것이다.

프로젝트는 잘 굴러가기 시작했다. 그러다 어느 날 브래들리 팀의 가장 중요한 선임급 엔지니어가 브래들리에게 다가갔다. 그는 자신이 사람들로부터 인정받는다는 것을 알았고, 이를 무기 삼아 더 많은 권한과 책임을 요구했다. 당시 그는 다른 부장과 공동으로 프로젝트를 이끌고 있었다. 그는 브래들리가 자신의 요구를 거절한다면 페이스북으로 이직하겠다고 말했다. 페이스북에서 그에게 좋은 조건으로 이직을 제의한 상태였다.

브래들리가 대답하는 데는 오래 걸리지 않았다. 이 팀은 브래들리가 공감능력을 바탕으로 키운 팀이었다. 그리고 한 사람보다도 팀 전체가 더 중요했다. 브래들리가 말했다. "페이스북에서 열심히 해."

감정을 우선시하라

리더가 사람들을 더 잘 알고 아끼게 되면,
리딩은 더 즐거워지고
팀은 더 효과적이게 변한다.

빌은 좋은 사람을 채용하는 것부터(올바른 선수들을 선발) 성 다양성의 보장(테이블 앞에 앉아라), 큰 문제로 비화되기 전에 작은 오해를 해결(사람들 사이의 틈을 메워라)하는 기술까지, 팀과 함께 위대한 일을 성공적으로 해내도록, 앞에서 설명한 모든 기술을 적절하게 활용했다. 코칭에 대한 빌의 가장 기본적인 철학은 모든 스포츠 코치와 같았을 것이다. 바로 '팀 퍼스트' 말이다. 모든 선수는, 스타 선수이든 만년 후

보 선수이든 반드시 개인의 성적보다 팀의 성적을 우선시해야 한다. 이런 헌신이 있다면 위대한 목표를 달성할 수 있을 것이다. 특정 문제가 불거졌을 때 그가 문제 자체를 보기 전에 그 문제를 해결할 팀에게 집중한 이유다. 올바른 팀을 만들고 나면 문제는 저절로 해결될 것이다.

CHAPTER 5

사랑의 힘

사람들 사이의 진정한 정서적 유대 관계를 형성하는 데 투자하라. 이런 것은 팀을 어려운 시기를 견디게 하고 더 강하게 만든다.

2003년 2월 브래드 스미스는 인투이트의 임원으로 채용되었다. 브래드의 채용에는 우여곡절이 있었다. 브래드의 전 고용주가 그가 인투이트에 합류하는 것은 이직제한협정 noncompete agreement 위반이라고 주장했다. 이 문제를 해결하는 데 인투이트는 변호사까지 고용하고 많은 시간과 돈을 들였다. 덕분에 모든 문제가 잘 해결되었다. 브래드가 정식 출근한 지 얼마 안 되어서, 전 세계의 인투이트 임원들과 회사의 계획을 논의하고 서로 알아가는 행사인 '인투이트 리더십 컨퍼런스'에 참석하게 되었다. 이 행사로 브래드는 새로운 동료들과 친분을 쌓고 세계 각지의 동료 경영진에게 자신을 알릴 기회를 갖게 되었다.

컨퍼런스 첫날, 사람들은 커피를 마시면서 친구, 동료들과 잡담을 나누었다. 브래드도 행사장에서 처음 만나는 동료들과 통성명을 하고 악수를 했다. 그러던 중 갑자기 누군가가 곰처럼 그를 뒤에서 꽉 껴안았다. 빌이었다. 빌은 브래드에게 이렇게 첫인사를 건넸다. "네가 그렇게 비싼 놈이구나. 반드시 몸값은 해야 한다!" 이때 빌은 실제로는 '놈'이라는 단어보다 훨씬 '화려한' 단어를 사용했다.

보통 새로운 동료를 맞이할 때 뒤에서 껴안거나 욕을 하지는 않는다. 대부분 악수를 하며 다른 사람들이 하는 평범한 방식으로 자신을 소개한다. 빌의 방식은 포옹과 욕설이었다. 하지만 중요한 것은 거기에 담긴 빌의 진심과, 빌의 포옹을 받고 욕설을 들었을 때 상대가 느낀 감정이다. 빌이 처음 보는 사람에게 포옹과 욕설로 인사를 건네도 괜찮았던 이유는, 그의 행동이 마음에서 우러나온 것이었기 때문이다. 그리고 이런 그의 마음은 동료와 사람들에 대한 '사랑'이었다. 어쩌면 '괜찮았다'는 말은 충분하지 않은 표현으로 보인다. 오히려 사람들은 빌의 포옹과 욕설을 좋아했는데, 이것이 빌의 애정 표현임을 모두가 알았기 때문이다.

그렇다. 사랑 말이다. 한 가지 짚고 넘어가야겠다. 여기서 말하는 사랑이란 순수하고 꾸밈없는 사랑이다. 그는 단 한 번도 선을 넘거나 넘을 뻔한 적도 없었다. 그는 거의 모든 사람을 포옹했다. 만약 거리가 너무 멀다면 키스를 날렸다. 이사회 회의 중이건 또는 에릭이 주최하는 임원 회의에서건 상관없이, 빌은 당신에게 윙크와 키스를 날렸을 것이다. 그리고 모두가 빌의 포옹과 키스가 무엇을 뜻하는지 너무나도 명확하게 알고 있었다. 빌이 당신을 아끼며 사랑한다는 뜻이다.

많은 학자들이 다정한 성격과 업무능력 사이에는 '보상효과'가 있다고 주장한다. 보상효과란 다정한 사람들은 무능력하고, 차가운 사람들은 능력이 뛰어나다고 생각하는 경향이다.[69] 물론 빌의 경우에는 아니었다. 세르게이 브린이 말하듯 "그는 날카로운 마음과 따뜻한 심장이 완벽하게 어우러진" 사람이었다. 하지만 제리 캐플런이 고 코퍼레이션에서 빌을 처음 만났을 때, 그는 빌이 "거칠고 저돌적인 (…) 중년의 남자"라고 지레짐작했다.[70] 앞의 사례들은 따스한 리더십을 발휘하되 자신의 능력치를 주변 사람들에게 보여주기 위해서는 조금 더 열심히 일해야 한다는 것을 의미한다.

사랑이란 단어는 비즈니스 세계에서는 흔하지 않다. 아이디어, 제품, 브랜드 또는 계획을 사랑한다고 말할 수는 있다. 또는 구내식당에서 제공되는 음식을 사랑한다고도 할 수 있다. 하지만 회사에서 쉽사리 사람을 사랑한다고 말하기는 힘들다. 우리는 비즈니스에서 개인적 감정을 드러내지 않도록 교육과 훈련을 받아왔다. 모든 기업은 열정이 많은 사람을 채용하고 싶어 한다. 하지만 이런 열정은 비즈니스적인 열정만을 의미한다. 일에 대한 열정이 아니라 다른 열정을 갖다가는 자칫하면 사내 변호사 혹은 인사과 직원들과 면담하게 되는 수가 있다. 그래서 일반인 자아와 직장인 자아는 실질적으로 다른 존재로서 살아가게 되는 것이다.

하지만 빌은 달랐다. 그는 일반인으로서의 자아와 직장인으로서의 자아를 분리하지 않았다. 그는 누구를 만나든 상관없이 모두를 비즈니스 파트너처럼, 오래된 친구처럼, 그리고 가족처럼 감정을 담아 한결같이 대했다. 그리고 자신의 사람을 끔찍하게 아꼈으며 진심으로 돌봤다.

빌 걸리는 말한다. "빌이 사무실에 들어오면 마치 파티가 시작되는 것 같았어요. 그는 사무실을 돌아다니면서 사람들 이름을 부르며 인사하고 포옹했죠."

포옹과 인사가 끝나면 그는 가족, 여행, 친구에 대해 이야기하기 시작했다. 빌은 팀의 코치이자 주변 사람들을 진심으로 사랑한 사랑꾼이었다. 빌은 따뜻한 관리자이면서 동시에 유능한 동료가 될 수 있다는 것을 보여주었다. 또한 여러 연구에 의하면 '따스한 다정함'이 만연한 조직은 직원 만족도와 팀워크가 높고 결근율이 낮아 결과적으로 더 좋은 성과를 낸다. 언제나 그렇듯 빌이 이번에도 옳았다.[71]

완성도가 낮은 회사 홈페이지 때문에 빌에게 호된 질책을 받은 제시 로저스의 이야기를 기억할 것이다. 제시는 우리에게 이 이야기를 들려주면서 눈물이 나올 정도로 웃었다. 그러다 그는 우리가 빌에 대해 이전에도 몇 번 들었던 이야기를 또 다시 들려주었다. 제시는 형편없는 홈페이지에 대해 빌이 고함을 칠 수 있었던 것은 빌이 진정으로 그를 생각했기 때문에 가능했다고 말했다.

"보통 남자들 사이에서는 서로 사랑한다는 말을 하지 않아요. 하지만 누군가가 당신에게 소리를 지른다는 것은, 그가 당신을 사랑하고 당신이 성공하기를 진심으로 바란다는 의미예요."

존 도나호는 이런 빌의 스타일을 유명 밴드 휴이 루이스 앤드 더 뉴스의 히트곡 〈파워 오브 러브Power of Love〉에 빗대어 '사랑의 힘'이라고 부른다.

빌 캠벨의 10대 어록

빌은 당신을 사랑한다는 말을 종종 이상하게 표현하곤 했다. 아래는 빌의 컬럼비아 대학교 시절의 친구이자 팀 동료인 테드 그레고리가 우리에게 알려준 빌의 10대 어록이다.

- "너는 그 셔츠를 태우려고 다리미질했니."
- "막대기보다도 멍청한 녀석아!"
- "우리 시대의 가장 훌륭한 말 뒤꽁무니."
- "바보 천치야!"
- "절벽에서 100미터 달리기를 해봐야 정신을 차리지."
- "그게 손이냐, 발이냐."
- "거저 주는 것도 못 받아먹냐."
- "네가 얼마나 엿 같았으면 내가 다 좋아보이겠냐."
- "망치지나 마."
- "머리가 똥구멍에서 나오는 소리 하네."

"누군가를 정말로 좋아할 때, 그만이 할 수 있는 독특한 소통법이 있었어요. 그는 사람들에게 '이 똥으로 가득 찬 놈아, 이것보다는 더 잘할 수 있잖아!'라고 말할 수 있는 면허를 가진 듯했죠. (…) 그런데 이상한 것은, 빌이 뼈를 때린다고 해서 상처가 되지는 않았다는 사실이에요."

그래서 우리는 빌에게서 사랑해도 안전하다는 것을 배웠다. 그리고 당신 팀에 있는 사람들 역시 다른 사람들과 다를 바가 없다. 전문가로서의 자아와 인간으로서의 자아를 분리하는 벽을 무너뜨리고 그 사람 자체를 사랑으로 포용할 수 있다면, 그 팀은 더 강해질 것이다.

빌의 경우에는 문자 그대로 그랬다.

사랑의 리셋

"사람에게 관심을 갖기 위해서는 진심을 다해 관심을 가져야 한다!"

이는 여기저기서 몇 번 들었을 법한, 진부한 말처럼 들린다. 실제로 우리는 빌에 대해 여러 사람과 이야기하던 중 몇 번이나 이 말을 들었다. 하지만 이 말은 인터넷 어디에서도 찾을 수 없다. 따라서 우리는 이 말에 대한 소유권을 갖고 있다고 감히 말하겠다. 사람에게 관심 갖기 위해서는 진심을 다해 관심을 가져야 한다! 회사의 가장 중요한 자산은 직원이다, 기업은 사람을 먼저 생각해야 한다, 기업은 직원을 보살펴야 한다. 이런 말을 사내 교육에서 귀가 따갑도록 듣는다. 허울뿐인 말은 아니다. 분명 대부분의 기업과 경영자들은 진심으로 직원들을 아낀다. 그러나 문제는 인간으로서의 모든 면을 아끼는 것은 아니라는 점이다.

빌은 사람들을 아꼈다. 모든 사람을 존중했고, 그들의 이름을 외웠으며 따뜻한 인사치레도 건넸다. 동료의 가족들에게도 관심을 기울였으며, 그의 이런 행동은 말보다 더 큰 울림을 주었다. 제시는 자신의 딸이 빌을 얼마나 좋아했고 빌이 자신의 딸을 보기 위해 얼마나 많은 시간을 내고, 그때마다 꽉 안아주었는지를 말해주었다. 루스 포랫이 구글의 CFO로 일을 시작하면서 뉴욕에서 출퇴근했을 때, 빌의 가장 큰 걱정은 이렇게 멀리서 다녀도 남편이 괜찮아하냐는 것이었다. "남편은 정말 괜찮대요? 도와줄 일이 있을까요?" 루스는 "빌은 당신이라는 사람의 전부를 보듬었어요"라고 한다. "어려운 일이 있을 때마다 우리는 많은 대화를 했죠."

피차이는 빌이 가족의 안부와 주말을 어떻게 보냈는지에 대해 묻고서 자신의 이야기를 나눈 뒤 매주 월요일에 열리는 주간회의를 시작했다고 회상한다.

"저는 참석할 회의도 많고 일도 많았어요. 그런데 빌과의 시간은 저에게 새로운 관점을 줬어요. 빌이 저에게 준 새로운 관점이란, 제가 하는 일들은 물론 중요하지만 내 인생에서 정말로 중요한 것은 인생을 어떻게 살고 있으며 내 주변 사람들과 어떻게 지내느냐 하는 것이었죠. 언제나 사랑스러운 리셋reset이었죠."

빌과의 스몰 토크는 결코 작지 않았다. 그와의 대화는 바쁜 일상을 지내는 제자들에게 짧은 휴식이었으며 최소한 그 순간만큼은 삶과 일의 균형을 잡아주는 역할을 했다.

빌은 임원들에게만 관심을 가진 것이 아니었다. 제이크루(미국의 의류회사)의 CEO이자 애플의 이사회 멤버인 미키 드렉슬러는 종종 쿠퍼티노에 방문했다. 그럴 때마다 미키는 스탠퍼드 쇼핑센터에 위치한 제이크루 매장에 항상 들렀다. 매장에 방문한 미키에게 직원들은 빌이 항상 거기서 쇼핑을 한다고 말했다. 그 매장에서 일하는 사람 모두 빌 캠벨을 무척이나 좋아했다. 빌은 매장 직원들의 이름을 일일이 외웠고 따뜻하게 인사했으며 모두를 동등하게 존중했다. 미키는 이렇게 말한다.

"빌은 애플 이사회의 사람들에게 대하듯 매장 직원들을 대했어요. 빌의 행동에서 많이 배웠어요."

지금까지 살펴본 일화는 그렇게 새로워 보이지 않을 수 있다. 동료들과 친하게 지내다 보면 우리는 그들의 가족에 대해서도 자연스레 알게 된다. 하지만 빌이 다른 사람들과 달랐던 점은, 그리고 바쁜 비즈니스 세계에서 좀처럼 보기 힘든 점은, 그가 어떻게든 가족들을 개인적으로 알 방법을 찾아냈다는 점이다. 그는 "아이들은 잘 지내?"와 같이 표준적인 인사치레에서 머물지 않고 한 단계 더 나아갔다. 예를 들어, 조너선에게 가족들은 잘 지내냐고 물어보는 것보다는 해나가 최근 축구경기에서 어떻게 했는지를 물어봤다. 이 질문은 해나의 대학교 진학에 대한 질문으로 이어졌고, 그 질문은 어떤 대학이 해나에게 최선의 선택일지에 대한 구체적인 조언으로 이어졌다. 그리고 나면 빌이 이런저런 행사에서 조너선의 가족과 만났을 때 그들과 큰 포옹을 하게 되는 것이다.

빌은 회사생활을 시작한 지 얼마 안 되어서부터 이런 습관을 들였다. 브라이트우드 캐피털의 고문인 마크 마주르는 1970년대 후반 빌이 그를 컬럼비아 대학교 풋볼팀의 키커로 뽑았을 때부터 그와 알고 지낸 사이였다. 빌은 마크를 영입할 때 그의 부모를 방문해 마크를 아들처럼 보살피겠다고 약속했다. "당신의 아들을 항상 제가 보살필게요." 빌이 마크의 어머니에게 한 말이었다. 이듬해, 대학교 신입생이 된 마크가 풋볼을 하다가 다리를 다쳤다. 그 부상으로 인해 마크는 더 이상 풋볼을 할 수 없게 되었다. 그렇게 그의 풋볼 커리어는 막을 내렸다. 빌은 마크의 어머니에게 전화를 걸어 그와 한 약속은 유효하다고 안심시켰다. 그는 여전히 마크를 돌볼 것이며, 마크가 풋볼을 하지 못해도 학자금 지원이 중단되지 않게 하겠다고 말했다. 마크는 당시 1학년 후보팀 소속이었는데, 학교 대표팀 코치는 고사하고 감독이 일개 신입생의 일에 이렇게 개입하는 것은 매우 이례적이었다. 하지만 빌은 달랐다. 그날 이후부터 빌과 마크는 평생 막역한 사이로 지냈다. 빌이 마크와 그의 가족에게 보여준 헌신과 관심 덕분이었다.

빌이 마크의 어머니와 한 대화는 팀이 선수를 아끼고 생각한다는 것을 당사자의 가족이 알게 하는 것이 얼마나 중요한지를 보여준다. 그 반대도 마찬가지다. 넥스트도어의 CEO 니라브 톨리아는 빌과 함께 일하기 시작했을 때 겨우 26세였다. 함께 일한 지 얼마 안 되어 빌은 니라브에게 아버지의 전화번호를 알려 달라고 했다. 전화통화가 끝나자 니라브는 아버지에게 빌과의 통화가 어땠냐고 물었다. "괜찮았어"라고 아버지는 대답했다. "하지만 빌은 통화 내용을 너에게 말하지 말라고 했어"라고 덧붙였다. 빌은 니라브에게 가족의 안부를 물어보는 것에서 그치지 않았다. 그는 가족과 직접 대화도 했다.

물론 가족과 직접 대화하는 게 빌에게도 항상 있는 일은 아니었다. 특히 풋볼계를 떠난 뒤에는 동료들의 부모님과 대화하는 일은 더욱 드물었다. 빌은 종종 제자들만이 아니라 제자의 가족까지 챙기곤 했다. 그럴 때 빌은 가족의 안부를 묻는 정도가 아니라 주변 사람들을 가족처럼 보살폈다. 26세에 아버지를 여읜 에릭을 포함해, 빌은 종종 제자들에게 아버지를 대신하기도 했다. 에릭과 마찬가지로 어릴 때 아버지를 잃은 오미드 코데스타니는 빌을 "마음과 지혜로 충만한 아버지"로 생각했다. 오미드는 트위터의 회장이 되었을 때 빌이 인투이트의 회장으로서 경험이 풍부하다는 것을 기억해내고선, 자신의 비전과 역할에 대해 상담받기 위해 빌을 만났다. 하지만 이 둘은 서로의 가족에 대해 이야기하면서 시간의 대부분을 보냈다. 한참 동안 가족에 대해 이야기한 다음에야 주제가 트위터로 넘어갔다.

급박한 상황에서 빌은 언제나 시간을 내 동료들의 가족에게 달려갔다. 애플과 고 코퍼레이션에서 빌과 함께 일한 마이크 호머가 크로이츠펠트-야콥병Creutzfeldt-Jakob disease에 걸렸을 때 빌은 자주 그의 집을 찾아가 그가 할 수 있는 모든 일을 도왔으며, 회사 업무보다 마이크의 간병을 더 우선시했다. 그는 마이크의 간병인들과 친해졌으며 항상 그들과 대화를 나눴다.

마이크의 아내 크리스티나 호머 암스트롱이 말했다. "그는 마이크가 가족과 친구들로부터 사랑받고 있다는 것을 간병인들에게 알리고 싶어 했어요. 그러면 간병인들이 더욱 정성을 다해 간호할 거라고 생각했죠."

마찬가지로 스티브 잡스가 암에 걸렸을 때에도 빌은 스티브가 집에 있건 사무실에 있건 병원에 있건 간에 거의 매일 방문했다. 애플에서 마케팅을 담당한 필 실러는 오랫동안 빌과 스티브와 함께 일했고 동시에 친구이기도 했다.

그는 이렇게 기억한다. "빌은 다쳤거나 아프거나 아니면 어떤 방식으로든 도움이 필요한 친구가 있을 때 일단 모든 것을 내려놓고 달려가야 한다는 것을 몸소 보여줬어요. 그러라고 친구가 있는 거죠. 빌은 그냥 나타났어요. 빌은 항상 그랬죠. 그냥 달려갔어요."

보살핌과 동정심은 조직에 거대한 영향력을 끼칠 수 있다. 빌이 인투이트의 CEO였을 때, 함께 일한 시니어급 직원이었던 마리 베이커는 출장 중에 건강상의 문제가 생겨 병원에 입원했다. 빌이 이 상황을 보고받았을 때 그는 제트기를 빌려 마리의 남편을 병원이 있는 동부로 보냈다. 그리고 그 제트기를 타고 부부가 다시 서부로 올 수 있도록 배려했다. 언뜻 보면 이 일화는 빌의 관대함을 보여주는 하나의 에피소드로만 보일 수 있다. 하지만 리더가 이토록 헌신한다는 것을 보여줌으로써 그 대가로 직원들의 높은 충성심을 요구하는 사례로도 받아들일 수 있다.[72]

멕시코 카보 산 루카스의 엘도라도 골프클럽을 운영하는 마크 휴먼은 자신의 직원이 비슷한 경험을 한 이야기를 해줬다. 엘도라도에 별장을 지은 빌은 그곳에서 휴가를 보내면서 마크를 알게 되었다. 빌과 마크가 처음 만났을 때 마크는 아직 20대의 젊은 매니저였다. 그럼에도 빌은 젊은 마크에게 꼬박 인사를 했고 포옹을 하면서 언제나 좋은 이야기를 해줬다고 마크는 기억한다. 그중 빌은 "장미 향기를 맡기 위해서는 시간을 잠시 내야 해. 여기서 장미는 주변 사람들이지"라고 마크에게 말해줬다. 이 기억은 마크의 뇌리에 깊이 박혔다.

"일과 관련된 것이 아니더라도 사람들은 당신과 대화를 하고 싶어 한다는 것을 인식해야 해요."

마크에게는 골프클럽에서 일하다가 크게 부상당한 직원이 있었다. 마크는 이 젊은 직원에게 필요한 수개월간의 의료 서비스를 지원하기 위해 전담 팀을 결성해주었다. 그 직원은 치료를 다 끝내고 다시 골프클럽으로 돌아왔다. 마크와 직원들은 연말 파티를 특별한 행사로 만드는 데 많은 시간을 투자한다. 이 파티에 참석하는 사람들은 격식을 갖춰 옷을 입어야 하며, 직급과 배경에 상관없이 모두 춤을 춰야 한다. 마크의 골프 클럽은 카보의 다른 리조트와 비교해서 이직률이 매우 낮은데, 이는 빌에게서 영감을 받은 이런 문화 덕분이라고 생각한다.

연민은 좋은 것이다. 그리고 비즈니스에서는 더욱 유용하다. 2004년 발간된 한 논문에 의하면, 빌과 마크가 보여준 것과 같은 '개인적 연민'은 조직 구성원들이 다른 동료들이 느끼는 고통을 다 함께 알아차리고 느끼고 반응하는 '조직적 연민'으로 발전할 수 있다. 조직적 연민은 빌과 마크와 같은 리더가 개별 팀원들을 도와주는 데 앞장서면서 그들의 감정에 이입하는 것을 '정당화'할 때 발현된다. 이처럼 연민은 위에서부터 흘러내릴 수 있다.[73]

우리는 살면서 빌이 보여주었던 수준의 관심과 애정으로 사람들을 대하지 못한다. 포용하지도 않고 주변 사람들의 가족 일에 그렇게 깊이 관심을 기울이지도 않는다. 무엇보다 동료의 아버지에게 전화하는 일 따위는 없다! 그렇다고 해서 진심 없이 겉으로만 그렇게 하는

척 한다면, 안 하느니만 못하다. 다시 말하자면, 거짓으로는 하지 말아야 한다!

대부분의 사람은 동료들을 좋아한다. 우리는 그들을 아끼지만, 사무실로 들어가는 순간 가장 즐거운 감정만을 서로 나누고 그렇지 않은 감정은 애써 보지 않으려고 한다. 빌은 우리에게 반대로 하라고 가르쳤다. 가족의 안부를 묻고 이름을 알려고 하라. 그리고 더 많은 질문을 하고 동료들의 가족사진을 봐라. 무엇보다, 진정으로 그들을 아껴라.

사랑의 리셋

사람에게 관심을 갖기 위해서는 진심을 담아야 한다.
주변 사람들에게 회사 밖에서도 잘 지내는지 물어봐라.
그들의 가족들도 이해하고, 개인적인 어려움을 겪고 있을 때는
실질적으로 도움을 주어라.

드럼 박수

2000년대의 어느 날, 당신이 애플 이사회 앞에서 신제품을 소개한다고 상상해보자. 회의실로 들어가면서 긴장감이 당신의 몸을 장악해갔을 것이다. 당신 앞에는 스티브 잡스와 앨 고어가 있다. 그리고 그 중간에는 빌 캠벨이 앉아 있다. 당신은 제품을 설명하기 시작한다.

그 제품은 아이패드나 아이폰일 수도 있고, 또는 최신 iOS일 수도 있다. 그리고 당신은 그 제품이 언제 시장에 출시되는지를 말하고 있다. 그리고 숨을 한 번 들이쉰 다음 데모를 시연한다.

바로 그때 어디선가 박수가 터진다.

"빌은 박수 치면서 응원했어요. 자기 주먹을 불끈 쥐기도 할 만큼 굉장히 흥분했어요!"라고 필 실러는 기억한다.

"신제품을 발표하는 자리에서, 이사회에서 흔히 그러듯 건조하고 딱딱하게 예상수익을 묻는 대신, 빌은 언제나 감정적인 반응을 보여줬어요. 가끔 감정을 주체 못해 의자에서 들썩이기도 했지요."

빌의 이런 반응은 발표자의 성과나 신제품을 그저 승인한다는 제스처 이상을 의미했다. 그 팀 자체를 인정한다는 의미였다. 필은 "이럴 때면 마치 어린 시절 아빠나 삼촌에게 응석받이하던 기억을 떠올리게 돼요"라고 덧붙였다.

"제가 빌에게 배운 또 다른 큰 교훈이기도 해요. 엉덩이가 의자에 너무 달라붙도록 앉지 말라는 것, 일어서서 응원하고 그들이 하는 일을 지지한다는 걸 확실하게 보여줘야 한다는 것이요."

디즈니의 CEO이자 애플의 이사회 멤버였던 밥 아이거는 "빌이 이사회 회의실에서 보여준 모든 행동은 그의 진심에서 우러난 것"이라고 말한다. 하지만 그의 뜨거운 열정 뒤에는 팀에 대한 사랑을 보여주는 것 외에 또 다른 목적이 있었다.

"빌이 박수갈채를 보내기 시작하면 그의 의견에 반대하기 어려워져요. 그의 박수가 얼마나 큰지, 빌이 아니라 이사회 전체가 박수치는 것만 같았죠. 박수는 응원 방식이기도 했지만 동시에 일이 빨리 진행될 수 있도록 하는 빌만의 방식이었어요."

밥이 그 말을 했을 때 우리 머릿속에 작은 불빛이 번쩍거렸다. 빌은 정말로 그랬다. '이유가 이거였구나!' 제스처 하나, 짧지만 열광적인 박수를 치는 것만으로 그는 동료들에게 그들의 일이 무척이나 마음에 든다는 지지성명을 보냄과 동시에 그들의 등을 두드렸고 일을 진행시켰다. 빌의 요란한 응원 방식은 해당 사안에 대해 그가 찬성한다는 의미를 내비치면서도 동시에 방에 있는 모든 사람에게 일을 추진시키자는 원동력을 주었다. 얼마나 세련된 기술인가!

구글에서 가상현실과 증강현실 제품개발을 담당하는 클레이 베이버도 비슷한 경험을 했다. 2015년 4월 클레이는 구글 임원들을 대상으로 한 제품검토 회의에서 최근에 개발한 새로운 가상현실 헤드셋과 카메라를 선보였다. 제품을 시연한 다음 그는 구글이 개발한 보급형 가상현실 뷰어인 카드보드를 참석자들에게 나눠 주고 카드보드를 위해 개발된 새로운 애플리케이션을 실행했다. 익스피디션이라는 앱을 사용하면 교사들은 학생들과 함께 세계문화유산을 가상으로 방문할 수 있다. 이 데모를 하면서 클레이는 '선생님'이었고 임원진은 '학생들'이었다. 클레이는 조금 어색해했는데 갑자기 회의실 뒤편에서 요란스런 박수 소리가 들렸다. 빌의 박수는 오래가지 않았다. 그러나 클레이는 "박수 소리가 마치 드럼 소리 같았어요. 온몸으로 느낌표를 표현하는 듯했어요"라고 말했다.

"빌의 박수는 제 마음을 편안하게 만들었어요. 마치 우리가 한 일이 너무 멋지다고 말해주는 것 같았지요. 이 때문인지 방 안에서 어색함이 사라졌고 다른 사람들도 흥분하기 시작했어요."

현재 클레이는 '빌 캠벨의 박수Bill Campbell Clap(줄여서 BCC)'를 자신의 팀 문화로 정착시켰다. 회의에서 누군가가 발표를 잘하면 다른 사람들은 다섯 번 큰 박수를 친다. 만약 누군가 사무실에서 큰 박수 소리가 들려오면 동료들은 "무슨 좋은 일이 있어?"라고 물어본다. 클레이는 신입을 위한 교육 프로그램에도 BCC를 포함시켰다. 심지어 오리엔테이션에서도 연습할 정도다. 클레이의 팀에는 약 100여 명이 있으며, 모두가 빌의 드럼 박수를 배웠다.

드럼 박수

사람들과 그들의 성공을
주변 사람들에게 자랑하듯 응원하라

언제나 커뮤니티를 만들어라

14회 슈퍼볼은 1985년 1월 빌의 집에서 걸어갈 수 있는 거리인 팰로앨토의 스탠퍼드 스타디움에서 열렸다. 대형 그릇처럼 생긴 이 스타디움은 1921년에 지어졌는데, 경기를 관람하는 관중은 마치 기념품처럼 등과 허리의 고통을 챙겨야만 했다. 슈퍼볼이 팰로앨토에서 열린다는 소식이 전해지자 빌과 애플의 마케팅 팀은 기회를 포착했다.* 그들은 8만 개가 넘는 스타디움의 모든 좌석에 애플의 로고와 슈퍼볼의 로고가 새겨진 쿠션을 놓았다. 슈퍼볼 게임이 그의 집 마당이나 다름없는 곳에서 열리고 수만 명 팬들의 허리와 등을 지켜주고 싶다는 개인적인 책임감을 느낀 빌은, 경기 당일 직접 경기장을 방문하기로 결심했다. 경기가 열리는 날, 그는 몇몇 친구와 함께 함께 스타디움으로 걸어갔다. 도중에 스티브 잡스가 합류했다. 선선하고 흐린 안개가 낀 그날의 경기는 명승부였다. 포티나이너스는 마이애미 돌핀스를 이겼고 빌과 친구들은 대단히 즐거운 시간을 보냈다.

바로 이것이 빌의 슈퍼볼 그룹이 시작된 계기였다. 빌의 슈퍼볼 그룹은 매년 슈퍼볼이 열릴 때마다 모였다. 빌은 슈퍼볼 티켓과 교통편을 담당했으며 그의 컬럼비아 대학교 친구 앨 버츠는 호텔을 예약했다. 슈퍼볼 그룹의 원년 멤버에는 빌과 앨, 그리고 컬럼비아 동문인 존 치리글리아노와 테드 그레고리가 있었다. 그리고 시간이 지남에 따라 이 그룹에는 도나 두빈스키, 빌의 형 짐과 조카 르네 그리고 르네의 남편, 앨의 아들 데릭, 데이브 킨저와 그의 아내 노먼 그리고 그들의 네 아이 중 한 명이 돌아가면서 참여했다. 또한 스파이크 블룸(빌이 코닥과 애플에서 함께 일한 동료)과 그의 아들, 컬럼비아 친구 진 샤츠, 빌의 아들딸인 짐과 매기, 그리고 그들의 친구들 역시 포함되었다.

---

*1970년대 후반 어린 조녀선과 앨런도 스탠퍼드 스타디움에서 경기를 보다가 등과 허리가 많이 아팠다고 한다.

그들은 슈퍼볼이 열리는 도시에 목요일이나 금요일에 도착해 임시본부로 활용하기 좋은 근처 바를 찾는다. 경기가 시작할 때까지 그들은 앨이 말한 것처럼 서로 시답잖은 농담을 주고받으며 한바탕 웃고, 가끔은 중요한 대화를 하기도 했다.

어느 해 빌은 여분의 티켓 몇 장이 남았는데, 그는 암표상에게 표를 사려고 애태우는 두 명의 아이들에게 그 표를 그냥 줬다. 화가 난 암표상이 빌에게 값비싼 표를 왜 그냥 주냐며 따졌다. 빌은 "그래야 저 아이들도 슈퍼볼을 즐길 수 있으니까요"라고 대답했다. 다른 해에는 빌의 그룹과 동행하려던 사람 몇 명이 막바지에 못오게 됐다. 그러자 빌은 슈퍼볼 도시로 떠나기 전날 밤 저녁식사를 했던 식당의 종업원들에게 표를 주면서 같이 가지 않겠냐고 물었고, 그들은 빌의 제안을 기쁘게 받아들였다.

앨은 "슈퍼볼은 빌에게 중요한 연례 행사였어요"라고 말한다. 정확히 말하면 슈퍼볼 게임이 아니라 같이 가는 그룹이 중요했다.

"빌의 친구들이 그룹 내 다른 사람들과 서로 친분을 쌓는 것은 빌에게 엄청난 의미가 있었어요."

빌은 자신이 없어도 슈퍼볼 그룹의 전통이 계속 이어졌으면 좋겠다고 말했다. 그래서 그는 슈퍼볼 그룹에 기부를 했다. '장학재단에 기부하는 사람은 들어봤어도 슈퍼볼 여행에?' 그게 바로 빌이었다. 그는 이 전통에 애착이 너무 강한 나머지 최소 10년 정도는 이어질 수 있을 만큼 큰돈을 기부했다.

야구여행 그룹도 있었다. 야구여행 그룹은 피츠버그 파이러츠 경기를 관람한 뒤에 홈스테드를 방문했고, 그리고 동부 지역에서 열리는 야구경기 몇 개를 더 관람했다. 카보 산 루카스에서 열리는 '입스〔미스샷에 대한 두려움〕앤드 살사yips and salsa' 골프여행도 있었다. '대학 풋볼 명예의 전당 헌액식' 여행도 있었다. 몬태나주의 버트라는 소도시로는 매년 낚시여행을 떠났는데, 거기서 빌은 연례 자선행사 개최를 도왔다. 우리 곁을 떠났을 때 빌은 이 모든 여행 그룹에 돈을 기부했다. 그가 없어도 친구들이 여행 그룹의 전통을 이어갈 수 있도록 말이다.

빌은 고향 홈스테드의 고등학교 동창회를 후원해 오랜 친구들이 주기적으로 모일 수 있게 했다. 그리고 새크리드 하트 풋볼팀을 맡기 전에도, 그는 경기가 끝나면 이벤트를 마련해 학생 선수들과 가족들이 한데 모여 맥주나 음료수를 마시고 햄버거를 먹으면서 경기에 대해 얘기하거나 서로의 안부를 물을 수 있게 했다. 그에게 돈은 전혀 문제가 되지 않았다. 그는 보스턴 칼리지 풋볼팀의 코치로 있을 때 팀의 몇몇 코치들이 비용이 부담돼 사교행사에 불참했던 것을 기억했다. 금전적인 문제로 이런 행사에 불참하는 사람이 없도록 빌은 언제나 행사 비용을 지불했다.

이 모든 일화의 공통점은 무엇일까? 바로 커뮤니티다. 빌은 커뮤니티를 만드는 데 많은 시간과 노력을 들였다. 그는 사람들이 서로 연결될 때 그 그룹이 더 강해진다는 것을 본능적으로 알았다.

그는 이런 커뮤니티에 열정을 쏟았다. 사람들이 모일 만한 장소에 직접 투자를 할 정도였다. 팰로앨토의 엘 카미노 리얼과 페이지 밀

로드, 두 도로가 만나는 곳에 위치한 스포츠 바 올드프로는 1964년에 개업했는데 애초에 어떤 목적으로 지어졌는지 모를, 케케묵은 철로 지어진 퀸셋Quonset(반원형 군대 막사 모양의 건축물) 형태의 건물이었다. 빌은 1990년대부터 인투이트의 동료들과 함께 올드프로에 드나들었다. 2000년대 중반, 올드프로가 문을 닫을 위기해 처했다. 그때 빌은 바를 운영하던 스티브와 리사 신체크를 도와 팰로앨토 시내의 알짜배기 땅으로 이전할 수 있게 했다. 빌은 매주 금요일 저녁이면 올드프로에 출근하다시피 하면서 자신만의 '불금'을 즐겼다. 이런저런 사람들이 저마다 음식과 맥주를 들고 올드프로에서 빌의 주변으로 모였다. 새로운 사람이 등장할 때마다 빌은 주변 사람들에게 그 사람의 장점이나 가장 훌륭한 성과를 상세히 소개했다. 다만 한 가지 규칙이 있었다. 올드프로에 올 때에는 어떤 비즈니스 목적을 가지고 와서는 안 된다. 그 누구도 올드프로에서 '네트워킹'을 하거나 중요한 사업 계약 또는 회의를 하려고 오지는 않았다. 빌은 올드프로의 캐주얼한 분위기를 좋아했다. 이곳은 떠들썩하게 웃건, 옛날 이야기를 하건, 또는 회사 이야기를 하건 격식을 버리고 자기 자신이 될 수 있는 곳이었다. 올드프로는 그가 만들어낸 수많은 커뮤니티가 물리적인 환경에서 구현된 곳이다. 올드프로는 여전히 팰로앨토에서 가장 인기가 많은 지역명소 중 하나다.

바는 빌의 커뮤니티 빌딩에 빼놓을 수 없이 중요한 부분이었다. 필 실러는 빌이 코치로 있었던 보스턴 칼리지에서 명예학위를 받았을 때의 이야기를 들려주었다. 필은 졸업생 신분으로 이 행사에 참가했다. 행사가 끝난 뒤 빌은 필에게 매리앤스 Mary Ann's (보스턴 칼리지의 명소)에 가자고 했다. 매리앤스에 도착한 빌은 바텐더에게 버드라이트(빌이 가장 좋아하는 맥주)는 자신이 내겠다고 말했다. 자신과 필뿐만이 아니라 그날 밤 매리앤스에 오는 사람들 모두에게 말이다. 그날은 졸업식 날인지라 감격에 찬 부모님과 새로운 졸업생들이 물밀듯이 들어왔다. 이들은 공짜 맥주와 전직 학교 코치의 포옹을 받았다.

커뮤니티 빌딩은 우리가 앞에서 살펴본 팀 빌딩과 많은 면에서 유사하다. 빌에게 커뮤니티 빌딩과 팀 빌딩은 모두 원대한 접근방법의 한 부분이었다. 일단 팀이나 커뮤니티가 만들어지면 사람들 간의 유대감을 형성하는 것이 무엇보다 중요하다. 이런 유대감은 서로에 대한 관심과 공동선公同善을 통해 형성된다. 사람들과 함께했던 그 모든 여행들을 되돌아보건대, 이런 여행이 커뮤니티의 목적인 게 아니라, 커뮤니티를 만들기 위해 여행을 갔던 것이다. 이 모든 것은 사람들 사이에서 꾸준하게 이어질 연결고리를 만들어, 사회학자들이 '사회적 자본'이라 말하는 것을 창출하는 것이 목표였다.[74]

대학 시절부터 빌의 친구였던 존 치리글리아노는 이렇게 말한다. "빌은 사람들이 커뮤니티에서 만들어내는 에너지를 자신의 것으로 만들었어요. 그가 코칭한 사람들에게서도 마찬가지였죠. 이런 관점에서 커뮤니티는 빌의 무한동력기라고 볼 수 있지 않을까요?"

빌은 운이 좋게도 커뮤니티 빌딩 community building을 하는 데 아낌없이 투자할 여력이 있었다. 대부분의 사람은 매년 슈퍼볼 여행을 할 수도, 아니면 바를 구입할 수도 없다. 하지만 사회적 자본을 만드는 방법은 여러 가지가 있다. 우리가 인터뷰한 많은 사람들은, 빌이 사람들을 연결시키는 걸 좋아한다고 언급했다. 그는 이 방면에서 탁월한 능력을 발휘했다. 당신이 빌과 대화를 하다 보면 빌은 "누구누구와 만나보는 것이 좋을 거 같아, 내가 연결해줄게"라고 할 것이다. 그러면 몇 분 후 이메일이 온다. 그는 아무나 하고 연결시켜주는 법이 없었다. 누군가를 다른 사람에게 소개시켜주기 전에 그는 이 관계가 서로에게 도움이 되는지 빠르게 계산한다. '서로에게 도움이 되는 사람들 사이의 연결고리'는 커뮤니티를 꽤나 잘 설명하는 정의定義 아닌가?

올드프로에서의 모임은 또 다른 예시라고 할 수 있다. 고작 맥주 몇 잔의 비용으로 그는 매주 사람들을 불러 모았다. 이처럼 커뮤니티 빌딩에는 큰돈이 들어갈 필요가 없다.

이런 원칙은 비즈니스보다는 친교모임에서 활용하기에 용이하다. 빌은 우리에게 커뮤니티에 대해 말한 적이 없다. 그는 늘 팀에 대해서만 말했다. 하지만 우리는 그의 커뮤니티 활동을 보면서 많은 것을 배웠다. 사람들 사이의 진정한 정서적 유대 관계를 형성하는 데 투자하라. 이런 것은 팀을 어려운 시기를 견디게 하고 더 강하게 만든다.

언제나 커뮤니티를 만들어라

회사 안팎으로 커뮤니티를 만들어라. 이런 커뮤니티는
사람들이 서로 연결되었을 때 훨씬 강하다.

사람들을 도와라

수전 워치츠키는 구글의 초창기 무렵부터 수년간 빌과 많은 대화를 나눴다. 수전이 유튜브의 CEO가 되기 몇 년 전, 그는 IT와 미디어에 관련된 중요한 행사에 참가하고 싶어 했다. 전 세계의 수많은 인터넷 사용자들 사이에서 유튜브가 지니는 위상에도 불구하고, 그리고 미디어와 엔터테인먼트 업계에서의 영향력에도 불구하고, 수전은 초청받지 못했다. 그녀는 자신의 인맥을 동원해 어떻게든 행사에 초대장을 구하려 했지만 소용이 없었다. 빌과 대화를 하던 중 그는 이 일을 언급했다. 빌은 욕 한 바가지를 쏟아내며 감정을 표출했다.

"말도 안 되는 상황이로구먼. 당연히 가야지!"

그리고 다음 날, 그는 이메일로 행사 초대권을 받았다.

빌은 수전의 부탁을 들어줬다. 그는 몇 번의 전화통화 끝에 초대권을 구했다. 이런 부탁은 간단한 것 같지만, 실제로 사회에서는 놀라울 정도로 서로의 부탁을 안 들어주는 경우가 많다. 지난 몇 년 우리는 동료들에게 이런저런 부탁을 했다. 우리의 부탁은 큰일은 아니었지만, 어쨌든 규정을 우회하거나 작은 규칙을 어겨야 할 것들이었다. 하지만 설령 잘 안 된다 하더라도 다치는 사람 하나 없었을 테고, 실제로 우리가 부탁한 일은 결과만으로 본다면 오히려 당연히 해야 할 일이었다. 그럼에도 우리는 거절당하는 경우가 많았다. "미안한데, 할 수 없겠네요"가 대부분의 답변이었다. "이봐, 이 회사에는 따라야 할 규칙이 있어." 이런 식으로 말이다.

빌이었다면 "허튼소리!"라고 말했을 것이다. 빌은 사람들의 부탁을 가능한 한 들어주어야 한다고 믿었다. 그는 관대했으며 도움 주는 것을 즐겼다. 그래서 그가 유튜브의 CEO가 마땅히 참석해야 할 행사의 초대권을 받기 위해 친구에게 전화를 걸었을 때 한순간의 망설임도 없었던 것이다.

그는 동료들만 도와준 게 아니었다. 빌은 조너선의 행정업무를 돕는 체이드라는 젊은 여성을 알게 되었다. 조너선이 빌을 자신의 사무실 밖에서 기다리게 한 흔하지 않은 경우에 이 둘은 종종 대화를 나누곤 했다. 어느 날 빌이 체이드에게 별일 없냐고 물으니, 그녀는 로스쿨에 진학하고 싶어 LSAT〔로스쿨 진학시험〕을 공부할 계획이라고 했다. 체이드는 자신이 떠날 수 있다는 걸 조너선이 어떻게 받아들일지 걱정하고 있었다. 로스쿨 진학이 결정된 후에는 언제 어떻게 무엇부터 조너선에게 말을 해야 할지에 대해서도 걱정하고 있었다.

나중에 빌은 조너선에게 체이드와 나누었던 대화를 말했다. 조너선은 체이드가 로스쿨, 그것도 최상위권 로스쿨을 목표로 하고 있는지조차 몰랐다고 했다.

빌이 조너선에게 말했다. "주변 사람들을 더 잘 보살펴! 나가서 체이드에게 언제 학교에 가든 괜찮을 거라고 말하고 당신이 상사니까 추천서도 좀 써주고. 그게 상사로서 할 일이지."

1년 후 체이드는 컬럼비아 로스쿨에 입학했다. 몇 년 후 졸업한 그는 현재 보스턴에서 변호사 생활을 하고 있다.

빌은 사람들을 돕는 걸 즐겼고 누구에게나 매우 관대했다. 빌이 옆에 있을 때면 그 누구도 저녁을 살 수도, 맥주 한 잔을 살 수도 없었다. 언젠가 그는 휴가 때 친구들과 함께 카보Cabo에 갔다. 빌은 저녁을 먹으러 나가 아이들에게는 티셔츠를, 친구들에게는 매우 훌륭한 품질의 레드와인을 사줬다. 빌이 와인을 좋아해서가 아니라, 와인을 즐기는 친구들의 모습이 좋았기 때문이다. 혹시 여러분이 "돈 많은 사람이 티셔츠나 와인쯤 사주는 게 무슨 대수라고"라고 생각할지 모르겠다. 하지만 빌은 부자가 되기 한참 전에도 이렇게 베풀기를 좋아했다. 그는 매우 관대했으며, 모든 사람을 똑같이 대했다. 예를 들어 그는 몇 달 일정이 꽉 차 있을 만큼 바쁜 사람이었지만, 누군가가 빌을 정말로 필요로 할 때는 전화 한 통이면 바로 달려가기도 했다.

이 같은 작은 선물들은 애덤 그랜트가《기브 앤 테이크》에서 애덤 리프킨 사례를 들며 언급한 '5분 친절의 법칙'이다. 부탁을 들어주는 사람에게는 최소한의 비용만 드는 가벼운 부탁이지만 부탁을 하는 사람에게는 의미가 매우 크다.[75] 또한 그랜트는 2017년 렙 리벨과 공동으로 쓴 기사에서 "효과적인 기버가 되는 것은 모든 사람에게 매번 모든 것을 주는 것이 아니다. 다른 사람을 도와줌으로써 얻는 혜택이 당신이 지불하는 비용보다 클 때 도와주는 것이다"라고 지적했다. 이를 잘하는 사람은 '자기 보호적인 기버 self-protective giver'이다.

"그들은 관대하지만 자신의 한계를 잘 안다. 모든 도움 요청에 예스라고 답하기보다, 영향은 크지만 비용은 적게 드는 도움을 주려고 한다. 그래야 계속해서 관대함을 유지하는 동시에 도와주는 것을 즐길 수 있기 때문이다."[76]

다른 사람을 돕고, 관대해지는 것은 이 장에서 앞서 다룬 '사랑'과 '커뮤니티'라는 개념과 다시 연결된다. 대부분의 사람은 가장 친한 친구의 부탁은 잘 들어준다. 이들은 친구를 사랑하며 그 친구의 판단을 (대개는) 믿는다. 따라서 친구가 도움을 요청하면 주저하지 않고 발 벗고 도와준다. 하지만 도움을 요청하는 사람이 당신의 친구가 아니라 직장 동료라면 말이 달라진다. 당신은 아마 "회사에는 절차가 있고, 이런 절차를 밟아야 하며, 다른 사람들은 이런 부탁을 공정하지 않다고 볼 수 있다"고 말할 수 있다. 어디선가 많이 듣던 말이다. 그리고 이런 말을 하면서 부탁을 거절하는 경우가 많다.

빌은 이런 우리에게 다른 사람을 도와줘도 괜찮다는 사실을 가르쳤다. 부탁을 들어주어라. 이런 부탁들이 올바른 일인지를 자신만의 기준으로 판단하고, 모든 사람이 더 나은 결과를 얻을 방안을 생각하라. 그런 다음, 부탁을 들어주어라.

사람들을 도와라

당신의 시간, 네트워크, 자원들을
사용하는 데 아낌이 없어야 한다.

창업자를 사랑하라

언젠가 마이크로소프트가 인투이트를 인수하려다 실패했다. 그 과정에서 빌은 당시 인투이트와 경쟁한 '마이크로소프트 머니'의 프로덕트 매니저 한 사람을 알게 되었다. 인수 건은 실패로 끝났지만, 그와 빌은 연락을 꾸준히 주고받았다. 나중에 그는 마이크로소프트를 떠나 아마존이라고 하는 시애틀의 스타트업에 합류했다. 얼마 지나지 않아 그는 빌에게 연락해 존 도어를 소개해달라고 요청했다. 빌은 그의 부탁을 받아들였고, 얼마 후 클라이너 퍼킨스가 아마존에 투자를 했다.

몇 년이 지난 2000년, 제프 베조스는 가족과 시간을 보내기 위해 장기휴가를 얻었고 조 갈리를 COO로 채용했다. 베조스가 휴가에서 돌아오고 나니 회사는 어려움에 처해 있었다. 존 도어와 스콧 쿡을 포함한 아마존 이사회는 제프 베조스가 CEO의 자리에서 물러나고 조 갈리에게 그의 역할을 대신하게 하는 것이 어떨까 생각하고 있었다. 그렇게 되면 제프가 회장 직함을 유지하되 그 외에 몇몇 역할을 맡게 될 것이었다. 인투이트에서 빌이 스콧을 대신해 CEO가 되었을 때와 같은 전략이었다. 존 도어와 다른 이사진은 아직 결정을 내리기 전에, 빌에게 시애틀로 날아가 아마존의 사정을 살펴보고 다시 알려달라고 했다.

빌은 태평양 해안가를 왕복하며 매주 하루 이틀씩 아마존 이사회 회의에 참석해 회사의 운영방식과 문화를 면밀하게 살펴보았다. 몇

주 후 그는 아마존 이사회에 제프 베조스가 계속 CEO로서 남아야 한다고 보고했다. 《아마존, 세상의 모든 것을 팝니다》의 저자 브래드 스톤에 따르면, "캠벨은 갈리가 연봉이나 개인전용 비행기 같은 특전에 지나치게 집중하고 있으며, 직원들은 여전히 베조스에게 충성하고 있다"고 결론을 내렸다.[77]

빌의 결론에 이사회는 놀라움을 숨기지 못했다. 하지만 그의 의견은 받아들여졌고 제프는 CEO로 남게 되었다. 그 이후 아마존이 엄청난 성공을 거둔 것은 구태여 말할 것도 없다.

우리는 이번 장에서 빌이 주변 사람들을 얼마나 사랑했는지, 그리고 일반적인 기업의 기준에서 용납되는 수준을 뛰어넘어 부하 직원과 동료를 챙기는 것이 리더에게 얼마나 중요한지에 대해서 짚어봤다. 이왕 이 주제에 대해 이야기를 시작했으니, 사랑에 관한 빌의 또 다른 면에 대해 이야기해보자. 창업자에 대한 사랑 말이다. 그의 마음에는 회사를 창업할 용기와 기술을 가진 사람들이 특별한 자리를 차지하고 있다. 그들은 하루하루가 커다란 역경에 굴복하지 않고 살아남아야 할 싸움이라는 것을 알 만큼 현실적이면서, 어쨌거나 자신은 성공할 것이라고 믿을 만큼 미친 면도 있는 사람들이다. 그리고 어떤 회사라도 성공하기 위해서는 의미 있는 방식으로 그들을 곁에 두는 것이 필수적이다.

우리는 CEO의 역할을 경영에 국한하려는 경향이 있다. 그리고 이미 살펴봤듯 탁월한 경영능력은 기업에 매우 중요한 요소라고 빌은 생각했다. 하지만 리더십을 경영의 측면으로만 제한할 때 우리는 매우 중요한 요소를 빠뜨리게 된다. 바로 '비전' 말이다. 많은 경우 전문경영인이 창업자보다 회사를 더 잘 운영할 때도 있다. 하지만 그들은 회사의 마음과 정신, 즉 회사를 앞으로 나아가게 하는 비전을 잃을 때가 있다. 바로 이 지점이 창업자의 탁월한 부분이다. 빌은 창업자들을 사랑했는데, 창업을 시도했다는 대범함 때문만이 아니라 그들이 회사에 가진 비전과 사랑 때문이었다. 빌은 익히 그들의 한계 또한 알았으나 그들이 창출하는 가치가 그 한계를 능가한다고 생각했다.

빌은 이런 시나리오가 눈앞에서 펼쳐지는 광경을 몇 차례 목격했다. 그중 가장 극적인 사례는 애플이었을 것이다. 새로운 '비즈니스 맨'이라고 불린 존 스컬리가 애플의 CEO로 있을 당시 빌도 애플에 있었다. 그리고 존 스컬리가 창업자인 스티브 잡스를 쫓아내는 것도 지켜봤다.

많은 시간이 흘러 애플에 돌아온 스티브는 빌에게, 불가능해 보이는 일, 즉 파산 직전에 몰린 애플을 구해내는 일을 위해 이사회에 합류해달라고 요청했다. 애플을 최고의 제품을 만드는 데 집중하도록 압박하려면 스티브는 너무나 많은 것을 변화시켜야 했다. 빠르게 움직여야 했고 그렇기 때문에 도움을 얻을 수 있는 믿을 만한 사람이 필요했다. 이런 면에서 빌은 스티브에게 가장 필요한 사람이었다. 이 둘은 함께 일을 시작하면서 쿵짝이 맞는 동료가 넘어 절친이 되었다. 그들은 주말마다 산책을 하면서 애플의 경영 이슈뿐만 아니라 다양한 주제에 대해서 생각을 나눴다. 빌은 창업자들의 어려움을 잘 이해하고 있었고 또한 스티브가 왜 그토록 이례적으로 훌륭한지도 알고 있었다. 그는 스티브를 지지했다. 그리고 그를 다른 길로 이끌고 가려는 사람들로부터 지켜줬다.

필 실러는 이렇게 말한다. "그들은 막 대학교 동창회에서 돌아온 다음에, 마지막으로 무언가를 같이 시도하고 싶어 하는 친구들 같았어요. 스티브는 자신의 계획을 밀어붙일 힘을 얻기 위해 빌을 필요로 했어요. 가끔은 그냥 자신을 진정으로 생각해주는 사람이 필요했던 것일 수도 있죠."

빌 역시 창업자 제리 캐플런이 회사의 수명이 다하는 날까지 큰 영향력을 끼친 고 코퍼레이션에 합류한 CEO였다. 그 후에는 스콧 쿡을 대신해 인투이트의 CEO로 영입되었다. 그리고 구글에서는 에릭과 래리, 세르게이를 코칭하면서 가장 위대하면서도 어려운 창업자 · CEO팀을 조력했다.

창업자와 관련된 그의 원칙은 이렇다. 창업자를 사랑하라. 그리고 기업 경영에서 그들이 공식적으로 맡는 역할을 넘어 의미 있는 방식으로 관여할 수 있게 하라.

딕 코스톨로가 트위터의 CEO가 되었을 때, 빌은 그에게 트위터의 창업자인 비즈 스톤, 잭 도시, 에반 윌리엄스와 잘 협력하라고 말했다. "오늘은 당신이 CEO고 그들이 창업자이지만, 언젠가 당신이 전 CEO가 되어도 그들은 여전히 창업자일 겁니다." 빌의 조언이었다. 너와 그들의 대결이 아니라, 협력이다. 창업자들은 돕기 위해 여기 있는 것이다.

스타트업 밖 세계의 많은 비즈니스 리더들은 여기서 논의한 창업자와의 관계에 대해 깊이 생각할 필요가 없을 것이다. 웬만한 기업은 지금쯤이면 창업자가 이미 오래전에 떠났을 것이기 때문이다. 그럼에도 불구하고, 창업자를 지지하자는 주장의 본질은 여전히 유효하다. 비전이란, 대단히 큰 역할을 한다. 마음과 정신 역시 중요하다. 비전 같은 것들은 창업자에게서 나온다. 하지만 미션과 기개는 회사 내 다른 사람들에게서 나타난다. 이런 것들은 대차대조표나 손익계산서, 또는 조직도에는 나타나지 않지만 매우 가치 있는 것임은 분명하다.

창업자를 사랑하라

회사를 위한 가장 원대한 비전과
열정을 가진 사람들을
특별하게 대하고 보호하라

엘리베이터 대화

이 장에서 우리가 논의한 것, 아니 이 책의 내용 대부분은 사람마다 다르게 다가올 수 있다. 빌은 우리가 만난 사람들 가운데 가장 사람을 좋아하는 사람일 것이다. 그렇다면, 빌과 달리 천성적으로 사교적이지 않은 성격의 사람이라면 어떻게 해야 할까? 연습하면 된다.

브루스 치즌은 클라리스에서 빌과 함께 일했고 나중에 어도비 시스템스의 CEO가 되었다. 1994년 어도비에 합류했을 때 브루스는 빌이 클라리스에서 했던 것을 기억해내고 똑같이 하려고 노력했다. 하지만 자연스럽게 나오지 않았다. "저는 사람들의 이름을 기억하려고 노력했죠." 브루스는 회상한다.

"엘리베이터에서 누군가를 만나면 대화를 시작했어요. '잘 지내지요? 요새 일은 어때요?' 점심때는 회사 식당에서 처음 보는 사람들과 함께 점심을 먹었어요. 사람들과의 교류를 늘리려고 했는데 저에게는 그게 너무 어려웠어요. 하지만 계속하다 보니 어느 순간 변화가 생겼어요."

브루스는 자신이 더욱 사회적으로 생활한 것이 어도비에서 성공할 수 있었던 비결이라고 생각한다. 그가 CEO가 되기 전 어도비 창업자들이 그에게 제품개발을 맡겼는데, 이런 제안은 그때껏 영업과 마케팅을 해온 사람에게는 굉장히 드문 일이었다. 창업자들에 의하면, 엔지니어링 부서의 시니어급 직원들은 브루스가 개발자들에게 대화를 하면서 다가가려는 노력을 높이 샀다고 한다.

우리가 설명하는 이 책의 원칙들은 어떤 사람에게는 자연스럽게 나오지 못하는 것일 수 있으나, 학습으로 체득할 수는 있다. 그렇게 하기 위해서는 스스로를 다그쳐야 한다. 엘리베이터에 있거나 복도에서 누군가와 마주칠 때, 또는 식당에서 동료들을 만나면 잠시 시간을 내서 말을 걸어라. 브루스가 했던 말, "잘 지내지요? 요새 일은 어때요?" 정도면 어떤 말 못지않게 훌륭하다. 시간이 지나면 자연스러워질 것이다.

브루스는 이렇게 말한다. "이렇게 사적으로 먼저 다가가는 것은 저에게 쉽지 않은 일이었어요. 하지만 연습했죠. 다행히도 하면 할수록 쉬워졌어요."

엘리베이터 대화

회사 동료들을 사랑하는 것은 어려울 수 있다.
그러니 자연스러워질 때까지 연습하라.

이 책을 쓰면서 우리가 놀란 사실 중 하나는 사람들이 빌에 대해 이야기할 때 '사랑'이라는 단어를 자주 사용했다는 것이다. 이 단어는 IT 업계 고위 임직원이나 벤처 투자자 같은 사람들의 입에서 좀처럼 나오지 않는 단어다. 하지만 빌이라면 말이 다르다. 빌은 회사에서 '사랑을 해도 이상하지 않은 문화'를 만들었다. 그는 학자들이 흔히 말하는 '동료애적 사랑'을 하나의 기업문화로 승화시켰다.

동료애적 사랑이란 다른 사람을 향한 애착, 동정, 배려, 다정의 감정을 포괄한다. 그는 동료들의 회사 밖 생활에도 순수한 관심을 가지며 열정적인 치어리더 역할을 해주었고, 커뮤니티를 구축하면서, 부탁을 들어주면서, 그리고 할 수 있을 때마다 사람들을 도우면서, 그리고 창업자들과 기업가들을 가슴속 깊이 존중하면서 이런 문화를 심었다.

사랑은 위대한 팀을 더 위대하게 만든다. 그렇다, 이것은 빌의 자연스러운 성격의 일부분이었다. 그는 다른 사람들보다 훨씬 더 열정이 넘쳤다. 이런 성격은 아마 풋볼에서 배운 것으로 생각된다.

샌프란시스코 포티나이너스의 쿼터백이자 명예의전당에 입성한 스티브 영은 2017년 9월 빌을 추모하는 한 행사에서 동료애적 사랑에 대해 이렇게 말했다.

"위대한 코치는 멀리 볼 줄 알아요. (포티나이너스의) 빌 월시 감독님은 매년 팀원들을 소집한 다음에 이렇게 말해요. '잘 들어. 내가 이 팀을 하나로 만들 거야.' 이 팀에는 이런저런 작은 파벌들이 존재했어요. 수비수들은 자기네들끼리만 놀고, 같은 학교, 비슷한 연봉과 지위, 같은 지역, 같은 언어와 종교를 가진 사람들끼리 파벌이 생겼죠. 월시 감독님은 '이 모든 것들을 다 부숴야겠어'라고 말했지요. (…) 그는 팀원들이 서로 섞여 하나의 팀으로 거듭나기를 원했어요. 램보필드(포티나이너스의 라이벌인 그린베이 패커스의 홈구장)에서 열린 경기에서, 종료까지 1분 30초를 남기고 4점 뒤진 채 마지막 공격 기회를 잡았을 때, 그리고 진눈깨비가 날리는데 모두가 땀으로 뒤범벅되어 있고, 바람이 세

차게 부는 가운데 8만 명이 넘는 관중이 당신에게 소리를 지르고 있을 때, 우리의 본능은 '그냥 버스에 타서 여기서 도망쳐'라고 외쳐요. (…) 앞에 허들이 놓여 있는 바로 이 순간, 모두가 서로를 바라보면서 눈빛으로 대화를 하죠. 우리는 하나의 팀이다. 우리는 이겨야 할 이유가 있다. 우리는 깊은 관계다. 우리는 서로 사랑하고 존중한다. 이렇게요. 1981년부터 1998년까지, 포티나이너스가 왜 그토록 위대했냐고요? 우리가 서로를 사랑했기 때문이에요."*

---

*포티나이너스는 18시즌 동안 16번이나 플레이오프에 진출했다.

CHAPTER 6

성공의 기준

나와 함께 일한 사람들이나 내가 어떤 방식으로든 도움을 준 사람 중에서 훌륭한 리더로 성장한 사람이 몇 명인지를 세어봐.

우리가 이 책의 초안을 끝마칠 무렵인 2017년 12월, 에릭은 알파벳의 회장직에서 물러나기로 결심했다. 시기는 적절했다. 구글은 알파벳이 중심이 되는 지주회사로 전환하는 까다로운 절차를 성공적으로 마쳤으며, 이어 베릴리(생명과학 분야)와 웨이모(교통 분야)를 포함한 다른 자회사들도 생겨났다. 선다 피차이를 위시한 새로운 세대의 리더들이 구글의 지휘봉을 잡았고 이들의 리더십 아래서 알파벳과 구글은 번창하고 있었다. 구글은 성공적으로 모바일 퍼스트mobile-first, 또는 모바일 온리 mobile-only 세계로의 진입에 성공했으며, 기계학습 기술의 돌파구로 가능해진 혁신적인 제품과 서비스로, 넘쳐 흐르는 비즈니스 파이프라인을 보유하게 되었다.

에릭은 거의 17년 동안 구글에 몸담았다. 그는 2001년 3월에 이사회 회장이 되었고 같은 해 8월 구글의 CEO로 취임하면서 공식 구글러가 되었으며, 2011년 4월에는 초대 회장이 되었다. 이제 구글러로서 구글과의 오랜 인연은 막을 내리려고 한다. 어떤 기준으로 평가해도 그는 큰 업적을 남긴 대단히 성공한 사람이다. 하지만 누구나 그렇듯이 그도 도전이나 큰 변화를 앞두고서는 정서적인 지지가 필요했다.

에릭이 구글의 CEO가 되고 그다음에 회장이 되었을 때, 빌은 그가 새로운 도전을 하고, 순조롭게 변화할 수 있도록 옆에서 도왔다. 빌은 이런 변화 속에서 여러 사람과 개별적으로 대화하며 에릭의 인간적·감정적인 면이 제대로 다뤄질 수 있도록 했다. 주식상장 직전에 이사회가 에릭에게 이사회 의장직에서 물러나라고 요구했을 때에도 빌은 에릭이 어려운 시간을 견딜 수 있도록 그와 많은 이야기를 나누며 힘을 보탰다. 그 덕분에 이런 변화는 어쩔 수 없는 것이 아니라 마땅히 겪어야 할 일처럼 느껴지기도 했다.

하지만 이번에는 곁에 빌이 없었다. 빌이 없는 상황에서의 변화는 이전과 다르게 느껴졌다. 일의 추진 방향에 대해 내부적인 합의가 이뤄지기는 했지만, 이런 과정에서 에릭을 이끌어줄 사람은 없었다. 그후 구글은 모두를 위한 최선의 결과를 만들어냈으나, 이러기까지의 모든 절차는 과거에 비해 더 사무적이었고 빌이 있었을 때와 비교해 사랑과 정서적 지지가 모자랐다.

멘토링과 코칭은 당사자 간의 개인적인 관계다. 에릭은 빌이 어떤 말을 했을지, 그리고 스스로 무엇을 해야 하는지도 이미 알고 있었다. 에릭은 그저 빌의 목소리와 존재가 그리울 뿐이었다.

제3자의 입장에서는 이 상황이 바보스럽게 보일 수도 있다. 어찌 되었든 이 모든 것은 CEO나 회장과 같이 보통 사람들이 가질 수 없는 고상한 직함을 가진 영향력 있고 성공한 경영인들 사이에서나 가능한 일이 아닌가? 에릭을 포함해 고상한 요새에 있는 사람들이 걱정할 일이 뭐가 있단 말인가? 왜 에릭 슈미트는 정서적인 지지가 필요한 것일까?

하지만 실제로는 사회적으로 가장 성공한 사람들이 가장 많이 외로움을 느끼는 법이다. 그들은 주변 동료들과 상호의존적인 관계를 맺지만, 동시에 독립적이고 단절되어 있다는 느낌도 받는다.* [78] 그들의 강한 자아와 높은 자신감은 그들을 성공으로 이끄는 데 도움이 되었지만 동시에 불안감과 불확실성을 자아내기도 한다. 그들 주변에는 콩고물이라도 주워 먹으려는 사람들이 모일 뿐, 진정한 우정을 나눌 친구는 별로 없다.

그들 역시 인간이기에 정서적 지지가 필요하고 존중받고 싶어 한다. 또한, 한 인간이 지난 17년을 온 마음과 정성을 다했던 자리, 시작할 때는 미미했지만 결국엔 창대한 곳으로 성장하는 데 중추적인 역할을 한 자리, 그토록 사랑했던 바로 그 자리에서 내려올 때면 누군가가 그의 등을 두드리고 포옹하며, 모든 것이 다 잘될 거라고 그리고 앞으로 더 멋진 일들이 남았을 거라고 위로해주길 바랄 것이다. 하지만 이제 빌은 곁에 없다.

---

*피오나 리와 라리사 티에덴스는 2001년 논문에서 상호의존성과 독립성의 요소들이 어떻게 서로를 강화하는지를 검토하면서 "권력은 사람들로부터 동떨어져 있다는 느낌과 자신은 특별하다는 주관적 감정을 만든다"고 지적했다.

이 책을 쓰기 시작했을 때 우리는 빌이 어떻게 우리와 인연을 맺었는지, 그가 구글의 성공에 얼마나 중요한 역할을 맡았는지, 그리고 그가 우리를 제외한 실리콘밸리의 수많은 사람과 함께 일했다는 사실을 알고 있었다. 그러나 빌과 함께 일하거나 빌의 코칭을 받은 사람들과 인터뷰를 하고 그의 철학을 연구하면서 우리는 더 많은 것을 배울 수 있었다. 경영에 대한 보다 상세하고 복잡한 빌의 원칙이 실체를 드러내기 시작하면서, 우리는 그의 원칙이 비즈니스의 성공에 미치는 영향을 이론으로 정립했다.

기업이 성공하려면 하나의 커뮤니티로서 움직이는 팀이 필요하다. 이런 커뮤니티에 소속된 개인들은 각자의 차이점을 제쳐두고 각자의 목표와 이해를 하나로 모아 회사에 좋은 것과 올바른 것에 개인적으로, 그리고 집단적으로 집착한다. 허나 사람들이 모인 조직에서 이런 일은 좀처럼 자연스레 일어나지 않는다. 특히 능력과 야망이 있는 사람들이 모인 조직에서는 더욱 그렇다. 따라서 코치의 역할, 개개인을 위한 코치가 아니라 팀을 위한 코치 역할을 맡은 사람이 필요하다. 최신 기술이 모든 산업과 소비생활의 많은 부분에 확산되고 속도와 혁신이 기업 존재의 이유인 시대에, 성공을 원하는 기업들은 팀 코칭을 기업문화로 정착시켜야 한다. 특히 최상위 직급을 가진 사람들이라면 더욱더 그렇다. 임원진은 최상의 성과를 올리기 위해 반드시 코치가 필요하다.

우리는 빌 캠벨이라는 사람을 팀 코치로 곁에 둘 수 있던 행운을 얻었지만, 대부분의 기업이나 팀은 우리가 누린 행운을 누리지 못했다. 하지만 빌과 같은 사람이 없더라도 괜찮다. 한 팀의 코치로서 가장 적합한 사람은 누구도 아닌, 그 팀을 이끄는 관리자이기 때문이다.

좋은 코치가 되는 것은 근본적으로 좋은 관리자와 좋은 리더가 되는 것이다. 이제 코칭은 전문적인 영역이 아니다. 좋은 관리자가 되기 위해서는 좋은 코치가 되어야 한다. 빠르게 움직이고 매우 경쟁적인 IT 기업들의 성공방식은, 성과를 낼 능력이 뛰어난 팀을 만들고 그들이 위대한 일을 할 수 있도록 자원을 아끼지 않으며 자유를 보장하는 것이다. 그리고 이런 고성과를 내는 팀에서 빠질 수 없는 부분은 영리한 관리자와 팀원들을 진정으로 아끼는 코치다.

이 책에서 우리는 빌이 코치로서 어떤 역할을 맡았는지를 돌아보았다. 그는 무엇보다 직원 관리를 훌륭하게 수행해야 한다는 점을 강력하게 고집했고, 동시에 원활한 사업 운영을 가능케 해주는 단순한 행위들의 중요성을 일관되게 강조했다. 부하 직원들과 동료들을 우선시하고 뚝심 있게 팀을 운영하는 관리자들은 주위 사람들에 의해 리더로 세워진다고 믿었다. 이런 관리자들은 억지로 의식해서 리더십을 행사하려 하지 않는다. 말과 행동을 통해 자연스럽게 발휘한다.

그는 의사소통에 대해 사려 깊고 일관된 철학을 가지고 있었다. 그는 유능한 관리자들은 언제 토론을 멈추고 결정을 내려야 하는지를 알아야 한다고 주장하면서, 필요할 때는 단호해져야 한다고 다그쳤다. 그는 행동과 태도가 사회적 상식과 거리가 멀어 보이는 '괴팍한 천재들'을 좋아했다. 하지만 이들의 태도가 팀을 위험에 빠뜨리는 것은 절대 용납하지 않았다. 빌은 훌륭한 제품과 그런 훌륭한 제품을 만드는 팀들이 위대한 회사의 핵심이라고 믿었다. 다른 기능들은 핵심 기능을 지원하는 역할을 맡는다. 그는 관리자들이 종종 사람들을 떠나보낼 필요가 있다는 것을 알고 있었지만, 그럴 때에도 떠나는 사람들의 자존심을 지켜주어야 한다고 생각했다.

빌은 모든 관계는 신뢰에서 출발한다고 생각했다. 따라서 그는 함께 일하는 사람들과의 신뢰와 팀에 대한 충성심을 우선시했다. 그는 사람들의 말을 몰입해서 경청했으며, 동시에 지나치리만큼 솔직했다. 그리고 주변 사람들이 스스로를 믿는 것보다도 그들을 더 믿었다. 회사에서는 무엇보다 팀이 가장 중요하다고 믿은 빌은 언제나 '팀 퍼스트' 행동을 요구했으며, 어떤 문제가 발생하면 그는 문제를 해결하려 하기 전에 가장 먼저 팀을 구성했다.

그는 가장 큰 문제, 즉 방 안의 코끼리들을 찾아내어 사람들 앞에 드러냈다. 그래야 모든 사람이 공통의 문제를 함께 해결할 수 있기 때문이다. 그는 의사소통의 공백을 메우기 위해 직원들과 복도에서 대화를 하거나 전화통화를 했고, 결코 자신을 무대 중심에 드러내지 않았다. 그는 특히 상황이 안 좋을 때 리더들이 앞장서서 이끌도록 했다. 그는 다양성의 가치를 믿었고 회사에서 직원들이 스스로를 온전하게 드러낼 수 있도록 독려했다.

그는 사람들을 사랑했다. 그리고 자신이 소속된 커뮤니티에서 그 사랑을 실천했다. 심지어 회사에 사랑을 가져와도 된다고도 말했다.

우리는 많은 사람들을 인터뷰하면서 빌의 생각을 나열하고 정리했다. 그리고 독자들의 이해를 돕기 위해 빌의 말이나 이야기를 덧붙였다. 하지만 에릭이 큰 변화를 앞두고 그를 도울 코치가 없다는 것을 깨달을 때까지 우리는 빌의 코칭 원칙들을 가슴속 깊이 느끼지는 못했다.

2017년 12월의 어느 날, 조너선은 아내와 반려견을 데리고 산책을 하고 있었다. 그날 아침 에릭이 사임한다는 내용의 이메일을 이미 에릭에게서 받은 후였다. 이 소식에 조너선은 매우 당황했지만, 그보다는 에릭이 더 힘들 것이라고 생각했다. 그는 아내 베릴에게 이 일에 대해 말했다. 베릴은 조너선에게 에릭을 어떻게든 도우라고 했다. 반려견 보$_{Bo}$도 조너선을 재촉하는 듯했다.

조너선은 생각했다. '만약 빌이 있었다면, 그는 무엇을 했을까?'

결론은? 빌은 에릭이 스스로 최선의 방안을 생각할 수 있도록 도왔을 것이다. 그는 에릭에게 무엇을 하라고 말을 하는 게 아닌, 스스로 계획을 짜도록 도왔을 것이다. 그런 후 에릭을 한 번 꽉 안은 다음 등을 두드리면서, 그가 지난 17년 동안 구글의 성장에 얼마나 큰 공을 세웠는지 말해주었을 것이다. 그는 에릭이 좋아하는 것(거대한 아이디어, 새로운 모멘텀, 최신 과학, 첨단기술)으로 가득 찬 작은 커뮤니티를 만들었을 것이다. 그리고 그에 대한 사랑과 지지를 아낌없이 보냈을 것이다.

여기까지 생각이 미치자 조너선은 바로 행동으로 옮겼다. 그는 에릭과, 에릭의 친구이자 알파벳의 계열사 직소의 CEO인 재러드 코언과 이야기를 나눴다. 앨런 이글도 합류했다. 이 셋은 나중에 '에릭

3.0'이라고 불리게 된 프로젝트를 시작하며 이런저런 아이디어를 모으고 계획을 짜기 시작했다. 이 책을 쓰면서 우리 셋은 팀 코칭과 빌이 팀 코칭을 어떻게 했는지에 대한 근본적인 진실을 깨닫게 되었다.

빌은, 사람으로서 우리가 크게 관심을 두는 상당수(사랑, 가족, 돈, 관심, 권력, 의미, 목적)가 비즈니스에 영향을 끼친다는 것을 알았다. 효과적인 팀을 만들기 위해서는 이런 인간적인 가치를 이해하고 진지하게 고려해야 한다. 나이, 수준 또는 직급과 상관없이 이런 요소들은 우리의 한 부분을 이룬다. 빌은 사람들에게 인간으로서 다가갔고, 빌의 이런 태도는 그들이 참된 비즈니스맨처럼 행동하도록 동기를 부여했다. 그는 긍정적인 인간의 가치가 긍정적인 비즈니스 결과물을 만들어낸다는 것을 알고 있었다. 너무나도 많은 비즈니스 리더들이 이 연결고리를 간과한다.

그렇기 때문에 우리는 방법을 배워야 한다. 비즈니스 세계에서는 반직관적으로 보일 수 있지만, 성공하기 위해서는 매우 중요하다. 이 작은 팀은 서서히 에릭의 제2의 커리어를 위한 계획을 만들어갔다. 계획이 있다는 것이 중요하다. 하지만 팀이 있다는 것은 다른 무엇보다 중요하다.

보통 빌은 코치 일에 보수를 받지 않았다. 그는 댄 로젠스웨이그 사무실을 처음 방문했을 때 이렇게 말했다.

"나는 현금도 받지 않고 주식도 안 받아요. 난 그런 거 신경 안 써요."

그는 구글에서 제안한 보수도 계속해서 거절했다. 결국 구글 주식

앞으로 무엇을 할지 결정하라

존 도나호는 2015년 이베이의 CEO 자리에서 사임했을 때 에릭과 비슷한 상황에 놓였다. 50세를 넘긴 성공한 사업가로서, 아이들은 한창 자라고 있었다. 이제는 뭘 해야 할까? 존은 자신보다 나이가 많지만 여전히 활력이 넘치는 십수 명의 사람들에게 커리어 말년의 전환기에 어떻게 대처했는지 물어보면서 자신의 문제를 해결하고자 했다. 존이 찾아낸 해법은 아래와 같다.

창의적이 되어라. 50세가 지나면 인생에서 가장 창의적인 시간이 되어야 한다. 당신은 경험에서 우러나오는 지혜와 자유가 있다. 가능하다면 '인생 후반부'와 같은 은유적 표현은 피하라. 이런 표현들은 당신이 가진 영향력을 폄하한다.

딜레탕트(아마추어 애호가)가 되지 마라. 포트폴리오를 넓힌다는 생각으로 아무거나 대충하지 마라. 무엇을 하든 함께하는 사람들에게 믿음을 주고 결과를 만들어라. 그리고 이왕 시작한 것은 끝을 봐라.

활력 있는 사람을 찾아라. 그런 사람들과 어울려라. 그런 사람들과 함께하라. 종종 이런 사람들은 당신보다 어릴 수 있다는 것을 인정하라.

재능을 활용하라. 다른 사람들과 스스로를 차별화할 수 있는 당신만의 특별한 재능을 찾아라. 스스로의 목적의식을 고취시킬 수 있는 것들이 무엇이 있는지 찾아라. 재능을 목적을 달성하는 데 적용하라.

미래를 걱정하면서 시간을 낭비하지 마라. 뜻밖의 행운에 몸을 맡길 줄도 알아야 한다. 대부분의 인생의 전환점은 예상하기도 어렵고 통제하기도 어렵다.

을 받기로 승낙했지만 모두 자선단체에 기부했다. 평범한 일은 아니다. 기업의 모든 자문역이나 고문역은 주식이나 연봉으로 보수를 받는다. 하지만 빌은 그의 비즈니스 커리어를 통해 이미 충분한 보수를 받았다고 생각했다. 이제는 자신이 받은 것을 돌려주어야 할 차례였다. 엔조이의 CEO 론 존슨이 2013년 JC페니의 CEO 자리에서 사임했을 때 빌은 이렇게 말했다.

"만약 자네가 축복받았다고 생각하면, 이제는 다른 사람들에게 축복이 되어봐."

이렇게 말한 빌 역시 축복 그 자체였다.

우리는 빌에게 왜 계속 보수를 받지 않는지 물어봤다. 그는 자신의 영향력을 측정하는 방식에는 자신만의 기준이 있다고 말했다.

"나와 함께 일한 사람들이나 내가 어떤 방식으로든 도움을 준 사람 중에서 훌륭한 리더로 성장한 사람이 몇 명인지를 세어봐." 빌은 이렇게 말했다. 이게 빌이 성공을 측정하는 방식이었다.

이 책을 쓰면서 자신들이 성공할 수 있었던 데에는 빌의 도움이 컸다고 말한 훌륭한 리더 80명과 인터뷰를 했다. 미처 인터뷰를 하지 못한 리더도 많았다. 빌의 기준으로 본다면, 빌은 상당히 성공한 셈이다.

독자들이 이 책을 읽고 더 나은 관리자와 코치가 되기 위한 빌의 원칙을 배웠으면 한다. 당신의 팀을 훌륭한 팀으로 만들고, 스스로 더 나은 사람이 되도록 노력하면서 자신의 한계를 뛰어넘었으면 한다. 우리는 당신이 빌의 기준에 부합하는 또 한 명의 리더가 되기를 바란다. 우리가 사는 세상에 많은 문제가 있으며, 오직 훌륭한 팀만이 이 문제들을 해결할 수 있기 때문이다. 그리고 이런 팀은 진정한 코치를 필요로 한다.

실리콘밸리의 전설적 코치

우리는 스티브 잡스, 래리 페이지, 마크 저커버그, 제프 베조스를 잘 안다. 하지만 이들에게 막후에서 값진 훈수를 해준 빌 캠벨을 아는 사람은 그리 많지 않다. 비즈니스 분야에 몸담은 사람들마저도 빌 캠벨 이름에 익숙하지 않다. '우리는 음지에서 일하고 양지를 지향한다'는 국내 어느 기관의 과거 모토가 생각날 정도로 그는 스포트라이트에서 벗어나 항상 베일 뒤에서 일을 했다.

우리에게 크고 작은 고민이 항상 있듯이 막중한 책임을 지고 있는 국가의 지도자나 기업의 CEO들에게도 해결해야 할 문제들이 산적해 있다. 웬만한 문제들이야 자신이 직접 해결하지만 정말 결정하기 어려운 난제에 닥치면 이들은 어떻게 할까? 휘하의 임직원들과 토의하고 위원회 사람들의 의견을 경청하기도 할 것이다. 하지만 공적인 위계질서와 관계없이 서로 흉금을 털어놓으며 자신의 문제처럼 몰입해 고민해주는 사람과 이야기하고 싶은 때가 있지 않을까? 미국 실리콘밸리의 CEO들은 이런 경우 과연 누구를 찾아갈까? 특정 개인만의 조언자에 머무르지 않고 여러 사람들이 모두 인정하는 탁월한 조언자로 누가 있을까? 빌 캠벨이 바로 그런 인물이다. 윌리엄 빈센트 캠벨 주니어.

그가 어떤 이력을 지니고 있는지 우선 좀 알 필요가 있다. 빌 캠벨은 컬럼비아 대학교에서 경제학과 교육학을 공부하면서 풋볼 선수와 주장을 지냈다. 졸업 후에는 보스턴 칼리지의 보조코치를 거쳐 1974년부터 1979년까지 컬럼비아 대학교 풋볼팀의 감독을 맡았다. 감독은 영어로 매니저manager인데 수석코치head coach라 부르기도 한다. 흥미롭게도 그 후 빌 캠벨은 자신의 운동장을 스포츠 분야에서 비즈니스로 옮겼다. 광고대행사 월터 톰슨과 이스트만 코닥에서 근무를 했고 애플에서 마케팅 부사장을 맡기도 했다. 태블릿PC 업체인 고 코퍼레이션을 키운 다음에 매각하기도 했다. 1990년대에는 개인 재무관리 소프트웨어 기업인 인투이트의 회장을 맡았다.

그는 스티브 잡스의 눈에 들어 애플 이사회 멤버이자 그의 코치 역할을 오랜 기간 하면서 애플의 급성장에 크게 기여했다. 두 사람은 매주 산책을 하면서 흉금을 털어놓았다. 스티브 잡스는 2008년에 빌 캠벨에 대해 이렇게 말한 적이 있다. "그는 사람을 좋아했고 무엇보다도 사람을 성장시키는 일을 사랑했다." 정말 코치는 다른 사람을 성장시키는 일을 하는 사람이 아닌가?

빌 캠벨은 2000년대 들어 구글의 래리 페이지, 세르게이 브린, 에릭 슈미트, 조너선 로젠버그의 코치도 맡으며 구글의 급성장에도 크게 기여했다. 창업자인 래리 페이지와 세르게이 브린의 패기와 정열이 에릭 슈미트의 조직논리와 불같이 충돌할 때 빌 캠벨은 코칭으로서로 조정하고 오히려 시너지 효과가 나도록 했다. 이 책의 공저자인에릭 슈미트는 2001년부터 구글의 CEO 회장직을 10년 맡았고 구글의 모회사인 알파벳의 이사회 회장직을 2017년까지 유지했다. 빌 캠벨이 2016년에 세상을 떠나자 에릭 슈미트는 이렇게 말한 바 있다. "만약 빌 캠벨이 없었다면 애플도 구글도 지금의 모습이 되지는 못했을 것이다."

빌 캠벨은 애플이나 구글만을 위해 일했던 것은 아니다. 이베이의존 도나호, 아마존의 제프 베조스, 페이스북의 셰릴 샌드버그, 트위터의 잭 도시와 딕 코스톨로에게도 코칭을 해주었다. 한마디로 실리콘밸리의 기술기업을 모두 망라했을 정도로 명성이 자자했다. 이들CEO들은 그의 코칭 능력을 모두 인정하며 그를 친구이자 스승으로모셨다.

1940년생인 빌 캠벨은 2016년에 안타깝게도 세상을 떠나, 이제는실리콘밸리의 전설로 남게 되었다.

비즈니스에서 코치란

코치? 미국의 패션 브랜드인 코치COACH가 아니다. 우리는 야구를 볼때 경기장에서 뛰는 선수 외에 감독이 있고 코치가 있다는 것을 잘 안다. 감독도 코칭 스태프의 일원이며 휘하에 수석코치가 있다. 그 아래의 다양한 코치들로는 야구라면 1루코치, 3루코치, 투수코치, 타격코치, 벤치코치, 불펜코치가 있다. 스포츠에서 코치는 어떤 역할을 하는가? 야구나 축구, 농구 같은 스포츠팀에서 선수의 기량을 높이기 위해 맞춤형 조언을 해주는 사람이 코치다.

코칭은 트레이닝, 컨설팅, 카운슬링, 멘토링과는 다르다. 코칭은 코치와 선수 간의 일대일이 기본이라면 집체훈련은 선수 전체를 대상으로 한다. 집체훈련을 영어로 트레이닝training이라 하는데 어원이 흥미롭게도 기차train다. 기차는 역에서 승차한 승객들을 정해진 속도와 경로를 따라 정해진 역까지만 데려다준다. 역에 하차한 승객들은 최종 목적지까지 나머지 길을 각자 알아서 찾아가야 한다. 반면에, 승객을 태운 마차coach는 출발지에서 가고자 하는 최종 목적지까지 안전하고 친절하게 데려다준다. 택시와 비슷한 도어 투 도어door-to-door 서비스다. 집단을 한꺼번에 교육시키는 트레이닝과는 달리, 코칭은 개인 맞춤형 서비스다. 트레이닝은 효율성을 강조하지만 코칭은 효과성에 방점을 찍는다.

이처럼 '코치'라는 단어는 처음에 운송수단에서 비롯되었지만 19세기 들어 대학교에서 학생에게 개별 지도를 하는 것을 지칭하는 표현으로 다시 등장했다. 그 후 스포츠 분야로 확대되었고 20세기 중반무렵 경영 분야로도 확대되었다. 최근 들어 독서에도 코칭 개념이 접목되었다.

코칭과 유사 개념 비교

- 트레이닝: 집단을 대상으로, 정해진 프로그램에 따라 일률적으로 단체 교육을 시킴.
- 컨설팅: 상대방의 요구에 맞춰 문제를 정밀히 조사하고 해결책을 제시함.
- 카운슬링: 상담을 원하는 사람의 정서적 고통을 완화시키는 데 주력함.
- 멘토링: 해당 분야에 경험이 많은 전문가 멘토가 상대 멘티에게 지도와 조언을 해줌.
- 코칭: 코칭을 받는 사람이 원하는 곳에 도달하도록 도와줌. 개개인의 특성을 고려하되, 코치는 상대방에게 너무 깊이 개입하는 것을 자제함. 코치는 반드시 해당 분야의 전문가일 필요는 없음.

코칭에서는 코치가 상대방에게 적절한 질문을 던지고 상대편인 피코치자coachee의 말을 잘 경청할 뿐 가급적 침묵을 지켜야 한다. 왜냐하면 질문과 대답을 통해 피코치자가 스스로 해결책을 찾아, 원하는 성과를 달성하는 것을 목표로 삼기 때문이다. 코치는 마치 오케스트라의 지휘자와 같다. 지휘자는 악기를 직접 연주하지는 않고, 연주자가 최상의 역량을 발휘하도록 이끌어준다.

코칭의 철학은 모든 사람이 '전인적'이라는 믿음에서 출발한다. 코칭에는 세 가지 철학이 있다. 첫째, 모든 사람에게는 무한한 가능성이 있다. 둘째, 그 사람에게 필요한 해답은 모두 그 사람 내부에 있다. 셋째, 해답을 찾기 위해서는 코치가 필요하다. 코칭의 목적은 피코치자의 자아실현을 돕는 것이다. 자아실현의 의미는 피코치자 자신의 지닌 능력이나 잠재력을 최대한 발휘하는 것이다. 코칭 결과에 대한 책임은 온전히 피코치자의 몫이므로 코치에게 책임을 전가해서는 안 된다.

우리 주위의 코치 활용법

나는 현재 코치로 왕성하게 활동하는 분들을 많이 알고 있다. 그들에게는 공통점이 있다. 상대방에게 자신의 견해를 피력하기는 하지만 강압성을 띠지 않는다. 그리고 질문을 많이 한다. 상대방이 자신의 문제점을 다시 생각해보도록 유도하는 것이다. 산발적인 질문이 아니라, 어느 질문에 대해 상대방이 답변을 하면 그와 연결된 다른 질문들이 잇따른다. 결국 상대방이 자신에게 어떤 문제가 있고 그것을 어떻게 처리하면 좋을지 생각하고 판단을 내리게 만든다.

이들은 기업 임원들을 대상으로 개별 코칭을 하는 것이 일반적이지만 때때로 집단 코칭을 하기도 한다. 나도 이들과 함께 어떤 회사의 집단 코칭에 참여한 적이 있다. 우리 자문단은 다섯 명이고 상대 회사에서는 CEO와 임원들이 나왔다. 이 회사의 임원들이 사업계획서를 만들어 우리 앞에서 발표를 하면 우리는 그 계획에 대해 여러 질문들을 쏟아냈다. "저건 좀 문제가 있지 않나", "달리 접근하면 좋지 않을까", "저런 이슈는 누구와 접촉하면 잘 해결될 듯", "그런 프로그램에는 이런 타깃 고객을 대상으로 마케팅을 하면 효과적이지 않을까" 등등 생각나는 대로 의견을 속사포같이 내놓았다. 물론 우리의 질문과 제안 중에 어떤 것을 채택하는가는 그 회사의 CEO와 임원들의 몫이다. 우리는 매달 한 번씩 만났는데 다음 달에 만나면 당초 계획이 어떻게 바뀌어 어떤 효과를 냈는지를 전달받았다. 이런 자문 방식은 매우 효과적이어서 3년이나 지속되었다. 상대방 회사에서는 성과가 나서 좋았고 우리도 의견이 회사 운영에 적절히 반영되니보람을 느꼈다. 권장할 만한 방식이다.

《빌 캠벨, 실리콘밸리의 위대한 코치》를 읽으면 스포츠 코치 출신의 빌 캠벨이 왜 실리콘밸리에서 위대한 전설이 되었는지를 알 수 있을 것이다. 또 글의 여기저기에 스며든 에릭 슈미트의 통찰과 지혜도 엿볼 수 있다. 여러분이 비즈니스 분야에 있다면 코치를 어떻게 적절하게 활용할 것인지, 또 자신에게 혹시 코치 역량은 없는지 점검해보는 기회가 되었기를 바란다.

대기업의 회장, 대표이사, 임원들은 훌륭한 분들을 멘토나 코치, 책사로 삼아 그들로부터 값진 조언을 듣고서 말을 하며 행동에 옮길 것이다. 사실 이들에게는 주위에 이런 분들이 너무 많아서 탈이다. 반면에 스타트업의 CEO들은 의사결정을 내릴 때 고민거리가 너무 많은데도 적절한 코치를 찾을 수 없어서 난감한 적이 많았을 것이다. 코칭의 빈익빈 부익부 현상이다. 앞으로 실무 경험이 많은 분들이 코치로 많이 배양되어 이런 틈새를 잘 메워주어야 한다.

코칭은 기본적으로 일대일 관계이므로 상당히 개인적이고, 비밀을 지켜야 할 내용이 많다. 서로 신뢰가 쌓이지 않으면 불가능한 소통방식이다. 익명성도 요구된다. 더구나 코치는 상대편에게 멋진 해결책을 제시하는 게 아니라 상대가 스스로 결정을 내리도록 조리 있으면서도 통찰력 있는 질문을 던져야 한다. 질문에 대한 답변이나 문제에 대한 해결책도 중요하지만, 질문 자체가 훨씬 중요하다는 말이 코칭에서도 예외가 아니다. 질문이 학습의 대세다. 질문은 항상 중요하다.

2020년 7월

김민주

당신과 함께 일한 사람 중 훌륭한 리더로 성장한 사람은 몇 명인가

빌 캠벨은 구글의 창업자와 경영진, 스티브 잡스, 실리콘밸리의 많은 유명 CEO들을 코칭한 전설적인 리더다. 이 책을 읽기 전부터 나는 빌 캠벨의 코칭에 대해 몇 가지 궁금증이 있었다. 첫 번째는 '세계에서 가장 똑똑하고 성공한 CEO들에게 무엇을 코칭했을까?'였다. 책을 읽으며 세 가지 답을 찾았다.

첫째는 '구성원들을 인간적으로 대하는 것'이다. 빌 캠벨은 일보다 사람이 먼저고 모든 사람을 사랑으로 대해야 한다고 말한다. 진실된 관계에서 안정감과 헌신이 나오기 때문이다. 직책과 권한은 회사가 우리에게 부여할 수 있다. 그러나 리더십은 저절로 얻어지는 것이 아니다. 우리를 리더로 만드느냐 마느냐는 구성원들이 결정한다. 구성원들은 일하는 기계가 아니다. 그들을 인간으로 대하지 않으면 팀이 하나 되어 최고의 성과를 거두기 어렵고 관리자는 리더의 역할을 제대로 할 수 없다.

256 빌 캠벨, 실리콘밸리의 위대한 코치

둘째로 '팀 퍼스트'를 강조했다. 개인을 사랑하고 존중하는 것도 중요하지만 조직의 목적은 성과를 내는 것이다. 이를 위해서 빌 캠벨은 철저히 팀을 우선시했다. "리더십은 개인을 위해서가 아니라 조직과 회사를 위해 발휘하는 것"이라는 그의 말은, 코칭이란 개인의 발전과 성과에 초점을 맞추는 것으로 생각했던 나의 고정관념을 깨주었다.

셋째, '올바른 성공'을 추구했다. "이기는 것보다 올바르게 이기는 것이 중요하다. 헌신, 충성심, 진실, 최선을 다하되 언제나 헌신과 팀워크로 바르게 이겨야 한다." 올바르게 이기기 위해서는 서로 솔직하고 투명해야 하며 문제에 정면으로 맞서야 한다. "'방 안의 코끼리'를 외면하지 말고 모든 사람 앞에서 드러내고, 사내 정치가 아닌 진실로 승부하라"는 말도 인상적이었다. 흥미롭게도 세계에서 가장 똑똑한 사람들에게 필요한 것은 연봉도 실력도 인정도 아닌, 바로 이런 기본적인 것들이었다.

다음 의문은 '세계 최고의 인재들이 왜 코칭을 받았을까?'였다. 스포츠에서는 최고의 선수들이 코칭을 받는 게 자연스럽지만 비즈니스 세계에서는 낯선 풍경이다. 우리나라의 CEO들도 대부분 코칭을 받지 않는다. 자신이 최고라고 생각하는 이들은 상사로부터 배우거나 책을 읽거나 혹은 최고경영자과정에 참석하는 것 등이 자기 발전을 위한 활동의 전부다. 세계에서 가장 똑똑한 사람들이 모인 구글과 애플의 최고경영자들이 전직 풋볼 코치의 코칭을 받는 것과는 사뭇 대조적이다.

캠벨은 이렇게 말한다. "성공한 사람들이 실제 가장 많은 외로움을 느낀다. 그들은 주변 동료와 상호의존적인 관계를 맺지만 동시에 독립적이고 단절된 느낌을 받는다. 뚜렷한 자아와 높은 자신감은 자신들을 성공으로 이끌었지만 동시에 불안감과 불확실성이 있다. 주변에는 진정한 우정의 친구가 부족하다. 그들도 역시 인간이기에 정서적 지지가 필요하다." 뛰어난 성과와 팀워크는 개인기에서만 나오는 것이 아니다. 정서적 지지 또한 필요하다는 것이다.

캠벨의 코칭 철학은 내가 평소에 생각해온 리더십 철학과 일치했다. 하지만 그는 내가 보지 못한 많은 부분을 볼 수 있게 시야를 넓혀주었다. 기업의 경영자들뿐 아니라 사회의 리더들, 그리고 좋은 리더가 되고자 하는 모든 분에게 이 책을 권하고 싶다. 한국에도 빌 캠벨 같은 코치가 더 많이 나타나기를, 그리고 리더들이 빌 캠벨의 코칭을 배워 올바른 성공을 이루기를 바란다. 그러면 세상은 훨씬 더 아름다워질 것이다. 이러한 코칭을 통해 리더의 마음가짐이 바뀌면 직원들에게 일터란 더 흥미진진하고 보람 있는 장소가 될 것이다.

그의 마지막 말이 아직도 귓가를 맴도는 듯하다. "당신과 함께 일한 사람들이나 당신이 도와준 사람중 훌륭한 리더로 성장한 사람이 몇 명인가?" 이것이 바로 리더의 역할이다.

신수정(KT 부사장)

CHAPTER 1. 캐디와 CEO의 포옹

1 Arthur Daley, "Sports of the Times Pride of the Lions," *New York Times*, November 22, 1961.

2 "300 Attend Testimonial for Columbia's Eleven," *New York Times*, December 20, 1961.

3 컬럼비아 대학교 제공.

4 컬럼비아 대학교 제공.

5 George Vecsey, "From Morningside Heights to Silicon Valley," *New York Times*, September 5, 2009.

6 Charles Butler, "The Coach of Silicon Valley," *Columbia College Today*, May 2005.

7 P. Frost, J. E. Dutton, S. Maitlis, J. Lilius, J. Kanov, and M. Worline, "Seeing Organizations Differently: Three Lenses on Compassion," in *The SAGE Handbook of Organization Studies*, 2nd ed., eds. S. Clegg, C. Hardy, T. Lawrence, and W. Nord (London: Sage Publications, 2006), 843~866.

8 Butler, "The Coach of Silicon Valley."

9 Michael Hiltzik, "A Reminder That Apple's '1984' Ad Is the Only Great Super Bowl Commercial Ever—and It's Now 33 Years Old," *Los Angeles Times*, January 31, 2017.

10 Michael P. Leiter and Christina Maslach, "Areas of Worklife: A Structured Approach to Organizational Predictors of Job Burnout," *Research in Occupational Stress and Well Being* (January 2004), 3:91~134.

11 사내 권력투쟁의 부정적 영향에 대해서는 L. L. Greer, Lisanne Van Bunderen, and Siyu Yu, "The Dysfunctions of Power in Teams: A Review and Emergent Conflict Perspective," *Research in Organizational Behavior* 37 (2017): 103~124 참고. 사내 지위 경쟁이 어떻게 부정적 영향을 끼치는지에 대해서는 Corinne Bendersky and Nicholas A. Hays, "Status Conflict in Groups," *Organization Science* 23, no. 2 (March 2012): 323~340 참고.

12 D. S. Wilson, E. Ostrom, and M. E. Cox, "Generalizing the Core Design Principles for the Efficacy of Groups," *Journal of Economic Behavior & Organization* 90, Supplement (June 2013): S21~S32.

13 Nathanael J. Fast, Ethan R. Burris, and Caroline A. Bartel, "Insecure Managers Don't Want Your Suggestions," *Harvard Business Review*, November 24, 2014.

14 Saul W. Brown and Anthony M. Grant, "From GROW to GROUP: Theoretical Issues and a Practical Model for Group Coaching in Organisations," *Coaching: An International Journal of Theory, Research and Practice* 3, no. 1 (2010): 30~45.

15 Steven Graham, John Wedman, and Barbara Garvin-Kester, "Manager Coaching Skills: What Makes a Good Coach," *Performance Improvement Quarterly* 7, no. 2 (1994): 81~94.

16 Richard K. Ladyshewsky, "The Manager as Coach as a Driver of Organizational Development," *Leadership & Organization Development Journal* 31, no. 4 (2010): 292~306.

17 Fariborz Damanpour, "Organizational Innovation: A Meta-Analysis of Effects of Determinants and Moderators," *Academy of Management Journal* 34, no. 3 (September 1991): 555~590; Brian Uzzi and Jarrett Spiro, "Collaboration and Creativity: The Small World Problem," *American Journal of Sociology* 111, no. 2 (September 2005): 447~504.

18 Nicholas Bloom, Erik Brynjolfsson, Lucia Foster, Ron S. Jarmin, Megha Patnaik, Itay Saporta-Eksten, and John Van Reenen, "What Drives Differences in Management," Centre for Economic Performance Research discussion paper, No. DP11995 (April 2017).

19 Ethan Mollick, "People and Process, Suits and Innovators: The Role of Individuals in Firm Performance," *Strategic Management Journal* 33, no. 9 (January 2012): 1001~1015.

20 Linda A. Hill, "Becoming the Boss," *Harvard Business Review*, January 2007.

21 Mark Van Vugt, Sarah F. Jepson, Claire M. Hart, and David De Cremer, "Autocratic Leadership in Social Dilemmas: A Threat to Group Stability," *Journal of Experimental Social Psychology* 40, no. 1 (January 2004), 1~13.

22 Nicholas Carlson, "The 10 Most Terrible Tyrants of Tech," Gawker. August 12, 2008, http://gawker.com/5033422/the-10-most-terrible-tyrants-of-tech.

23 Jeffrey Pfeffer and John F. Veiga, "Putting People First for Organizational Success," *Academy of Management Executive* 13, no. 12 (May 1999): 37~48.

24 Steven Postrel, "Islands of Shared Knowledge: Specialization and Mutual Understanding in Problem-Solving Teams," *Organization Science* 13, no. 3 (May 2002): 303~320.

25 Jerry Kaplan, *Startup: A Silicon Valley Adventure* (New York: Houghton Mifflin Harcourt, 1994), 198.

26 Joseph A. Allen and Steven G. Rogelberg, "Manager-Led Group Meetings: A Context for Promoting Employee Engagement," *Group & Organization Management* 38, no. 5 (September 2013): 543~569.

27 Jennifer L. Geimer, Desmond J. Leach, Justin A. DeSimone, Steven G. Rogelberg, and Peter B. Warr, "Meetings at Work: Perceived Effectiveness and Recommended Improvements," *Journal of Business Research* 68, no. 9 (September 2015): 2015~2026.

28 Matthias R. Mehl, Simine Vazire, Shannon E. Hollenen, and C. Shelby Clark, "Eavesdropping on Happiness: Well-being Is Related to Having Less Small Talk and More Substantive Conversations," *Psychological Science* 21, no. 4 (April 2010): 539~541.

29 당사자들이 스스로 분쟁을 해결할 수 있는 상세한 방식에 대해서는 다음의 글 참조: Robert A. Baruch Bush, "Efficiency and Protection, or Empowerment and Recognition?: The Mediator's Role and Ethical Standards in Mediation," *University of Florida Law Review* 41, no. 253 (1989).

30 Kristin J. Behfar, Randall S. Peterson, Elizabeth A. Mannix, and William M. K. Trochim, "The Critical Role of Conflict Resolution in Teams: A Close Look at the Links Between Conflict Type, Conflict Management Strategies, and Team Outcomes," *Journal of Applied Psychology* 93, no. 1 (2008): 170~188.

31 James K. Esser, "Alive and Well After 25 Years: A Review of Groupthink Research," *Organizational Behavior and Human Decision Processes* 73, nos. 2~3 (March 1998): 116~141.

32 Ming-Hong Tsai and Corinne Bendersky, "The Pursuit of Information Sharing: Expressing Task Conflicts as Debates vs. Disagreements Increases Perceived Receptivity to Dissenting Opinions in Groups," *Organization Science* 27, no. 1 (January 2016): 141~156.

33 Manfred F. R. Kets de Vries, "How to Manage a Narcissist," *Harvard Business*

Review, May 10, 2017.

34 Amy B. Brunell, William A. Gentry, W. Keith Campbell, Brian J. Hoffman, Karl W. Kuhnert, and Kenneth G. DeMarree, "Leader Emergence: The Case of the Narcissistic Leader," *Personality and Social Psychology Bulletin* 34, no. 12 (October 2008): 1663~1676.

35 Henry C. Lucas, *The Search for Survival: Lessons from Disruptive Technologies* (New York: ABC-CLIO, 2012), 16.

36 Thomas Wedell-Wedellsborg, "Are You Solving the Right Problems?," *Harvard Business Review*, January~February 2017.

37 Manuela Richter, Cornelius J. Konig, Marlene Geiger, Svenja Schieren, Jan Lothschutz, and Yannik Zobel, "'Just a Little Respect': Effects of a Layoff Agent's Actions on Employees' Reactions to a Dismissal Notification Meeting," *Journal of Business Ethics* (October 2016): 1~21.

38 Ben Horowitz, *Hard Thing About Hard Things* (New York: Harper Business, 2014), 79.

39 Benjamin E. Hermalin and Michael S. Weisbach, "Board of Directors as an Endogenously Determined Institution: A Survey of the Economic Literature," *FRBNY Economic Policy Review* 9, no. 1 (April 2003): 7~26.

40 Jeffrey A. Sonnenfeld, "What Makes Great Boards Great," *Harvard Business Review*, September 2002.

CHAPTER 3. 신뢰를 쌓아라

41 Denise M. Rousseau, Sim B. Sitkin, Ronald S. Burt, and Colin Camerer, "Not So Different After All: A Cross-Discipline View of Trust," *Academy of Management Review* 23, no. 3 (1998): 393~404.

42 Tony L. Simons and Randall S. Peterson, "Task Conflict and Relationship

Conflict in Top Management Teams: The Pivotal Role of Intragroup Trust," *Journal of Applied Psychology* 85, no. 1 (February 2000): 102~111.

43 Alan M. Webber, "Red Auerbach on Management," *Harvard Business Review*, March 1987.

44 Amy Edmondson, "Psychological Safety and Learning Behavior in Work Teams," *Administrative Science Quarterly* 44, no. 2 (June 1999): 350~383.

45 Suzanne J. Peterson, Benjamin M. Galvin, and Donald Lange, "CEO Servant Leadership: Exploring Executive Characteristics and Firm Performance," *Personnel Psychology* 65, no. 3 (August 2012): 565~596.

46 Carl Rogers and Richard E. Farson, *Active Listening* (Chicago: University of Chicago Industrial Relations Center, 1957).

47 Andy Serwer, "Gamechangers: Legendary Basketball Coach John Wooden and Starbucks' Howard Schultz Talk About a Common Interest: Leadership," *Fortune*, August 11, 2008.

48 Jack Zenger and Joseph Folkman, "What Great Listeners Actually Do," *Harvard Business Review*, July 14, 2016.

49 Kaplan, *Startup*, 199~200.

50 Mats Alvesson and Stefan Sveningsson, "Managers Doing Leadership: The Extra-Ordinarization of the Mundane," *Human Relations* 56, no. 12 (December 2003): 1435~1459.

51 Niels Van Quaquebeke and Will Felps, "Respectful Inquiry: A Motivational Account of Leading Through Asking Questions and Listening," *Academy of Management Review* 43, no. 1 (July 2016): 5~27.

52 Ron Carucci, "How to Use Radical Candor to Drive Great Results," *Forbes*, March 14, 2017.

53 Fred Walumbwa, Bruce Avolio, William Gardner, Tara Wernsing, and Suzanne Peterson, "Authentic Leadership: Development and Validation of a Theory-

Based Measure," *Journal of Management* 34, no. 1 (February 2008): 89~126.

54 Rachel Clapp-Smith, Gretchen Vogelgesang, and James Avey, "Authentic Leadership and Positive Psychological Capital: The Mediating Role of Trust at the Group Level of Analysis," *Journal of Leadership and Organizational Studies* 15, no. 3 (February 2009): 227~240.

55 Erik de Haan, Vicki Culpin, and Judy Curd, "Executive Coaching in Practice: What Determines Helpfulness for Clients of Coaching?" *Personnel Review* 40, no. 1 (2011): 24~44.

56 Y. Joel Wong, "The Psychology of Encouragement: Theory, Research, and Applications," *Counseling Psychologist* 43, no. 2 (2015): 178~216.

CHAPTER 4. 팀 퍼스트

57 Charles Darwin, *Descent of Man, and Selection in Relation to Sex* (London: J. Murray, 1871), 166.

58 James W. Pennebaker, *The Secret Life of Pronouns: What Our Words Say About Us* (New York: Bloomsbury, 2011).

59 Carol S. Dweck, *Mindset: The New Psychology of Success* (New York: Random House, 2006), 7.

60 Daniel J. McAllister, "Affect- and Cognition-Based Trust as Foundations for Interpersonal Cooperation in Organizations," *Academy of Management Journal* 38, no. 1 (1995): 24~59.

61 U.S. Equal Employment Opportunity Commission, *Diversity in High Tech*, May 2016 Elena Sigacheva, Quantifying the Gender Gap in Technology, Entelo, March 8, 2018, blog.entelo.com.

62 Anita Williams Woolley, Christopher F. Chabris, Alex Pentland, Nada Hashmi, and Thomas W. Malone, "Evidence for a Collective Intelligence Factor in the Performance of Human Groups," *Science* 330, no. 6004 (October 2010): 686~688.

63 Laura Sherbin and Ripa Rashid, "Diversity Doesn't Stick Without Inclusion," *Harvard Business Review*, February 1, 2017.

64 A good exploration of these two approaches to coping with "stressors" can be found here: Charles S. Carver, Michael F. Scheier, and Jagdish Kumari Weintraub, "Assessing Coping Strategies: A Theoretically Based Approach," *Journal of Personality and Social Psychology* 56, no. 2 (February 1989): 267~283.

65 Alice M. Isen, Kimberly A. Daubman, and Gary P. Nowicki, "Positive Affect Facilitates Creative Problem Solving," *Journal of Personality and Social Psychology* 52, no. 6 (June 1987): 1122~1131.

66 Kaplan, *Startup*, 254.

67 Walter F. Baile, Robert Buckman, Renato Lenzi, Gary Glober, Estela A. Beale, and Andrzej P. Kudelka, "SPIKES-A Six-Step Protocol for Delivering Bad News: Application to the Patient with Cancer," *Oncologist* 5, no. 4 (August 2000): 302~311.

68 John Gerzema and Michael D'Antonio, *The Athena Doctrine: How Women (and the Men Who Think Like Them) Will Rule the Future* (San Francisco: Jossey-Bass, 2013).

CHAPTER 5. 사랑의 힘

69 Nicolas O. Kervyn, Charles M. Judd, and Vincent Y. Yzerbyt, "You Want to Appear Competent? Be Mean! You Want to Appear Sociable? Be Lazy! Group Differentiation and the Compensation Effect," *Journal of Experimental Social Psychology* 45, no. 2 (February 2009): 363~367.

70 Kaplan, *Startup*, 42.

71 Sigal G. Barsade and Olivia A. O'Neill, "What's Love Got to Do with It? A Longitudinal Study of the Culture of Companionate Love and Employee and Client Outcomes in a Long-term Care Setting," *Administrative Science Quarterly* 59, no. 4 (November 2014): 551~598.

72 Suzanne Taylor, Kathy Schroeder, and John Doerr, *Inside Intuit: How the Makers of Quicken Beat Microsoft and Revolutionized an Entire Industry* (Boston: Harvard Business Review Press, 2003), 231.

73 Jason M. Kanov, Sally Maitlis, Monica C. Worline, Jane E. Dutton, Peter J. Frost, and Jacoba M. Lilius, "Compassion in Organizational Life," *American Behavioral Scientist* 47, no. 6 (February 2004): 808~827.

74 This 1999 paper from Duke University explores the concept of social capital in depth: Nan Lin, "Building a Network Theory of Social Capital," *Connections* 22, no. 1 (1999): 28~51.

75 Adam Grant, *Give and Take: Why Helping Others Drives Our Success* (New York: Penguin Books, 2013), 264~265.

76 Adam Grant and Reb Rebele, "Beat Generosity Burnout," *Harvard Business Review*, January 2017.

77 Brad Stone, *The Everything Store: Jeff Bezos and the Age of Amazon* (New York: Little, Brown, 2013).

78 Fiona Lee and Larissa Z. Tiedens, "Is It Lonely at the Top? The Independence and Interdependence of Power Holders," *Research in Organizational Behavior* 23 (2001): 43~91.

TRILLION
DOLLAR COACH